KB191675

내일 또 만나,

기대중

내일 또 만나,
기대종

친환경 심리학자의
동물 사랑 이야기

김명철 지음

브래지음

깃대종,
인간의
마음을 이끄는
강력한 힘

내게는 '길리 메노(Gili Meno)'라는 특별한 섬이 있다. 작고 고요한 섬, 사람보다 동식물에게 관대한 섬, 여행자 대군의 일부로 모종의 권리만을 주장하기보다는 낯선 곳에 체류를 허가받은 진정한 여행자가 되는 섬, 그리고 무엇보다도 '자연의 깃발'이 무엇인지를 내게 생생히 일깨워준 섬이다.

　길리 메노는 인도네시아 롬복(Lombok)의 북서쪽 연안에 늘어선 세 개 섬 중 가운데 섬이다(그곳 말로 '길리'는 '작은 섬'이고 '메노'는 '가운데'를 뜻한다). 길리 메노와 양 옆의 길리 트라왕안(Gili

Trawangan), 길리 아이르(Gili Air)는 옆 섬에 무슨 일이 벌어지는지 뻔히 보일 정도로 다닥다닥 붙어 있고 크기도 엇비슷한 세쌍둥이 섬이지만 저마다 고유한 개성을 가지고 있다. 젊은 여행자들에게 인기 있는 서쪽의 길리 트라왕안은 밤마다 파티가 벌어지는 섬으로 유명하다. 동쪽의 길리 아이르는 멋진 리조트와 식당이 빼곡히 들어찬 번듯한 휴양지다.

반면 둘 사이에 긴 작은 섬 길리 메노에는 외지인들의 관심을 끌 만한 요소가 애당초 없다. 길리 메노에서 끼니때가 되어 식당이라도 찾아가려면 새들이 지저귀는 숲속 오솔길이나 인적 드문 논길과 골목길을 한참 걸어가야 한다. 그러다 혹여 누군가와 마주친다면 나처럼 길을 잃은 여행자일 공산이 크다. 그래서 대부분의 사람들은 메노에 흘끗 눈길만 주고 트라왕안과 아이르를 오가다가 발리나 롬복으로 배를 타고 떠나곤 한다.

하지만 길리 메노의 적적함을 견딜 수 있는 사람이라면, 나아가 여행의 고독(혹은 오붓함)을 찾아다니며 즐기는 사람이라면 이곳에서 최고의 보상을 얻을 것이다. 꿈에 그리던 한적함에 푹 빠져들 수 있을 뿐만 아니라 온전히 내 것으로 삼을 수 있는 아름다운 바다가 눈앞 한가득 펼쳐져 있기 때문이다. 길리 메노는 생명으로 가득한 산호초를 월계관처럼 두르고 있다. 언제든 물갈퀴를 차고 스노클을 물기만 하면 눈이 시리도록 푸르고 깊은 아름다움 속으로 뛰어들 수 있다. 세상에서 가장 풍요로운 사람이 되는 시간이다.

길리 메노에서 나의 하루는 조류를 따라 흘러갔다. 이는 시간이 느리게 흘렀다는 의미가 아니다. 길리 메노를 포함한 '롬복 해협'은 태평양과 인도양을 연결하는 거대한 해류인 '인도네시아 통류(Indonesian Throughflow)'가 지나는 길목 중 하나다. 덕분에 길리 메노에서의 스노클링은 짐작하는 것 이상으로 많은 운동을 요구하며 지루할 틈 없는 하루를 만들어주었다. 산호초를 따라 형형색색의 물고기를 찾아 조류에 몸을 맡기거나 부이(buoy)에 기대어 휴식을 취하다 보면 한두 시간은 순식간에 흘렀다. 스노클링을 한 번 하고 해변에 올라와 점심을 먹은 뒤 다시 한 차례 스노클링을 하면 벌써 늦은 오후 시간이 되었다.

'아쉽다. 내일도 이 바다를 누리려면 오늘은 이만 들어가야겠네.'

이렇게 생각하고 숙소를 향해 헤엄쳐 돌아가는 무렵이면 길리 메노의 산호초와 온 세상의 열대 바다를 대표하는 매력덩어리 바다거북이 때맞춰 나타나곤 했다.

푸른 바다를 유영하는 바다거북의 단단하고 유유한 모습은 보는 사람에게 깊은 감동을 선사한다. 세상사의 풍파와 자잘한 상처에 연연하지 않는 의연함과 자유, 근면히 노동하면서도 몸과 마음이 피폐해지지 않는 좋은 삶, 주위의 모든 이들과 확연히 다름에도 함께 결속력 있는 생태계를 이루는 지혜. 이처럼 우리가 꿈과 이상 속에서 그리는 고귀한 가치를 그저 살아 있는 것만으로, 먹이 활동을 하는 것만으로 형상화하는 존재가 바다거북이다.

　　바다거북을 가만히 보고 있으면 얼마나 귀여운지 모른다. 특히 숨을 쉬러 수면으로 올라올 때면 바다거북은 물위로 떠오르는 일이 적잖이 고되다는 듯, 또는 멀리서 지켜보는 내 존재가 은근히 거슬린다는 듯, 그도 아니면 모처럼 숨 쉬러 올라오는 길이니 마음껏 헤엄치며 즐기겠다는 듯 둥실둥실 서서히 수면으로 떠올라 와서 마지막 순간에 코끝만 살짝 꺼내 숨을 쉬었다. 그러고 나면 어느새 바다거북과 작별할 시간이다. 숨을 들이쉰 바다거북은 잠수해 들어갈 때 앞발 한쪽을 들고 비스듬히 바닷속으로 미끄러지듯 가라앉았다. 그 모습을 보고 있노라면 거북이 내게 "안녕! 내일 또 만나!"라고 말하고 있다는 환상을 떨쳐버릴 수가 없었다. 그렇게 나는 바다거북과 나날이 각별해졌다.

　　길리 메노에서 바다거북과 보낸 시간은 체류 기간으로 따졌을 때 일주일 정도밖에 되지 않았다. 하지만 이 짧은 시간 동안 바다거북은 내 마음속에 단단히 자리를 잡았고 이후 내 생각과 행동에 적지 않은 영향을 미쳤다.

　　바다거북을 만난 후로 나는 전보다 더 자연을 사랑하게 되었다. 또한 환경문제에 더 관심을 가지게 되었다. 해양 오염이니 생물다양성이니 하는, 내게는 피상적으로 들리던 이야기가 보다 가깝게 느껴졌다. 이러한 주제에 대해 자세히 알아보고자 하는 마음도 생겼다. 환경문제와 관련된 뉴스를 흘려듣지 않고 자연환경을 다룬 책과 논문에 관심을 갖다 보니 서서히 지식이 늘고 생각을 정리할 수 있었다. 자연을 위해 내가 할 수 있는 일을 하겠다는 결심도 점점 강해졌다. 그래서 바다거북을 만나고 몇 년 지난 뒤 나는 지구의 자연을 어떻게 보호할 것인지를 고민하는 심리학책을 쓰게 되었다. 그동안 내 마음속에 자리한 바다거북은 한결같이 나를 바다로 끌어당겨 주었다. "이쪽이야, 이쪽. 10년, 20년 뒤에도 함께 헤엄치자."

세상에는 내가 만난 바다거북처럼 우리에게 감동을 주고 행복한 경험을 선사하는 동물, 잊고 있던 가치를 떠올리게 하거나 꿈과 희망을 되살리는 동물, 입이 떡 벌어지는 카리스마를 가지고 있거나 귀여운 외모로 보호본능을 자극하는 동물이 존재한다. 이들이 바로 자연의 깃발, '깃대종(flagship species)' 동물이다.

모든 깃대종은 인간의 마음을 이끄는 강력한 힘을 가지고 있기에 틈만 나면 사람의 마음속에 침투해 둥지를 틀고 생각과 행동에 지속적으로 영향을 미친다. 깃대종은 우리가 자연에 관심을 갖게 하고 자연을 사랑하게 만들어 마침내는 각자의 자리에서 돈과 시간, 노력을 들여가며 자연을 위해 행동하는 사람이 되도록 이끈다.

나는 이 책에서 자연의 대표이자 최종병기라 할 수 있는 깃대종 동물에 대해 다양하고 깊이 있는 이야기를 하려 한다. 가장 먼저 알아볼 것은 깃대종의 정체다. 앞서 이야기했듯이 깃대종이란 여러 동물 중 인간의 마음을 특별히 강하게 끌어당기는 동물을 가리키는 말이다. 그렇다면 인간은 왜 어떤 동물을 다른 동물보다 더 사랑할까? 나아가 애초에 인간이 동물에게 호감을 느끼는 이유는 무엇일까? 먼저 1장에서는 심리학자의 입장에서 이와 같은 질문에 답한다.

이어지는 2장에서는 깃대종이라는 말에 대해 더 깊게 알아보는 시간을 가지려 한다. 사람의 마음을 움직이는 동물을 그냥 '인기 있는 동물'이라고 부르면 될 것을 왜 깃대종이라는 낯설고 어려운 용어를 사용할까? 생소하게 들리는 깃대종이라는 말의 탄생과 진화 과정을 살펴보는 것만으로도 우리는 인간과 동물의 관계, 현대 자연보존운동의 본질, 그리고 깃대종이라는 말의 참된 의미에 대해 많은 것을 알 수 있다.

3장에서는 세계의 다양한 깃대종에 대해 알아보자. 세상에는 어떤 매력과 문화적 중요성을 지닌 깃대종들이 있으며 인간은 깃대종 동물과 어떤 식으로 관계를 맺고 있을까? 여기서는 특히 우리나라 깃대종에 대한 이야기를 많이 하려 한다. 우리와 가장 가깝고 큰 영향을 미칠 수 있음에도 아직 충분히 알려지지 않은 존재가 우리나라의 깃대종이기 때문이다. 때로는 서글프기도 하지만 대부분은 희망으로 가득 찬, 전국 방방곡곡의 귀엽고 멋진 깃대종의 이야기가 모두의 마음을 흔들 수 있기를 소망한다.

마지막으로 4장에서는 우리가 세상의 모든 멋지고 귀엽고 고마운 동물을 위해 무슨 일을 할 수 있을지 생각해보자. 미리 스포일링을 하자면 고기를 좀 덜 먹고 비만해지지 말자는 이야기로 집약될 이 장을 통해 우리는 작지만 확실한 생활 습관의 변화가 의미 있는 변혁을 일구어낼 수 있음을 가슴에 새기게 될 것이다.

이 책의 목표는 오늘날 인간이 지구의 동물과 맺고 있는 심리적 관계의 본질을 드러내고 추앙하고 선전하는 것이다. 동물과 공존하는 관계 속에서 인간이 가진 위대한 심리적 능력들이 빛을 발하고 따뜻한 행복과 희망이 싹튼다. 이 멋진 관계를 바탕으로 동물과 함께 만들어갈 우리의 미래는 얼마나 아름다울까? 큰 기대와 벅찬 마음으로 이 책을 선보인다.

차례

2 왜 깃대종이라 부르는가

3 깃대종과 나, 아름다운 관계 맺기

4 깃대종과 함께, 지구를 위해

바다거북
Green turtle

서식지   온 세상의 열대와 아열대 바다.

생태   바다 밑바닥에서 찾을 수 있는 것은 뭐든 먹지만 나이를 먹을수록 엄격한 채식가가 됨. 녹색 해초를 많이 먹어서 몸이 녹색이 되므로 영어로 '그린 터틀(Green turtle)'이라 불림. 수명은 70년 정도임.

보존   멸종위기종(EN). 바다에서는 저인망 어업 등의 위협적인 어업 행위와 선박 치임 사고에 고통받고 있음. 이들의 해변 산란지는 인간의 해안지역 개발이나 과도한 거북알 채집 등으로 축소되고 교란당함.

매력   귀여움, 유유함 등 다양한 매력으로 가득함. 과거 인간의 기대수명이 지금보다 훨씬 짧았을 때 70여 년을 사는 거북이가 장수의 상징이기도 했음. 새끼 거북이들이 알에서 깨어 바다로 향하는 필사의 여정은 자연의 법칙을 상징하는 명장면으로 인식되어 경외감을 불러일으킴.

역할   열대 해양·해변 생태계에 대한 관심을 촉발하고 과도한 어업과 각종 해양 오염에 대한 문제의식을 일깨워줌.

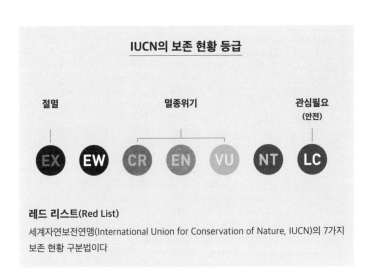

IUCN의 보존 현황 등급

절멸   멸종위기   관심필요
(안전)

EX   EW   CR   EN   VU   NT   LC

레드 리스트(Red List)
세계자연보전연맹(International Union for Conservation of Nature, IUCN)의 7가지
보존 현황 구분법이다

이 책의 전반에 걸쳐 반복적으로 언급될 IUCN의 보존 현황 등급에 대해 미리 알아보도록 하자. 위 그림에 나타난 IUCN의 보존 등급은 왼쪽부터 '절멸종(Extinct)', '자생지절멸종(Extinct in the Wild)', '심각한 위기종(Critically Endangered)', '멸종위기종(Endangered)', '취약종(Vulnerable)', '위기근접종(Near Threatened)', '관심필요종(Least Concern)'으로 번역된다. 이 중에서 '관심필요종'이라는 말은 '관심이 거의 필요하지 않다', 즉 '관심이 불필요하다'라는 원어의 오역으로 오늘날 레드 리스트에 대한 많은 오해를 불러일으키고 있다. 따라서 이 책에서는 또 다른 주요 보존 현황 구분법인 네이처서브 시스템(미국의 보존 단체인 'The Nature Conservancy'가 구축한 시스템)에서 동일한 등급에 붙인 '안전(Secure)'이라는 이름을 활용하기로 한다. 흔히 쓰이는 '멸종 위기 동물'이라는 말은 심각한 위기종(CR), 멸종위기종(EN), 취약종(VU)에 속하는 동물을 지칭한다.

1

우리는 왜
동물을
사랑하는가

위대한 화학작용과 무조건적인 사랑

우리는 코끼리, 판다, 펭귄, 다람쥐와 같은 깃대종 동물들을 아주 많이 좋아한다. 이들을 좋아하는 마음으로부터 생물다양성 보존운동에 대한 관심이 샘솟고 자연을 위해 시간과 노력, 돈을 투자할 의지가 생겨나기도 한다. 분명 아름답고 훌륭한 현상이지만 의아한 생각이 든다. 사람과 코끼리, 판다, 펭귄, 다람쥐는 서로 종이 다르다. 사람으로 태어나서 같은 종인 사람을 좋아하고 사랑하는 것은 그러려니 할 수 있지만 다른 종 동물들을 사랑하는 현상을 어떻게 이해해야 할까?

동물을 사랑하는 인간의 심리를 파헤치기 전에 한 가지 미리 밝혀둘 점이 있다. 동물에 대한 사랑은 돌려받을 수 있는 사랑이 아니라는 점이다. 우리가 동물을 사랑하듯이 우리를 사랑해주는 동물은 없다. 동물은 생태계의 논리에 따라 먹고 자고 짝짓기하며 살다가 죽어갈 뿐 인간의 마음에는 별 관심이 없다. 동물은 인간을 천적 아니면 먹이로 대하거나 기껏해야 걸음이 뻣뻣하고 냄새가 이상한 원숭이 정도로 여길 뿐 교감과 협력, 보호의 대상으로 보지 않는다. 심지어 어떤 동물은 인간에게 피해를 입히기도 한다. 새는 농작물을 망가뜨리고 여우와 살쾡이는 닭장을 침탈하며 맹수는 사람의 목숨을 위협한다.

내가 직접 겪은 야생동물과의 에피소드 역시 그다지 달가운 일이 아니었다. 스리랑카 동부 해안 마을의 오두막에 묵던 어느 날 아침, 나는 누군가가 내 소중한 땅콩버터 뚜껑을 갉아 댄 흔적을 발견했다. 어떤 무시무시한 짐승이 그 딱딱한 플라스틱 뚜껑에 잇자국을 남겼을지 상상도 할 수 없었던 나는 비닐봉지에 땅콩버터통을 넣어 숙소 천장에 빨랫줄로 매달아 놓았다 (캠핑할 때 곰을 피하려면 이렇게 해야 한다는 이야기를 어디서 주워들었나 보다).

다음 날 아침, 곤히 자던 나는 "빠드득! 빠드득!"하는 소리에 눈을 떴다. 그러자 손바닥만 한 다람쥐 녀석이 빨랫줄에 거꾸로 매달려 땅콩버터 뚜껑을 쓸고 있는 것이 아닌가. 박수를 쳐서 녀석을 쫓아버린 뒤 내가 어떤 반응을 했는지 맞춰보시라. 소중한 땅콩버터를 위력으로 빼앗아 가려 한 자연의 무법자에게 머리끝까지 화가 치솟았을까? 아니, 나는 이른 아침 찾아든 뜻밖의 손님에 신나고 즐거워 이불을 뒤집어쓰고 낄낄거렸다. "뭐야? 저 귀여운 녀석은! 큭큭, 먹고 싶으면 말을 하지!"

이처럼 바보 같은 심리는 도대체 어디에서 비롯되는 것일까? 동물은 인간에게 대체로 무심하고 심지어는 피해를 입히기도 하는데 인간은 어떻게 동물을 사랑할 수 있을까? 나 싫다는 사람, 내게 무관심한 사람, 내게 해가 되는 사람에게는 오랜 기간 애정을 품기 힘든 것이 인간이건만 어째서 동물에게만은 이처럼 아낌없이 마음을 주는 것일까?

우리가 지구의 깃대종 동물들에게 이와 같은 '무조건적 사랑(unconditional love)'을 바칠 수 있는 것은 깃대종 동물들의 여러 특성과 인간의 마음이 강력한 화학작용을 일으키기 때문이다. 둘 가운데 더 중요한 요인은 인간의 마음 쪽이다. 인간은 동물을 짝사랑할 수 있는 다양한 심리적 능력을 가지고 있다. 그리고 이러한 심리적 능력에 불을 붙여 숭고한 윤리적 행동(자연 보존운동 등)의 경지로 끌어올리는 존재가 바로 깃대종 동물이다.

이제 인간의 마음과 깃대종 동물들이 빚어내는 다섯 가지 위대한 화학작용의 정체를 들여다보려 한다. 우리가 동물을 좋아하는 이유가 무엇이고 그 마음이 얼마나 강력한지, 이와 같은 마음을 긍정적인 방향으로 표출하려 할 때 유의할 점은 없는지 함께 알아보자.

마음을
사로잡다

카리스마 동물들

> "여러분의 동굴로 걸어 들어가세요. 잘하고 있어요. 계속 깊이
> 들어가면 거기에 여러분의 파워 애니멀이 있을 거예요."
>
> —영화 〈파이트 클럽〉 중에서

우리나라 사람들은 '카리스마'라는 단어를 흔히 '중압감이 있는 멋'이라는 뜻으로 사용하곤 한다. '카리스마'라는 키워드로 기사를 검색해보면 "두 사람은 트렌치코트를 입고 카리스마를 발산하고 있다"라든가 "트로트계의 카리스마 여제", "드라마에서 카리스마가 넘치는 매력을 선보였다"와 같은 표현을 쉽게 찾아볼 수 있다.

하지만 카리스마라는 말은 멋지고 중후한 것에 붙이는 형용사가 아니라 사람의 마음을 휘어잡아 사상과 행동에 변화를

가져오는 능력과 특성을 가리키는 개념이다. 사람의 마음을 휘어잡아 변화시킨다고 하면 가장 먼저 부처, 예수, 무함마드와 같은 이름이 떠오를 것이다. 실제로 카리스마라는 말은 본래 영적 지도자들의 특별한 삶, 기적적인 업적과 유산을 가리키는 말이었다. 그러다가 20세기 초에 들어와 막스 베버가 "카리스마적 리더"라는 말을 사용하면서 다양한 분야의 리더들을 지칭하는 데 쓰이기 시작했다.

카리스마는 선악을 초월한 개념이다. 물론 카리스마적 리더 가운데에도 마하트마 간디나 넬슨 만델라처럼 일반적으로 널리 칭송받는 위인들이 있다. 하지만 악인의 대명사와 같은 아돌프 히틀러 등도 자신의 카리스마로 수많은 추종자를 양산하고 대중의 지지를 얻은 바 있다.

사실 카리스마적 리더는 위인 또는 악인으로 명확히 구분 짓기 힘든 경우가 많다. 자연히 이들의 공과에 대한 역사적 평가 또한 엇갈려 후대인들끼리 삿대질을 하며 싸우는 일도 왕왕 벌어진다. 우리나라 역대 대통령 중 박정희, 김영삼, 김대중, 노무현과 같은 카리스마적 인물들이 가장 많은 논란을 몰고 다니는 것만 보아도 이러한 사실을 알 수 있다. 우리가 더욱 친숙하게 느끼는 유명한 리더(대기업 CEO나 스포츠 감독 등)나, 더 가깝게는 회사에서 팔로워들의 마음을 쥐고 흔드는 데 능한 리더의 모습도 한번 떠올려보자.

선하든 악하든, 공과에 대한 평가가 엇갈리든 간에 카리스마적인 리더는 하나같이 변혁을 이끄는 리더라는 공통점을 가지고 있다. 사람의 마음을 휘어잡아 사상과 행동을 변화시키는 인물이므로 그가 속한 사회와 문화나 역사에 뚜렷한 변곡점을 만드는 것도 당연하다. 이 때문에 베버의 카리스마적 리더 개념이 현대적인 이상적 리더십 개념으로 진화했을 때 자연스럽게 '변혁적 리더십(transformational leadership)'이라는 이름이 붙었다. 20세기 후반을 대표하는 경영학, 심리학의 개념 가운데 하나인 '변혁적 리더십'이란 조직 구성원의 마음을 사로잡아 그들의 성장을 이끌고 조직의 변혁을 이루는 리더십의 특성을 가리킨다.

카리스마와 관련된 가장 중요한 논점은 결국 "어떻게 하면 사람들의 마음을 사로잡을 수 있을까?"라는 말로 요약될 것이다. 역사 속 카리스마적 리더들에 대한 연구와 변혁적 리더십 연구, 그리고 사람의 마음을 사로잡는 방법에 대한 다양한 심리학 연구를 종합해보면 카리스마의 핵심 중 하나는 '자아를 확장시키는 능력'이라고 말할 수 있다.

자아와 관련된 여러 문제 중 가장 중요한 것은 혼란을 겪지 않는 것이라고 여기는 사람들이 많은데 이는 잘못된 생각이다. 자아 정체성의 혼란이니 청소년기 방황이니 하는 말이 워낙 널리 퍼져 있어 이러한 오해가 발생하곤 한다. 사실 자아 정체성이 흔들리지 않는 것보다 훨씬 중요한 일은 자아가 정체되어 있지 않도록 하는 것이다. 내 자아의 영역이 좁아터져서 더 이상 확장되지 않는다는 답답함, 나 자신이 지루해 견딜 수 없다는 자학, 어떤 방법으로도 현재의 자아에서 벗어날 길이 없을 것 같다는 무망감 등이 우리를 위협하는 가장 무서운 감각이다. 이러한 감각은 사람을 우울증으로 몰아넣고 삶을 비관하게 하며 쓸모없는 힐링 콘텐츠에 중독되어 시간과 돈과 노력을 낭비하게 만든다.

반대로 "자아가 성장하고 있다"라는 말, 또는 "자아가 확장되고 있다"라는 말은 쉽게 말해 나를 설명하는 긍정적인 문장이 꾸준히 늘어난다는 뜻이다. "나는 책을 즐겨", "나는 재활용을 철저히 해", "내 주변에는 좋은 동료가 많아", "나는 재미있는 웹툰을 누구보다 먼저 알아봐", "나는 삼둥이 아빠야" 같은 말들이 곧 나를 설명하는 긍정적인 문장이다.

카리스마적 리더란 사람들에게 위와 같은 긍정적인 문장을 공급하는 사람이다. 위대한 선지자들은 영적 초월에 대한 문장을, 넬슨 만델라는 반성과 용서에 대한 문장을, 아돌프 히틀러는 인종적 우월성과 세계제국에 대한 문장을, 박정희는 "나는 더 이상 배가 고프지 않아" 같은 문장을 제공했다. 그런 문장을 제공 받은 사람들은 그를 통해 답답한 자아를 깨부수고 지금보다 더욱 커다란 미래를 향해 정열을 불태웠다.

그렇다면 인류의 눈에 비친 최초의 카리스마적 존재는 무엇이었을까? 변혁적 리더에 앞서 역사적 리더와 영적인 리더들이 있었듯이 영적인 리더들 앞에는 신과 영웅들이 있었다. 그리고 신과 영웅에 앞서서는 '카리스마 동물'이 있었다.

이길 수 없다면 숭배하라

현생 인류에 이르는 기나긴 진화 과정을 거치며 인간은 똑똑한 머리와 자유롭고 정교한 손, 근면하게 일할 수 있는 털 없는 피부를 획득한 대신, 다른 동물들에게서 찾아볼 수 있는 수많은 능력을 잃어버렸다. 사람은 지상에 존재하는 대부분의 동물들에 비해 느리게 달리고 어떤 바다 동물보다도 느리게 헤엄친다. 날 수도 없고 점프력도 비루하며 줄 타기, 나무 타기, 암벽 타기를 할 때의 아등바등하는 모습은 유인원 친척들에게 보여주기 민망할 정도다.

복싱 선수의 주먹은 고릴라의 주먹에 비해 3분의 1정도 힘밖에 내지 못한다. 개미들이 자기 체중의 20~30배 되는 짐을 부지런히 나르는 데 비해 인간은 체중의 2.5배만 들어 올려도 천하장사니 헤라클레스니 하는 소리를 듣는다. 눈은 가시광선 영역밖에 보지 못하고 그나마 썩 좋지도 않다. 귀나 코의 성능을 보면 과연 인간이 천적을 경계하거나 사냥감을 포착할 자격이 있는지조차 의심스럽다. 턱 힘이 약하고 이도 부실한 데다가 불로 익혀 먹지 않으면 소화에 어려움을 겪는다. 설상가상으로 인류는 출중한 지적 능력을 지니고 있었기에 이와 같은 여러 약점을 뼈저리게 인식할 수 있었고, 곧 이 답답한 육체를 초월하는 꿈을 꾸게 되었다.

우리는 이와 같은 '보다 위대한 존재가 되고자 하는 욕망'이 적어도 수만 년 전 구석기 시대부터 다양한 형태로 표출되었다는 증거를 찾을 수 있다. 구석기 시대 원시인들은 토기도 만들 줄 모르고 농사도 지을 줄 모르며 가축 한 마리도 키울 줄 몰랐지만 상상력이 뛰어나고 상징을 다룰 줄 알았다. 이들은 사후 세계나 영계를 상상해냄으로써 덧없이 짧은 삶의 의미를 발견하려 했다. 죽은 자를 매장함으로써 영계와 현실 세계 사이에 상상력의 다리를 놓으려고도 했다. 그리고 이들은 강력한 동물들을 숭배하고 그 혼과 힘이 자신에게 깃들기를 기원하며 자아의 한계를 초월하고자 했다.

구석기 시대 선조들과 동물의 관계는 단순하고 명확했다. 구석기인들은 자기보다 힘이 약한 동물은 잡아먹고 자기보다 힘이 강한 동물은 숭배했다. 자연보호와 생물다양성 보존을 주장하는 현대인들처럼 자연과 생태계를 관조하는 일은 이들에게 허락되지 않았다. 원시인들은 자연 안에서 생태계의 일부로 살아가며 동물을 먹고 동물에게 먹히기도 했다. 이들은 자신들을 해할 수 있는 무서운 동물들을 경계하고 기회만 되면 죽이려 하는 한편, 그와 반대로 신성시하고 숭배의 대상으로 삼기도 했다. 강력하고 위협적인 동물을 숭배하는 것은 단순히 공포에 굴복하거나 자포자기하는 행위가 아니다. 오히려 위협적인 상대를 자신의 마음을 의지할 수 있는 대상이자 카리스마적 존재로 바꾸어놓는 능동적인 심리적 행위다.

이와 같은 심리적 활동의 증거는 구석기 시대를 대표하는 문화유산인 동굴 벽화에서 찾아볼 수 있다. 구석기 시대 원시인들은 벽화에 주로 사슴이나 순록처럼 자신들이 사냥하는 동물을 즐겨 그렸다고 생각하는 사람들도 있다. 동굴 벽화가 사냥과 관련된 교육 자료이자 사냥꾼들의 사기를 북돋기 위한 선전 포스터였다는 것이다. 하지만 구석기 시대의 동굴 벽화에는 선조들이 사냥감으로 삼지 않았던 동물들도 꽤 많이 등장한다.

만약 사냥감으로 삼은 동물들만 벽화에 그렸다면 해당 동굴에서 출토된 동물 뼈(당연히 동굴에 살던 원시인들이 사냥해서 먹은 동물의 뼈일 것이다)와 벽화 속 동물의 종류가 일치해야 하지만 실제로는 그렇지 않다. 구석기 시대 사람들은 사슴 고기를 주식으로 삼으면서 정작 벽화에는 사냥하기 힘들고 위협이 되기만 했던 역동적인 야생마와 무서운 맹수, 힘센 코뿔소 등을 그려 넣곤 했다. 이는 구석기 시대 동굴 벽화가 단순한 사냥 매뉴얼이 아니라 카리스마를 지닌 동물을 통해 자아의 확장을 추구하는 상징적 예술이자 주술이라는 사실을 보여준다.

주술적 예술이었던 동굴 벽화는 사방에 폭력이 난무하고 하루하루를 살아내는 데 목숨을 걸어야 했던 원시인들의 삶에 상당한 도움을 주었을 것이다. 어두운 동굴에서 동물 가죽을 뒤집어쓰고 향정신성 버섯이나 약초에 취한 상태로 일렁이는 불빛 속에서 춤추며 '카리스마 동물'이 그려진 벽화를 보고 있노라면, 선조들은 진짜로 자기 안에 야생마의 질주 능력과 곰의 생명력, 들소의 강인함이 깃드는 느낌을 받았을 것이다. 이러한 느낌을 간직한 부족과 그렇지 않은 부족이 사냥으로 경쟁하거

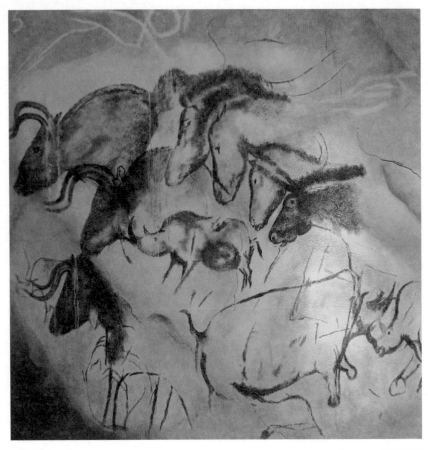

쇼베 동굴 벽화

프랑스 오베르뉴론알프 지방의 쇼베 동굴 벽화다. 약 3만 년 전에 창작된 이 벽화에는 야생마, 들소, 코뿔소 등 선조들이 동경했던 빠르고 힘세고 튼튼한 동물들이 지극히 현대적인 감각으로 묘사되어 있다. 집도 지을 줄 몰라서 동굴에나 살았던 사람들이, 고작 돌도끼를 가지고 사냥하던 사람이 이토록 멋진 그림을 그리다니! 구석기 시대 동굴 벽화를 보고 있노라면 사람은 무엇보다도 상상력과 예술적 재현 능력으로 규정되는 존재라는 생각이 든다.

현존하는 가장 오래된 조각상이자 최초의
반인반수 예술 작품 〈라이온맨〉의 모습.
약 3만 5,000년~4만 년 전에 맘모스 상아
에 조각된 작품으로 독일 슈바벤 지방의
홀렌슈타인-스타델 동굴에서 발견되었다.
역시 원시인들의 주술적 자아 확장의 욕구
를 확인할 수 있는 작품이다.

Dagmar Hollmann, 독일 울름박물관 소장

나 서로 싸움을 벌인다면 그 결과는 어땠을까? 답을 짐작하기
란 어렵지 않다.

파워! 패기! 열정! 타이거즈여!

카리스마 동물의 역사는 이후로도 유구한 세월 동안 이어져 왔
지만 여기서는 시간을 훌쩍 건너뛰어 오늘날로 넘어와보자. 요
즘 사람들에게도 과연 카리스마 동물의 카리스마가 먹힐까? 도
시에서 생활하며 카리스마 동물을 접할 기회가 별로 없는 현대
인에게 동물의 카리스마는 어떤 의미일까?

　　오늘날에도 현대인들은 다른 동물에 비해 카리스마 동물
을 선호하는 경향을 보인다. 길 가는 사람을 붙들고 "좋아하는
동물이 뭐죠?"라고 물어봤을 때 코끼리, 호랑이, 곰과 같은 대
답이 돌아오는 경우가 많다는 뜻이다. 또한 다양한 동물을 내세
워 모금 운동을 진행할 때에도 몸집 큰 포유류를 간판으로 삼는
경우가 가장 좋은 성과를 내곤 한다.

　　나아가 현대인은 여전히 카리스마 동물이 주는 감동을 즐
긴다. 특히 마케팅의 핵심 요소 가운데 하나인 브랜드 네임의
경우를 살펴보면 이와 같은 사실을 알 수 있다. 사람들에게 특
정한 제품, 서비스, 단체를 홍보하거나 특정한 행동을 유도하고
자 할 때 자아가 확장되고 자존감이 쇄신되는 느낌을 제공하는
것만큼 좋은 방법이 없다. 바로 이럴 때 해당 제품과 서비스, 단
체 또는 행위를 상징하는 존재로서 카리스마 동물이 동원되는

것이다.

　먼저 살펴볼 사례는 무기의 이름이다. 특히 성능이 월등한 무기일수록 카리스마가 넘치는 동물의 이름이 붙곤 한다. 이왕이면 이름만으로도 아군의 사기를 드높이고 적을 주눅 들게 만들기 위해서다. 이를테면 나치 독일은 세계 최강의 전차를 만들었을 때 표범(판테르 전차)과 호랑이(타이거 탱크와 킹타이거 탱크)라는 이름을 붙인 바 있다. 오늘날 세계 최강의 군대라 불리는 미군도 이 점에서는 마찬가지 모습을 보인다. 미군을 대표하는 전력이라 할 수 있는 전투기들은 독수리(F-15 이글), 독사(F-16 바이퍼), 말벌(F-18 호넷), 맹금류(F-22 랩터)와 같은 빠르고 치명적인 동물 이름을 가지고 있다.

　자동차 브랜드의 경우에도 카리스마 넘치는 동물의 이름이 많다. 운전석에 앉은 사람에게 청량한 자아 확장감을 주고 이름을 듣는 것만으로도 시원하게 질주하는 느낌을 전달하기 위해서다. 포드 머스탱(야생마)과 쉐보레 임팔라처럼 발 빠르고 멋지게 달려나가는 동물의 이름을 자동차 모델명으로 삼은 경우가 먼저 눈에 띈다. 또한 말을 상징으로 삼는 페라리나 사자 상징의 푸조, 황소 상징의 람보르기니처럼 카리스마 동물을 브랜드 상징으로 활용하는 사례들도 있다. 재규어 같은 경우는 아예 회사 이름이 카리스마 동물의 이름으로 되어 있으며 자동차 디자인에도 그 상징이 쓰인다.

　뮤지션들이 모여 밴드 이름을 정할 때도 카리스마 동물의 이름이 자주 선택받는다는 점 또한 흥미롭다. 밴드 이름을 전갈이나 독수리로 짓는 것은 너무 유치하지 않느냐고 말할 수도 있겠지만 스콜피언스와 이글스의 인기에는 〈윈드 오브 체인지〉나 〈호텔 캘리포니아〉 같은 명곡들뿐만 아니라 이들의 밴드 이름이 발휘하는 카리스마 역시 큰 역할을 했다. 비틀스, 애니멀스, 터틀스, 데드 래퍼드, 고릴라즈 같은 그룹의 이름도 마찬가지다.

마지막으로 카리스마 동물은 오늘날의 여러 인간 활동 분야 가운데 비교적 원초적인 육체 활동에 속하는 스포츠 분야에서 여전한 영향력을 발휘하고 있다. 스포츠에 주술적 요소가 얼마나 짙게 배어 있는지는 세계적으로 가장 인기 있는 스포츠 중 하나인 축구만 봐도 잘 알 수 있다. 해외에서 열리는 축구 경기를 보면 많은 선수가 경기장에 들어올 때 그라운드를 터치한 손에 입맞춤을 한 뒤 양손을 들고 하늘을 바라보며 한쪽 발로 깡충깡충 뛰어 들어오는 등 괴상한 행동을 한다. 이러한 행동은 21세기를 살아가는 문명인의 모습이라기보다는 1세기 드루이드교 주술사들의 행동에 가깝다고 할 수 있다.

스포츠계에서 카리스마 동물은 각 팀의 명칭과 마스코트로서 영향력을 발휘한다. 미국과 일본, 그리고 한국의 경우가 특히 그렇다. 미국의 NFL(미식 축구 리그)은 무려 15팀이 동물 이름을 쓰고 있으며 MLB(미국 프로 야구 메이저리그)와 NBA(미국 프로 농구)에서는 각각 8팀이 동물 이름과 상징을 사용한다. 동물 상징 비율이 가장 높은 곳은 일본 프로야구 리그로 12팀 중 7개

팀이 동물 이름을 사용한다. 한국 프로야구 리그에서도 타이거스, 이글스, 베어스, 라이온스가 동물 상징을 쓴다. 세 나라의 프로 스포츠에서 가장 자주 등장하는 동물은 독수리(이글스, 골든이글스, 시이글스 등)와 매(호크스, 시호크스, 블랙호크스 등), 사자와 호랑이다. 동물 상징은 선수들의 사기에 영향을 미칠 뿐만 아니라 각 팀의 서포터들에게도 청량한 자아 확장감을 제공해주는 현대 스포츠 경영의 핵심 요소 중 하나다.

동물 카리스마의 역효과와 귀여움의 부상

이쯤에서 우리는 동물의 카리스마가 때로는 역효과를 가져오기도 한다는 사실을 살펴볼 필요가 있다. 먼저 전 세계적으로 생물다양성 보존운동가들의 활동에 큰 걸림돌이 되곤 하는 것이 카리스마 동물의 존재다.

뛰어난 힘과 민첩성을 지닌 카리스마 동물은 종종 가축을 잡아먹고 반려동물을 공격하고 가택 침입을 하거나 기물을 파손한다. 최악의 경우 사람을 공격해 죽일 수도 있다. 문제는 이와 같은 부정적인 경험을 하는 사람들이 카리스마 동물들과 가장 가까운 곳에 사는 사람들, 즉 카리스마 동물을 보존할 때 가장 중요한 역할을 하는 사람들이라는 점이다. 오늘날 보존운동가들과 정책 입안자들이 직면한 최악의 난제는 카리스마 동물의 보존에 관심이 많은 대중과 카리스마 동물 주변에 사는 사람들의 심리적 간극을 메우고, 카리스마 동물과 인간 간의 갈등을 중재하고 최소화하는 일이다.

예로부터 사람들은 카리스마 동물을 사냥해 먹거나 신체 일부를 소유함으로써 그 힘을 취하려고 했다. 이와 같은 풍습은 오랜 시간이 흐른 오늘날까지 끈질기게 이어지고 있다. 원시 주술적 사고에 사로잡힌 일부 사람들은 여전히 카리스마 동물의 고기와 체액과 신체 일부를 원하고, 카리스마 동물을 직접 사냥함으로써 스스로 대단한 존재가 된 듯한 기분을 맛보려고 한다.

동물의 카리스마를 선구적인 미담으로 끌어올리기도 하고 처절한 비극으로 귀착시키기도 한 유명한 역사적 인물이 있다. 20세기 초에 미국 대통령으로 재임한 시어도어 루스벨트다. 시어도어 루스벨트는 카우보이, 경찰국장, 전쟁 영웅 등 미국인들이 홀딱 반할 만한 일들을 모조리 해보았고, 대통령이 되어서도 '미국을 더 위대하게' 만드는 데 전력을 다한 카리스마적 리더였다. 루스벨트가 미국과 미국인을 위대하게 만들기 위해 했던 일로는 중남미를 공식적으로 미국 앞마당이라 선언하고 콜롬비아로부터 파나마를 독립시켜 그곳에 파나마 운하를 건설한 일, 군비를 확충하고 각국의 전쟁을 중재해 미국의 영향력을 확대한 일, '카쓰라-태프트 밀약'으로 필리핀을 얻는 대신 한반도를 일제에 줘버린 일, 그리고 미국에 광대한 자연보호구역을 조성한 일 등이 있다.

아름다운 자연과 멋진 동물들이 살아 숨 쉬는 광대하고 멋진 나라 미국을 만들기 위해 시어도어 루스벨트는 다섯 곳의 국립공원과 51개의 조류 보호구역, 네 곳의 야생동물 보호구역, 150곳의 보호림을 설정했다. 총면적으로 따지면 100만 제곱킬로미터(미국 영토의 10분의 1이자 우리나라 영토의 10배에 해당하는 어마어마한 면적)에 이르는 규모다. 이것이 루스벨트의 자아 확장의 욕구와 미국을 더 위대하게 만들고자 하는 욕구가 가장 긍정적인 방향으로 표출된 사례다.

하지만 1909년에 대통령직에서 물러난 후 그는 이와 같은 자아 확장의 욕구를 정반대 방향으로 표출하기 시작했다. 세계 최고의 사냥꾼들과 가족 친지를 대동하고 구경별 소총 세 자루를 챙겨 아프리카로 장장 3년간 사냥 여행을 떠난 것이다. '스미소니안-루스벨트 아프리카 탐험대'라는 이름이 붙은 이 무시무시한 집단은 총 11,397마리의 동물을 사냥해서 스미소니안 박물관으로 보냈다. 사냥당한 동물 중에는 사자 18마리와 치타 6마리, 코끼리 12마리, 코뿔소 100마리가 포함되어 있었다. 루스벨트는 사냥 여행의 전 과정을 자랑스럽게 기록하며 자신이 저지른 학살행위에 한 점의 부끄러움도 느끼지 않았다. "국립박물관의 존재와 동물학 단체들의 존재를 욕할 수 없다면 나를 욕할 수도 없는 것이다"라고 루스벨트는 자신의 행동을 정당화했다.

시어도어 루스벨트는 카리스마 동물을 향한 인간의 욕망이 얼마나 강렬한지 보여주는 역사적 인물이다. 때로는 이러한 욕망이 보존운동이라는 긍정적인 방식으로 분출되는가 하면 사냥과 학살이라는 일그러진 방식으로 표출될 때도 있다. 그러나 오늘날을 사는 우리에게는 저 두 번째 선택지가 존재하지 않는다. 루스벨트가 사냥했던 동물들은 이제 다들 멸종 위기에 몰려 있기 때문이다. 우리는 오로지 카리스마 동물의 숫자를 늘리는 방법을 통해서만 지구를 더 위대하게 만들 수 있다.

시어도어 루스벨트 이야기를 마무리하기에 앞서 한 가지 에피소드를 더 소개하려고 한다. 누구나 살면서 한 번쯤은 곁에 두었을 법한 존재, 작고 복슬복슬한 곰인형 테디베어에 관한 이야기다.

때는 1902년, 루스벨트는 미시시피주와 루이지애나주의 경계를 확정하는 회의에 참석했다가 그곳에서 열린 곰 사냥 대회에 참가하게 되었다. 그런데 대회에 참가한 다른 사냥꾼들이 모두 곰 사냥에 성공하는 동안 루스벨트는 곰을 한 마리도 잡지 못했다. 현직 대통령이자 유명한 사냥꾼인 시어도어 루스벨트가 혼자만 곰을 잡지 못해 자존심을 구기고 있는 모습을 본 루스벨트 팀의 사냥꾼들은 묘안을 떠올렸다. 흑곰 한 마리를 포위해 부상을 입힌 뒤 나무에다 묶어놓고 대통령을 불러온 것이다. 팀원들은 루스벨트에게 묶인 곰을 쏘라고 말했지만 루스벨트는 거부했다. 스포츠맨십에 어긋난다는 게 이유였다.

결국 그 흑곰은 루스벨트의 팀원들에게 사살되었지만 억지 체면치레를 거절하고 굴욕을 감수하는 길을 택한 루스벨트의 행동은 당대인에게 귀감으로 비추어졌다. 이에 〈워싱턴포스트〉의 만평 작가였던 클리퍼드 베리먼은 나무에 묶인 가련한

클리퍼드 베리먼의 만평

클리퍼드 베리먼은 작은 글씨로 '미시시피에서 선 긋기(Drawing the line in
Mississippi)'라고 적어놓았는데 이는 당시 루스벨트가 미시시피와 루이지애나의
경계선을 그으러 갔다가 스포츠맨이 넘지 말아야 할 선을 정하고 왔다는 미국식
유머다.

곰에게 총 쏘기를 거부하는 루스벨트의 모습을 만평으로 그려 칭송했다.

베리먼의 만평은 열렬한 반응을 이끌어냈는데, 일부는 원작자의 의도와는 상관없는 현상으로 이어졌다. 많은 이들이 뒤쪽에 조그맣게 묘사된 곰의 귀여운 모습에 주목했던 것이다. 그 중에서도 뉴욕의 모리스 믹텀이라는 상인은 베리먼의 디자인에 바탕한 작은 곰인형 '테디의 베어'를 만들어 판매하기 시작했다. 테디의 베어는 인기리에 팔려나갔고, 시간이 흘러 사람들은 실제 그 곰이 어떻게 죽었는지는 잊어버린 채 테디의 베어를 귀여운 어린이 장난감의 상징으로 인식하게 되었다. 이름 또한 마케팅에 보다 적합하게 '테디베어'로 축약되었다.

당시에는 널리 칭송받았던 루스벨트의 행동이 현대인에게는 "사냥이 스포츠야?", "동물을 죽이면서 저렇게 멋진 척을 한다고?"라는 반응을 불러일으킨다는 점, 나아가 전형적인 카리스마 동물이던 곰이 이제는 보기만 해도 얼굴에 미소가 떠오르는 작고 복슬복슬한 무언가로 변모했다는 점은 우리에게 중요한 사실을 일깨워준다. 동물의 카리스마를 중시하고 이를 어떻게 정복할 것인지에 관심이 모였던 시대는 가고, 동물을 보호의 대상으로 여기고 동물의 귀여움에 매료되는 시대가 찾아왔다는 것이다.

큰곰
Brown bear

자료: Wikimedia Commons

서식지 유라시아 대륙과 북미, 특히 러시아에 서식하는 큰곰 수가 전체의 50퍼센트가 넘음. 우리나라에서는 불곰이라고도 불리며 북아메리카에 서식하는 큰곰 아종(亞種, 종을 다시 세분한 생물 분류 단위)은 그리즐리(회색곰)로 불림.

생태 눈에 보이는 것은 뭐든 먹어보려 하는 잡식성 동물이지만 육식성 먹이보다는 베리, 열매, 식물 뿌리와 버섯 등에 많이 의존하고 꿀을 좋아함. 연어가 내륙으로 회귀할 때 이를 사냥하는 모습으로도 유명함. 겨울에는 동굴이나 나무뿌리 틈새에 자리를 마련하고 동면하지만 중간에 자주 깨는 편. 각종 씨앗을 퍼뜨리고 초식동물과 해충, 해수의 숫자를 조절하기에 숲의 정원사라고 불림.

보존 '안전(LC)'. 러시아, 미국의 알래스카주, 캐나다 등지에 총 20만 마리의 큰곰이 서식하고 있음.

매력 사람 10명과 겨룰 수 있는 힘을 자랑하는 괴수로, 예로부터 강력한 힘과 지배력을 상징하는 존재임. 유라시아와 북미 원주민들의 주술적 곰 숭배 문화의 중심이 됨. 동면을 통해 겨울을 이겨내기에 인고와 부활을 상징하는 영웅적 존재로 인식됨. 새끼들은 아주 귀여워서 영화 〈베어〉에서처럼 많은 이들의 심금을 울림.

역할 지구 북반구의 광대한 삼림과 거친 자연을 상징하고 이에 대한 동경을 불러일으키는 카리스마 깃대종임.

딱정벌레
Beetle

서식지 극지방을 제외한 전 세계.

생태 2억 년을 훌쩍 넘는 진화의 역사를 거치며 소똥구리, 무당벌레, 사슴벌레, 반딧불이 등 40만 종이 넘는 종으로 분화함. 이는 현재까지 알려진 모든 동물 종의 4분의 1에 해당하는 숫자. 진딧물을 포식하여 식물을 보호하는 무당벌레, 똥을 분해하여 자연의 순환을 돕는 소똥구리 등 해당 생태계에서 중요한 역할을 수행하는 종이 다수임.

보존 종과 서식지에 따라 보존 상태가 매우 다름. 우리나라는 20세기 후반의 급격한 생태계 변화로 인해 소똥구리가 멸종 위기 야생생물 2급으로 지정되고 반딧불이 서식지가 천연기념물로 지정될 정도로 딱정벌레들의 보존 상황이 열악함.

매력 단단한 껍질과 옹골찬 생김새를 지니고 있어 내향적인 완결성과 도도함을 상징함. 작지만 알차고 단단한 느낌을 발산하기 때문에 역사상 가장 유명한 소형 자동차 이름(폭스바겐 비틀)과 역사상 가장 유명한 음악 밴드의 이름(비틀스)으로 활용됨.

역할 생물다양성이 훼손될 때 딱정벌레의 종류와 숫자는 줄어들고 파리와 모기는 늘어나는 경향이 있기에 세계 각지의 생태계 건강도를 나타내는 지표 역할을 함.

대가 없이 돌보다

심리학 박사인 나는 종종 "요즘 두드러지는 심리 현상이 뭐라고 생각하세요?"라는 질문을 받는다. 그러면 다음과 같은 여러 대답을 하곤 한다. "개성과 다양성을 중시하는 성격심리학자로서 MBTI가 널리 알려진 점을 아주 긍정적으로 생각합니다"라거나 "좋은 질문입니다. 제가 쓴 책에 그 점과 관련해 몇 가지 재미있는 이야기가 나오니 꼭 한 번 읽어보세요" 하는 식으로 말이다. 그와 동시에 "우리는 과거 어느 때보다 귀여움을 숭상하는 문화 속에서 살고 있지요"라는 답도 빼놓지 않고 하는 편이다. 오늘날 귀여움은 SNS를 쥐락펴락하고 마케팅 성패를 좌지우지하며 인물과 캐릭터의 화제성에 영향을 미치는 시대적 키워드가 되었다. 귀여운 것을 좋아하는 경향은 딱히 세대를 타지 않고 남녀를 가리지도 않으며 우리나라뿐만 아니라 미국이나 일본, 중국 등 세계 여러 나라에서 공통적으로 관찰된다.

이와 같이 귀여움을 숭상하는 문화의 중심에는 동물들이 있다. 사람들은 강아지와 고양이를 귀여워할 뿐만 아니라 해달과 레서판다를 귀여워하고 새끼 늑대와 새끼 카이만 악어를 귀여워한다. 거대한 코끼리의 엉덩이가 귀여워 보이는가 하면 으르렁거리는 승냥이의 모습이 우습고 귀여워 보이기도 한다. 개인적인 고백을 하자면 나는 물 마시는 시베리아 호랑이의 혀가 귀엽고 연어를 뜯어먹는 회색곰 그리즐리의 귀가 귀엽다고 느끼는 사람이다. 최근에는 대부분의 동물 이름 앞에다 '아기'라는 말을 붙이면 귀여운 느낌이 든다는 사실을 발견하기도 했다. 어쩌다 인간은 맹수가 귀여워 보이고 아기 피라냐나 아기 지렁이라는 말에도 조금의 귀여움이 담겨 있을지 모른다는 감각을 갖게 되었을까?

먼저 살펴볼 사실은 인간이 귀여움을 느끼는 본능을 지니고 있다는 점이다. 귀여움을 느끼는 본능은 인간뿐만 아니라 여러 동물이 함께 공유하는 '적응적 특성'이기도 하다. 인간과 동물의 특성이나 행동에 '적응적'이라는 말을 붙이는 경우는 그 특성이나 행동이 개체의 생존과 종의 보존에 긍정적 영향을 미칠 때뿐이다. 즉, 귀여움을 느끼는 본능은 일순간의 행복감을 제공하는 데 그치지 않고 많은 동물 종과 인간이 번성하는 데 실질적인 도움을 준다는 뜻이다.

귀여움이라는 감정을 좀 더 건조한 단어들로 바꿔보면 "A 라는 대상을 보았을 때 자연스럽게 보살피고 싶은 느낌이 든다" 정도가 될 것이다. 이와 같은 느낌은 '젠장, 저걸 내가 보살펴야 돼?'라는 식의 불쾌한 의무감의 형태가 아니라 '와! 저건 내가 보살펴야 돼!'라는 행복하고 즐겁고 기꺼이 보살피고자 하는 충동의 형태로 감지된다. 다시 말해 귀여움이라는 감정은 자발적으로, 기껍게, 물불 가리지 않고 온 힘을 다해 자식과 새끼를 양육하도록 부추기는 감정이다.

나아가 동물의 새끼와 인간의 아기는 단순히 성체의 축소판이 아니다. 예를 들어 아기는 몸에 비해 머리가 어이없을 정도로 크고 팔다리가 짧다. 또한 얼굴이 귀여울 뿐만 아니라 이후 생의 어떤 시점에서도 다시는 보여주지 않을 앙증맞은 몸동작과 행동 양태를 보인다.

이처럼 인간과 동물의 어린것들은 공통적으로 커다란 눈, 통통한 볼과 몸통, 짧은 팔다리와 뒤뚱거리는 움직임, 풀피리를 부는 듯한 가련한 목소리 등으로 무장하고 있다. 이것은 부모에게 최대한 귀여워 보이고 부모의 열정적인 보살핌을 이끌어내기 위한 유아의 행동과 특성이다. 이와 같은 유아의 귀여운 특성들은 '유아도식(베이비스키마, baby schema)'이라는 이름으로 불리는데 이는 인간 유아와 동물 새끼들이 보이는 도식적인 공통점(큰 눈, 통통한 얼굴 등)을 강조하는 말이다.

	유년		성년	
	유아도식 강함	유아도식 약함	유아도식 강함	유아도식 약함
인간				
개				
고양이				

자료: 마르타 보르기 외[*]

2014년 마르타 보르기 등의 연구자들은 유아도식이 강한 사진과 약한 사진을 유아들에게 보여주면서 어느 쪽을 더 귀여워하는지 살펴보았다. 유아들은 큰 눈과 동그란 얼굴을 한 왼쪽 사진이 더 귀엽다는 사실을 알아차렸다. 유아마저 유아도식을 알아본다는 사실은 귀여움을 느끼는 감각이 본능적인 것임을 시사한다.

[*] Borgi, M., Cogliati-Dezza, I., Brelsford, V., Meints, K., & Cirulli, F. (2014). Baby schema in human and animal faces induces cuteness perception and gaze allocation in children. Front. Psychol, 5:411. doi: 10.3389/fpsyg. 2014. 00411.)

귀여움이란 이처럼 보살핌을 받아야 하는 어린것들과 보살펴야 하는 성체들이 합심해서 만들어낸 거대하고 유구한 본능적 생의 체계라고 할 수 있다. 하지만 이 사실만으로는 오늘날의 귀여움에 대한 열광을 온전히 설명할 수 없다. 옛날 사람이나 요즘 사람이나 모두 이 본능적 생의 체계를 따르는데 왜 현대인은 옛날 사람들에 비해 귀여움에 대한 감수성과 수용도가 유별나게 높을까? 예쁘거나 멋진 것은 취향을 타기에 남에게 보여주기 힘들지만 귀여운 것만은 마음 놓고 아무에게나 권하는 오늘날의 분위기는 어떻게 형성된 것일까?

귀여워할 용기 : 쓸모없는 개가 아름답다 ────

귀여움은 내밀하고 개인적인 정서이다. 이러한 사적인 정서가 시대를 대표하는 사회적 정서로 대두된 환경적 요인으로 먼저 반려동물 문화의 확산과 SNS의 보편화를 꼽을 수 있다. 최근 반려견, 반려묘를 키우는 문화가 일반화되었는데, 이는 사람들이 귀여운 자극을 곁에 끼고 살며 그만큼 귀여움을 더 자주 느끼게 되었다는 사실을 뜻한다. 여기에 SNS 보편화가 더해지면서 다들 귀여움을 표현하고 소통하는 데에 주저하지 않는다. 귀여운 영상과 사진, '털주먹'이나 '댕댕이'와 같은 귀여운 신조어가 SNS 피드에 넘쳐나다 보니 귀여움이라는 정서는 갈수록 널리 확산하며 일종의 현대적 정서 규범이 되어가고 있다. 조선시대에는 선비가 인자하지 않으면 욕을 먹고, 10세기에는 바이

킹이 용감하지 않으면 욕을 먹었듯이 이제는 귀여운 것을 알아보는 눈이 없으면 눈총을 받게 되었다는 뜻이다.

그렇다면 우리는 어떻게 개와 고양이 등을 '반려동물'로 지칭하며 귀여워하게 되었을까? 때로 간과되는 부분이지만 개와 고양이는 얼마 전까지만 해도 인간과 반려 관계에 있기보다는 인간에게 유용한 봉사를 하는 존재로 여겨졌다.

당장 개의 경우만 살펴봐도 그렇다. 토사구팽이라는 말로 대표되는 동아시아의 전통적 관념과 문화는 말할 것도 없지만 오늘날 개를 끔찍이도 사랑하는 서양인들의 관념도 과거에는 이와 크게 다르지 않았다. 이를테면 서양인들은 아직도 견종을 구분할 때 다음과 같은 일곱 가지 '그룹'으로 나누곤 하는데, 이를 살펴보면 과거에 서양인들이 개에게 어떤 역할과 쓸모를 요구했는지 알 수 있다.

1. 스포팅(sporting) 그룹: 조류 사냥을 돕는 개들로, 총에 맞은 사냥감을 회수하는 역할을 하기에 '건 도그(gun dog)'라고도 부른다. 사냥감을 포착하거나 날아오르게 하기도 한다. 리트리버(회수하는 개)가 대표적인 스포팅 그룹의 개다.

2. 하운드(hound) 그룹: 여우, 오소리, 사슴 사냥을 돕는 개들로 뛰어난 후각과 빠른 발로 사냥감을 추적한다. 그레이하운드, 비글, 닥스훈트(오소리 사냥개)가 하운드 그룹에서 유명하다.

3. 워킹(working) 그룹: 수레와 썰매를 끌거나 집을 지킨다. 시
   베리안 허스키와 도베르만이 대표적이며《플란더스의 개》
   에 등장하는 파트라슈(파트라슈의 견종은 부비에 데 플랑드르)
   또한 이 그룹에 속한다.

4. 테리어(terrier) 그룹: 쥐를 잡는 개들로, 웨스트 하이랜드
   화이트 테리어와 잭 러셀 테리어처럼 이름에 '테리어'라는
   글자가 붙는다. 다만 가장 유명한 테리어 가운데 하나인
   요크셔테리어는 토이 그룹으로 분류된다.

5. 토이(toy) 그룹: 정서적 만족감을 주는 조그맣고 귀여운 개
   들로 치와와, 몰티즈, 파피용, 포메라니안, 비숑 프리제 등
   이 있다.

6. 허딩(herding) 그룹: 양과 소를 모는 개들로 보더콜리와 웰
   시코기, 저먼 셰퍼드, 셰틀랜드 십독 등 지능 높은 개들이
   포진해 있다.

7. 논스포팅(non-sporting) 그룹: 1~6번까지의 그룹에 넣기
   어렵고 하나로 정의하기도 힘든 다양한 개들이 모여 있다.
   유틸리티 그룹(utility group, 실용견)이라고도 부른다. 푸들
   이 대표적이며 불도그 등 투견들도 일부 포함된다.

과거에 개와 인간의 관계는 이처럼 개가 저마다의 고유한
기능을 얼마나 잘 수행하는지로 결정되었지만 현대인은 개에게
이와 같은 기능을 요구하지 않는다. 오늘날 우리나라에는 자기

집 골든 리트리버에게 호수에 뛰어들어 총 맞은 오리를 물고 오라는 사람도 없고 닥스훈트에게 오소리를 사냥하라고 명령하는 사람도 없다. 시베리안 허스키한테 무거운 짐을 끌게 시켰다가는 동물 학대로 고발당할지도 모른다.

현대인이 개의 다양한 쓸모를 무시하고 오직 개가 주는 정서적 만족감만을 중시하게 된 이유는 명확하다. 이제는 개가 소와 양을 치고 사냥을 돕고 짐을 끌며 집을 지킬 '필요'가 없어졌기 때문이다. 경제 발전에 따른 자연스러운 결과로 우리는 이제 구조견이나 안내견 등 몇몇 특수한 경우를 빼고는 개의 노동력을 필요로 하지 않는다. 주변 사람들이 모두 싫어하는데 굳이 개를 먹어야 할 정도로 먹거리가 부족하지도 않다. 개의 쓸모가 중시되던 과거에도 최상류층 부자들은 오직 정서적 만족감을 얻기 위해 개를 키웠다. 이제 우리는 개와 고양이에게 어떤 대가도 요구하지 않은 채 집과 밥과 애정을 제공하고 있다.

자원에서 돌봄의 대상으로

사람들의 생활 수준이 올라가면 개와 고양이를 보는 눈만 바뀌는 것이 아니라 야생동물을 바라보는 눈도 바뀐다. 불과 100년 전까지만 해도 사람들은 세상의 여러 동물들을 모두 자원으로 보았다. 당시 사람들의 눈에는 코끼리가 살아 움직이는 당구공 재료이자 피아노 건반의 재료로 보였다. 고래는 고기와 마가린, 향유, 등유, 윤활유로 꽉 찬 자원 덩어리였다. 비버, 너구리,

여우, 족제비, 담비, 레서판다, 사슴, 곰, 표범, 호랑이, 물개, 바다표범을 보면 모피를 벗겨 팔고 고기를 요리할 생각부터 했다. 옛날 비버와 담비가 지금보다 덜 귀엽고 옛날 코끼리와 고래는 덜 멋있어서 옛사람들이 동물을 자원으로 여긴 것이 아니다. 똑같이 멋지고 귀여운 동물이 가난한 사람의 눈에는 자원으로 보이고 그렇지 않은 사람의 눈에는 귀엽고 사랑스럽고 보호받아야 할 존재로 보이는 것이다.

인류의 기술과 경제가 과거에는 누구도 상상하지 못했을 정도로 발전하면서 동물들 대다수가 위와 같은 전통적인 쓸모에서 벗어났다. 우리가 얼마나 발전된 상태에 이르렀는지는 이제 사람들이 엄격한 채식까지 '선택'할 수 있게 되었다는 사실만 보아도 확연히 드러난다.

일반적으로 한 종의 식생활은 그 종이 겪은 진화의 역사에 따라 결정되는 전략적 특성이지 그 종에 속한 개인이 선택할 수 있는 것이 아니다. 유칼립투스 잎을 먹지 않겠다는 코알라나 물범을 잡아먹지 않겠다는 북극곰이 있을 수 있겠는가? 하지만 인간은 물고기, 육류, 유제품, 곡물, 채소, 식용유, 견과류 중 무엇을 먹고 무엇을 먹지 않을지 마음껏 선택할 수 있는 경지에 이르렀다. 바야흐로 먹는 일이 본능의 영역에서 뛰쳐나와 문화의 영역으로 옮겨졌다는 뜻이다. 이제 우리는 수많은 야생동물을 더 이상 식량으로 보지 않게 되었을 뿐만 아니라 애초에 식량으로 삼기 위해 가축화를 했던 동물들에 대해서조차 "굳이 이걸 먹어야 해요?"라는 질문을 제기하게 되었다.

식량 외에 다양한 자원으로 취급되던 여러 동물에 대한 태도도 바뀌었다. 이제 동물의 상아를 이용해 만든 물건과 동물 모피를 벗겨 만든 의류는 찾아보기도 힘들거니와 옛날처럼 남들에게 사회적 지위의 징표로서 당당히 내세울 만한 물건도 되지 못한다. 내보여봤자 사람들의 존경을 얻기는커녕 시대에 뒤떨어지는 사람 또는 잔혹하고 비인도적인 사람으로 취급받기 마련이다. 고래에서 짜낸 기름으로 등유 램프를 밝혔다고 말하면 그 램프를 고운 눈으로 바라볼 사람이 과연 있을까?

이와 같은 변화 속에서 우리는 인간의 윤리성을 발견할 수 있다. 바꿔 말하면 인간은 기본적으로 상당히 윤리적인 존재여서 상황이 허락하기만 한다면 최대한 다른 동물들에게 해를 입히지 않는 방향으로 나아가려는 모습을 보인다. 사실 우리는 계속해서 상아로 만든 당구공을 치면서 "역시 소리가 달라"라고 말할 수도 있고 천연 모피의 부드러움에 취할 수도 있으며 샥스핀(상어 지느러미)과 웅담(곰의 쓸개)을 보면 반색하며 먹어 치울 수도 있다. 경제가 발전했다고 해서 이러한 일을 하지 말아야 할 논리적인 이유 따윈 없다. 그럼에도 기술과 경제가 발전할 때마다 그만큼 동물에 대한 착취를 줄일 수 있었던 것은 우리가 집단적으로 윤리적 선택을 거듭했기 때문이며 이에 부응하지 못하는 사람들을 사회적으로 도태시켜 왔기 때문이다.

그러므로 대부분의 생물다양성 보존운동은 선진국에서 시

작되며 또한 선진국에서 열렬한 지지를 얻을 수밖에 없다. 제아무리 넓고 풍요로운 생태계를 지니고 있다 해도 이를 천연자원으로 취급하는 나라에서는 보존운동이 뿌리내리기 어렵다.

생물다양성 보존운동의 역사에서 가장 잔혹한 사건 중 하나였던 다이앤 포시 살해사건을 한번 살펴보자. 다이앤 포시는 20세기 후반에 르완다에서 활동하던 세계 최고의 마운틴고릴라 연구가이자 열렬한 고릴라 보호 운동가였다. 하지만 다이앤 포시와 르완다의 시골 사람들 사이에는 커다란 간극이 있었다. 다이앤 포시는 마운틴고릴라를 보호해야 할 생명체로 보았지만 르완다의 가난한 농민들은 고릴라를 사냥감으로 여겼다.

1977년, 다이앤 포시가 아끼던 마운틴고릴라인 디짓이 밀렵꾼들에게 살해당하는 사건이 벌어졌다. 밀렵꾼들은 디짓을 창으로 찔러 죽이고 신체 부위들을 잘라갔다. 카리스마 동물인 고릴라의 신체 부위들이 비싼 값에 팔렸기 때문이다. 디짓의 죽음은 다이앤 포시를 우울증과 알코올 의존으로 몰아넣었으며 밀렵꾼들의 캠프를 불태우고 밀렵꾼을 고문하는 등 갈수록 공격적인 태도를 보이게 만들었다. 갈등이 고조된 결과 1985년에 다이앤 포시는 연구 캠프에서 살해된 채로 발견되었다.

다이앤 포시 살해사건의 진상은 여전히 밝혀지지 않았지만 이 사건이 선진국 사람들의 자연관과 개발도상국 르완다 사람들의 자연관이 충돌한 결과라는 점에는 많은 이들의 의견이 일치한다. 다이앤 포시는 마운틴고릴라 연구의 선구자이며 고릴라 보호운동에 혼을 바친 위대한 활동가였지만, 인간이 자연을 보호하기 위해서는 우선 자연을 착취하지 않아도 될 정도의 경제적 토대를 이루어야 한다는 사실을 받아들이지 못한 이상주의자이기도 했다.

오늘날 많은 사람이 자연과 그 안의 동물들을 보호해야 할 대상으로 보는 이유는 자연을 착취하지 않아도 살 만하다고 느끼기 때문이다. 이는 우리가 자연에 대해 궁극적인 우위를 점했으므로 이제 인간이 자연을 돌봐야 한다는 책임감과 우월감이기도 하다. 최근 우리가 다양한 동물들, 특히 여러 동물의 새끼들을 보고 한없는 귀여움을 느끼는 현상은 그 새끼들을 양육하고 그들에게 행복한 미래를 보장하는 데 있어 우리에게도 책임과 역할이 있다는 생각과 긴밀히 연관되어 있다.

그러므로 결국은 귀여움이 세상을 구원하게 될 것이다. 더욱 정확히 말하면 동물을 귀여워하는 마음을 자연에 대한 책임감으로 승화할 줄 알고, 기회만 된다면 항상 더 윤리적인 방향으로 움직이려고 하는 인간의 선한 습성이 세상을 구원하리라.

치타가 귀엽다고 생각해본 적 있는가? 우리의 귀여움 감수성이 확장되면서 최근
에는 맹수의 새끼들뿐만 아니라 성체도 귀여워 보이는 지경에 이르렀다. 우리는
더 이상 맹수를 천적이나 경쟁 상대, 사냥감으로 여기지 않는 데다가 치타는 귀여
운 고양이와도 사뭇 닮았기 때문이다.

향유고래
Sperm whale

자료: Wikimedia Commons, Gabriel Barathieu

서식지   전 세계의 다섯 바다.

생태   이빨이 있는 동물 중 가장 큰 동물로 수컷의 몸길이는 20미터에 달함. 잠수하는 깊이는 첨단 잠수함의 6배에 해당하는 수심 2,000미터 이상임. 머리의 향유조직을 이용해 동물이 낼 수 있는 가장 크고 아름다운 소리를 만들고 이를 수중 음파 탐지와 항해, 의사소통에 활용함. 인간은 이 향유조직을 취해 양초와 연고, 화장품을 만들곤 했음. 소설 《모비딕》에서 고래잡이들을 절망으로 몰아넣은 불굴의 고래 모비딕이 곧 향유고래임.

보존   취약종(VU). 《모비딕》을 읽고 나면 고래잡이의 전성기는 19세기이고 고래 숫자도 이때 가장 많이 줄어들었을 것으로 생각할 수 있지만 사실은 20세기 초중반에 강력한 엔진과 발사형 작살로 무장한 고래잡이 배들이 횡행했을 때가 대형 고래들의 멸종 위기였음. 상업적 포경이 금지된 20세기 후반 이후 꾸준히 숫자가 회복되는 중.

매력   혹등고래, 대왕고래 등과 함께 광활한 바다의 유유한 지배자로 여겨지는 카리스마 넘치는 고래. 깊은 바다에 울려 퍼지는 향유고래의 아름다운 노래는 원초적인 신비감과 경외심을 느끼게 함.

역할   인간이 자연과 동물을 어떻게 착취했는지 보여줌과 동시에 인간과 자연의 관계가 언제든 급격히 회복될 수 있다는 사실을 보여줌. 지구의 해양 생태계를 대표하는 깃대종 가운데 하나.

치타
Cheetah

자료: Unsplash, Sammy Wong

서식지 아프리카. 약 7,000마리의 야생 치타 중 4,000여 마리가 아프리카 남부 (보츠와나, 나미비아, 잠비아, 앙골라, 남아프리카공화국 등)에 서식.

생태 가장 빠른 육상 동물인 치타는 달리기 시작한 뒤 단 3초 만에 100㎞/h에 이를 수 있음. 치타의 사냥감인 톰슨가젤과 스프링복도 80km/h 이상의 최고 속도를 보이므로 치타와 사냥감 사이의 추격전은 지상에서 가장 빠른 동물 추격전이라 할 수 있음. 사자와 표범 등 밤에 활동하는 맹수들과 부딪치지 않도록 낮에 활동함.

보존 취약종(VU). 듬성듬성 흩어져서 각자 넓은 자연을 향유해야 하는 종이지만 아프리카 국가들의 인구 증가와 농지 확장에 따라 서식지가 감소하고 있음. 아프리카 남부에 다수의 치타가 서식하는 이유는 나미비아와 보츠와나 등이 세계에서 인구 밀도가 가장 낮은 나라들이기 때문.

매력 사냥감을 쫓아 달리는 모습은 보는 이에게 더없는 쾌감을 선사함. 육식동물임에도 힘이 아닌 속도와 기술을 내세우는 점도 멋있음. 새끼 치타들이 매우 귀여울 뿐만 아니라 다 자란 치타도 귀여운 면이 있음.

역할 아프리카 초원뿐만 아니라 전 세계의 생물다양성을 표상하는 독특하고 멋진 깃대종. 동물에게 가장 중요한 것은 충분한 서식지라는 사실을 상기시키는 광야의 야수.

깃대종 프로필 6

마운틴고릴라
Mountain gorilla

자료: Wikimedia Commons, Giles Laurent

서식지 콩고민주공화국, 우간다, 르완다.

생태 식물의 줄기, 잎, 뿌리, 꽃, 나무껍질과 거기 붙은 작은 벌레들을 먹고 살아감. 우두머리 수컷을 중심으로 끈끈한 무리를 이룸. 우두머리 수컷의 군림 기간은 5년가량으로 우리나라 대통령 임기와 비슷함. 등이 회색이라 '실버백'이라 불리기도 하는 수컷은 키 170센티미터, 몸무게 200킬로그램에 육박하고 700~800킬로그램의 물건을 들어 올릴 수 있는 괴력을 자랑함. 암컷 몸무게는 사람 남성과 비슷한 70~90킬로그램 수준임.

보존 멸종위기종(EN). 20세기 중반에 인간이 농지를 확대하면서 서식지가 절반 이하로 줄어들었으며 많은 수가 사냥당하기도 하여 심각한 위기종(CR)으로 전락. 이후 국경을 초월한 많은 사람의 오랜 노력이 결실을 맺어 2018년에 위기 등급이 멸종위기종(EN)으로 하향됨.

매력 사람 따위는 상대가 되지 않는 강한 힘을 자랑하는 카리스마 동물. 무리를 지키기 위해 목숨을 바쳐가며 싸우기에 전사의 용기와 희생정신을 표상함. 막강한 힘에도 불구하고 산속에 은거하며 도도하고 자유롭게 살아가는 모습 또한 동경의 대상이 됨.

역할 가난한 나라의 야생동물이 처한 어려운 상황을 상징적으로 보여주는 동물임. 최근에 마운틴고릴라의 개체 수가 조금 회복되면서 고난 속에서도 많은 사람의 선의가 모인 생물다양성 보존운동은 결국 성과를 낸다는 희망과 자신감의 근거가 됨.

058

미덕에
젖어들다

—— 상징하는 동물들 ——

힘세고 날랜 카리스마 동물에게 본능적인 끌림을 느끼고, 동글동글 귀여운 동물들 앞에서 마음이 녹아내리는 우리의 모습을 보면 '결국 인간과 동물의 관계를 만들고 유지하는 것은 인간의 원초적인 욕구와 본능적인 감정이구나'라는 생각이 들기도 한다. 그러나 사람은 원초적 욕구만으로 똘똘 뭉친 존재가 아니라 다양한 사회적 미덕을 숭상하는 고차원적인 존재이기도 하다. 또한 놀라운 관찰력과 상상력을 동원해 동물들에게서도 이와 같은 고귀한 미덕을 발견하는 능력을 가지고 있다. 사람은 동물들을 보며 지적인 자극을 받거나 도덕적으로 감화될 수 있고, 이러한 경험을 바탕으로 나와 내 삶을 좀 더 이상적인 방향으로 변화시킬 줄 안다.

동물의 미덕을 추앙하는 일은 더 고차원적인 문화적 능력을 필요로 하기에 카리스마 동물을 주술적으로 숭배하는 일보다 뒤늦게 시작된 것으로 보인다. 구체적으로 이는 인류가 고도의 사회를 구축하고 최초의 국가를 이루던 시점인 약 5,000년 전부터 뚜렷하게 나타난다. 물론 이때에는 주술적으로 동물을 숭배하는 것과 지적으로 동물의 미덕을 숭배하는 것을 명확히 구분하기 힘들었다. 당시에는 동물의 미덕을 칭송하고 귀감으로 삼는 일이 주로 해당 동물을 신화에 출연시키거나 신으로 삼는 방법으로 이루어졌기 때문이다.

세계 신화에 등장하는 유명한 동물 신들 중 하나를 살펴보며 이와 같은 양상을 확인해보자. 옛 이집트의 역사와 신화에 깃든 하마의 사례다.

오늘날 하마는 사하라 이남 아프리카에만 서식하고 있어서 이집트에서는 더 이상 야생 하마를 찾아볼 수 없지만 사실 하마의 왕국은 인간과 하마의 관계, 그리고 기후 변화에 따라 크게 확장되거나 줄어들곤 했다. 이를테면 11만 5,000년 전에 '마지막 빙하기(Last Glacial Period)'가 시작되기 직전까지는 영국의 템스강과 독일의 라인강에 하마가 살았다. 고온다습하고 사람이 덜 살던 시절의 유럽 자연이 얼마나 풍요로웠을지 짐작하게 해주는 사실이다.

하마뿐만 아니라 다른 여러 동물의 서식지를 쪼그라들게 했던 마지막 빙하기는 11만 5,000년 전에 시작해 약 12,000년 전에 막을 내렸다. 마지막 빙하기 이후에는 다시 지구 기온이 빠르게 상승하여 북반구 기온이 오늘날보다도 높았던 시기가 시작되었는데, 약 9,000년 전부터 4,000년 정도 지속된 이 시기를 흔히 '홀로세 최적기(Holocene Climatic Optimum)'라 부른다. 이 시기에 하마는 다시 의외의 지역으로 서식지를 넓혔다. 바로 오늘날 지상 최대의 사막인 사하라 사막이 버티고 있는 북아프리카 지역이다.

하마는 물속에서 낮 시간의 대부분을 보내기에 몸이 잠길 만한 물이 없는 사막에서는 살 수가 없다. 하지만 홀로세 최적기의 사하라는 사막이 아니라 거대한 호수와 습지가 곳곳에 펼쳐진 사바나였다. 기후가 따뜻해지면 극지방의 빙하가 녹아 해수면이 올라갈 뿐만 아니라 더 많은 바닷물이 증발하며 육지에 더 많은 비를 쏟게 된다. 홀로세 최적기에는 북극과 그린란드의 빙하 면적이 오늘날보다 작았고 우리나라 동해의 해수면은 지금보다 6미터나 더 높았으며 중앙아시아 건조 지대에도 울창한 숲이 펼쳐져 있었다.

마찬가지로 사하라 지역에 내린 많은 비는 지구 전체 육지 면적의 약 16분의 1에 해당하는 불모지를 하마와 악어 등의 동물이 삶을 누리는 터전이자 동서남북으로 퍼져나가는 길로 만들어주었다(이는 오늘날에도 똑같이 벌어지는 현상이다. 현재 사하라 사막에는 20세기 후반보다 더 많은 비가 내리며 더 많은 초본식물이 자라고 있다). 이때 인류 또한 중동의 '비옥한 초승달 지대'(요즘은 모래가 풀풀 날리는 건조 지대에 불과하지만 당시에는 강수량이 많고 토양이 비옥한 지역 가운데 하나였다)와 중국의 황허강, 양쯔강 유역 등에서 최초로 농경 문명을 이루기도 했다.

오늘날보다 뜨거운 날씨가 어떻게 동물과 인간에게 도움이 되었다는 것인지 의아해하는 사람도 있을 것이다. 과거에는 축복이었던 고온다습한 날씨가 오늘날 경계의 대상이 되는 이유는 명확하다. 인류는 산업혁명을 기점으로 하여 오늘날과 같은 복잡하고 꽉 짜인 거대한 정주 문명 세계를 이루었다. 산업혁명으로 탄생한 세계는 당연히 산업혁명 때의 환경에 안정감을 느낄 수밖에 없는데, 그것이 곧 지구 날씨가 결코 온화하다고는 할 수 없었던 1850년의 환경이다.

그리하여 우리는 1850년의 날씨가 사람 살기 좋은 날씨인지, 동물들에게는 최대로 이로운 날씨인지 따지기 전에 1850년의 날씨로부터 얼마나 빠르게 멀어지고 있는지에 촉각을 곤두세울 수밖에 없게 되었다(오늘날 정의하는 기후 변화 개념이 1850년의 날씨에서 몇 도가 변화했는지 따진다는 점을 기억하자). 이를테면 산업혁명 이후 우리가 해안을 따라 얼마나 많은 도시를 건축하거나 몸집을 불려놓았으며 강을 따라 얼마나 광활한 농지를 개간해놓았는지, 그로 인해 강수량 증가와 해안선 상승에 얼마나 취약해졌는지 생각해보라.

큰 폭의 급격한 기후 변화는 결과를 예측하기 힘든 다양하고 급격하고 거대한 변화를 불러일으킨다. 개중에는 좋은 일도 있고 또한 좋지 않은 일도 있겠지만 공통점은 거대한 인류 문명이 막대한 자원을 투자해 이에 적응하도록 강요한다는 것이다. 인간이 기후 적응을 위해 몸부림치기 시작하면 자연에도 안 좋은 일들이 일어난다. 또한 인간이 넓은 공간을 차지하고 각종 장애물을 설치해놓은 오늘날의 지구에는 동물들이 급격한 기후 변화에 적절히 대응할 터전과 통로도 충분치 않다. 그러니 지구의 여러 동식물을 위해서라도 우리는 큰 폭의 급격한 기후 변화를 저지해야 한다는 점을 기억해두자.

오늘날 이집트에서 하마가 사라진 이유 또한 기후 변화와 인간 활동이 하마에게 겹겹이 악재로 작용했기 때문이다. 홀로세 최적기가 끝나고 사하라 사바나가 다시 사하라 사막으로 바뀌면서 하마의 서식지가 줄어들었는데, 그나마 이집트 나일강에 남아 있던 하마들은 똑같이 나일강의 물을 원천으로 삼아 문명을 이룩한 이집트인들과 오랜 기간 충돌을 겪게 되었다. 인간 입장에서 하마는 매우 무서운 동물이다. 오늘날에도 하마는 1년에 약 500명의 목숨을 앗아가고 있다. 질병이나 독이 아니라 직접 물어 죽이는 것으로만 따지면 똑같이 강에 서식하는 맹수인 악어와 함께 1, 2위를 다툰다(질병과 독을 포함하면 세상에 모기를 따라올 동물이 없다). 나일강 하류에 문명을 일군 옛 이집트 사람들이 하마를 열심히 사냥함과 동시에 하마의 강력한 힘을 숭배하고 신화와 마법의 형태로 하마의 미덕을 칭송하게 된 것 또한 자연스러운 일이라 하겠다.

지금으로부터 5,000년 전에 통일 왕국을 이룬 이집트인들은 당대 최첨단의 기술력과 혀를 내두를 만한 예술적 감각을 동원해 오늘날 모든 인류가 사랑하는 수많은 보물을 남겼다. 존재 자체로 고대 세계의 보물과도 같았던 이집트 문명의 핵심을 이룬 것은 이들의 정신세계, 즉 신화적 세계관이었다.

고대 이집트인들은 현세의 짧고 힘겨운 삶보다 사후세계가 훨씬 더 장구하고 위대할 것이라 믿었다. 이들은 사람을 매장하는 방식에 따라서 죽은 이가 사후세계에 안전하게 들어갈 수 있을지 결정되고 그곳에서 어떤 영화를 누릴지 결정된다고 생각했다. 죽은 이가 사후세계에서 오래오래 살 수 있도록 시신을 미라로 만들고 천체의 움직임을 정확히 파악해 매장 방향을 결정한 것은 물론이거니와 사후세계에 갈 때 도움이 되거나 그곳에 도착해 쓸 물건들까지 잔뜩 합장하기도 했다.

그런데 미라와 합장된 여러 보물 가운데 깜짝 놀랄 정도로 귀여운 하마들이 섞여 있다. 이 하마들은 아름다운 장식품일 뿐만 아니라 죽은 이가 확실히 사후세계에 이르도록 하는 부적, 정확히는 여신 타웨레트를 상징하는 마법 부적이다. 타웨레트는 하마의 머리와 인간 여성의 몸, 사자 발과 악어 꼬리를 하고 있으며, 나일강에 살던 하마로부터 비롯된 카리스마 여신이다.

이집트인들이 하마 여신 타웨레트를 숭배한 이유는 단순히 하마가 힘세고 위협적인 동물이기 때문만은 아니었다. 이집트인들이 숭상한 하마는 암컷 하마, 더 정확하게는 어미 하마였

투탕카멘의 무덤에서는 마스크와 더불어 투탕카멘이 사후세계에서 사용할 수많
은 유물(가구, 집기들, 장난감, 사냥과 전쟁에 쓸 무기와 전차, 사후세계에서 짚을 지팡이 등)
이 출토되었다. 모두 보물이라 불러야 할 유물이기에 당시 왕실이 구할 수 있는
가장 좋은 물건을 왕의 무덤에 합장했다는 사실을 알 수 있다. 왕들의 무덤이 도
굴에 얼마나 취약했을지 시사해주는 부분이기도 하다.

이집트 무덤에서 출토된 하마 마법 부적. 이 작품에는 윌리엄이라는 귀여운 별명까지 붙어 있다. 박물관 방문객이 붙여준 이름이라는데, 이집트에서 숭상된 하마는 암컷 하마라는 점을 감안하면 중성적인 느낌의 별명이기는 하다.

다. 그때나 지금이나 어미 하마들은 새끼에게 위협이 된다 싶으면 상대가 누구든 용서치 않고 공격한다. 이와 같은 어미 하마의 모습이 옛 이집트 사람들에게는 두려움 없는 모성과 보호 본능을 지닌 위대한 어머니의 모습으로 다가왔고, 곧 그 카리스마에 걸맞은 신격을 부여받은 여신 타웨레트가 탄생했다.

타웨레트가 탄생과 양육과 보호의 신인 만큼 타웨레트를 상징하는 하마 부적은 착용자를 위협으로부터 보호해줄 뿐만 아니라 사후세계에서도 커다란 도움을 준다고 여겨졌다. 사후세계로 가는 길에 죽은 이를 보호해주고, 사후세계에서의 재탄생을 굽어봐줄 것으로 생각했기 때문이다. 이것이 인류 최초의 '미덕 동물' 중 하나인 이집트 하마의 이야기이자 귀여운 하마 부적이 왕들의 무덤에 합장된 이유다.

이집트 하마 이야기에 더해 또 다른 초기 '미덕 동물'의 대표 사례인 인도의 아시아 코끼리에 대해서도 간단히 알아볼 필요가 있다. 이집트인들처럼 인류 최초의 문명국가들을 이루었던 인도인들은 신화 속 신의 모습을 빌어 코끼리의 미덕을 칭송했다는 점에서 이집트인들과 공통점을 보인다.

코끼리의 미덕과 관련된 인도의 신이란 힌두교에서 가장 중요한 신 가운데 하나인 가네샤 신이다. 코끼리는 옛날이나 지금이나 인도에서 가장 힘이 센 동물이기에 가네샤 신이라는 존재는 물론 카리스마 동물에 대한 주술적이고 원초적인 숭배와도 관련된다. 하지만 가네샤 신이 지닌 핵심 덕목은 강한 힘이 아니다. 가네샤는 현명함과 지혜를 상징하는 신이며 문명을 보호하고 장애를 제거하는 신이다.

이와 같은 가네샤의 신성은 모두 코끼리의 습성에서 도출된 것이다. 코끼리는 크고 막강한 동물이지만 그 힘을 이용해 다른 동물들을 괴롭히거나 인간에게 해를 입히는 데에는 별 관심이 없다. 대신 코끼리는 새끼를 보호하고 가르치는 데 열성이다. 커다란 모계 사회로 무리 지어 광대한 서식지를 누리며 살아가는 코끼리는 어미들이 새끼들을 십수 년간 데리고 다니면서 먹이 찾는 법과 우물 파는 법, 적과 싸우는 법, 철 따라 이동하는 법을 가르친다.

포식자가 공격해오면 어미들은 새끼들 주위로 원형진을 짜서 보호한다. 사자와 표범이라 해도 무참히 밟혀 죽을 각오를 하지 않는 이상 감히 넘보지 못할 철벽이다. 무리 중 한 어미가 새끼를 낳을 때가 되면 온 무리가 이 어미를 중심에 두고 똑같은 원형진을 짜서 보호하는 모습도 관찰할 수 있다. 이처럼 기르고 보호하고 가르치는 데 전력을 다하는 코끼리의 모습이 현명함과 지혜의 신이자 문명을 보호하고 장애를 제거하는 신인 가네샤로 이어지게 된 것이다.

알면서 속아주기

타웨레트와 가네샤의 시대로부터 시간이 경과할수록 동물의 미덕을 신화로 추앙하는 일은 서서히 사라져갔다. 기독교와 이슬

가네샤 신은 인간이 코끼리에게서 발견한 여러 가지 미덕을 상징한다. 커다란 코끼리 귀는 잘 듣는 능력, 즉 경청을 상징하고 커다란 머리는 많은 지식과 지혜를 상징한다. 가는 눈은 코끼리의 집중력을 상징하며 두툼한 배는 세상의 선과 악을 가리지 않고 소화하는 배포를 뜻한다. 마지막으로 끝이 말린 코는 코끼리의 다양한 재능과 적응력을 상징한다.

람교 등 동물 숭배를 배격하는 종교가 각 사회의 중심이 된 데다가 인간 이성이 점차 고도화되면서 모호하고 모순이 많은 신화적 세계관에 만족할 수 없었기 때문이다. 그렇다고 해서 동물들에게서 미덕을 발견하는 버릇까지 사라지지는 않았다. 오히려 고도화된 문화와 이성을 바탕으로 더 문학적이고 상징적인 형태로 동물의 미덕을 발견해갔다. 하마와 코끼리 등 카리스마 동물에 대한 집착에서 벗어나 자기 주변에서 찾아볼 수 있는 여러 동물에게서 다양한 미덕을 추출하려는 경향도 두드러졌다.

대표적인 사례로 우리나라 역사에서 눈에 띄는 학을 꼽을 수 있다. 학은 특히 조선 시대에 사대부 문화의 중심적 상징이 되었던 동물이다. 조선의 유학자들은 학을 어찌나 좋아했는지 아예 옷을 학처럼 입고 다녔다. 학을 닮은 넓은 옷이라 해서 학창의(鶴氅衣)라 불리는 옷이다. 흰색 바탕에 검은색 띠를 두른 간결한 디자인으로, 딱 보기에도 검소하고 고고한 선비의 옷이라는 느낌이 든다.

여기서 우리는 학이 실제로 어떤 미덕을 발휘하는 동물이 아니라는 점에 주목할 필요가 있다. 진흙과 도랑을 뒤져 미꾸라지와 다슬기를 먹고 사는 학의 생태에는 기품이나 고고함, 검소함이라는 말이 어울리지 않는다. 학이 이상적 선비의 상징이 된 것은 흰색과 검은색이 기품 있게 조화된 생김새와 날아갈 때의 아름다운 모습 때문이다. 즉 조선 시대 사람들은 동물의 행태를 그대로 본받으려 한 것이 아니라 동물에게서 철학적 상징을 '구

그림 속 율곡 이
이가 입고 있는
옷이 학창의다.

율곡 이이 영정, 김은호, 1965년, 오죽헌 소장

성'하여 그 상징을 받들었다. 마치 대상을 그대로 그림으로 옮기지 않고 풍부한 상징적 의미를 갖는 추상적 형태로 구성해내는 추상 미술의 창작 같은 정신 과정이다.

이처럼 동물들로부터 예술적이고 철학적인 상징을 적극적으로 추출하다 보면 학의 경우처럼 다소간 엉뚱한 결과를 종종 얻게 된다. 이와 관련해서 우리나라 사람들에게 특히 사랑받은 조류인 원앙에 대해 살펴보자. 우리나라에서 원앙은 헌신적이고 금실 좋은 부부관계와 백년해로를 상징한다.

원앙이 백년해로를 상징하는 동물이 된 것은 순전히 암수 원앙이 서로 눈에 띄게 구분되는 외모를 지니고 있기 때문이다. 다른 새들과 오리는 암수 한 쌍이 붙어 있어도 정확히 식별하기 힘든 경우가 많다. 하지만 원앙은 꼭 조류 관찰자 수준의 눈썰미를 가지고 있지 않더라도 암수를 정확히 구분할 수 있을 정도로 양성 간의 차이가 확연하다. 그래서 원앙 한 쌍이 함께 날아가거나 물 위에서 먹이 활동을 하고 있다면 누가 봐도 원앙 한 쌍이라는 사실을 모를 수가 없다. "와, 부부 사이가 정말 좋구나"라는 생각이 절로 든다.

그러나 원앙의 습성은 헌신적인 부부관계와는 거리가 멀다. 특히 수컷의 행태가 그렇다. 원앙 수컷은 암컷이 알을 낳고 나면 둥지를 지키는 둥 마는 둥 흉내만 내다가 새끼들이 부화하기도 전에 훌쩍 날아가 버린다.

사실 원앙을 제외한 여러 조류는 암수 한 쌍이 오랜 기간

원앙 한 쌍의 모습. 위 사진 속 화려한 쪽이 원앙 수컷이고 수수한 쪽이 원앙 암컷
이다. 수컷의 화려함은 짝짓기가 끝나면 사라져버린다.

가족을 이루어 새끼를 부화시키고 지키고 먹이는 데 함께 헌신하곤 한다. 혹한의 남극에서 알을 낳고 새끼를 키우는 황제펭귄들을 보라. 황제펭귄 한 쌍은 한 번에 하나의 알만 낳는다. 먼저 수컷이 알을 배 밑에 넣고 부화시키는 동안 암컷은 100킬로미터를 걸어서 물고기 사냥을 다녀온다. 뱃속에 담아온 물고기를 토해 갓 부화한 새끼에게 잔뜩 먹인 암컷은 수컷과 역할을 교대하고, 이제는 수컷 펭귄이 100킬로미터를 뒤뚱뒤뚱 걸어서 물고기를 잡아 온다. 수컷이 돌아오면 다시 암컷이 가고, 암컷이 돌아오면 수컷이 간다. 이들은 남극에 여름이 찾아올 때까지 몇 달 동안 이 과정을 반복한다.

펭귄만 이러한 것이 아니라 원앙이 속한 오리과 새들 대부분이 암수가 힘을 합쳐 둥지를 지키고 새끼를 키운다. 하지만 원앙은 특이하게도 수컷들이 다 바람둥이다. 동시에 여러 암컷과 짝짓기를 하고 새끼가 생겨도 돌보지 않는다. 새끼들을 먹이고 처음으로 날게 하고 벌레잡이와 도토리 줍기를 가르치는 일은 다 어미 원앙 몫이다. 게다가 수컷 원앙은 번식기에만 예쁘고 화려한 깃털을 자랑할 뿐, 이후에는 장식 깃털이 몽땅 빠져버려서 암컷이랑 똑같은 생김새가 된다. 가히 동물계의 상습 결혼사기범이라 할 수 있다.

이쯤 되면 신혼부부에게 원앙 모양 장식을 선물하기 꺼려질 정도지만 그렇다고 원앙을 백년해로의 상징으로 삼는 문화를 폄하해서는 안 된다. 어차피 동물의 생태란 깊게 관찰하면 할수록 우리가 값지게 생각하는 미덕으로부터 멀어지게 마련이다. 동물은 다들 먹고살기에 바쁘고 천적에게 잡아먹히지 않고자 온 정신을 쏟고 있으며 유전자의 이기적인 지령에 따라 번식하고 확산하는 데에만 전력할 뿐이다.

동물에게서 미덕을 발견하는 것은 동물이 미덕을 가지고 있어서가 아니라 우리가 그만큼 각종 미덕을 숭상하고 소중히 여기기 때문이고, 기회만 있다면 어떤 대상에게서든 미덕을 찾아 배우려 하기 때문이다. 인간에게는 이러한 욕망을 뒷받침해 줄 고도의 상징적 사고 능력도 있다. 즉 원앙을 백년해로의 상징으로 보는 일은 어리석음의 발로가 아니라 자아를 성장시키고 행복을 키우고자 하는 인간 본연의 자세에서 비롯된 일이자 오직 인간만이 스스로 찾아 들어갈 수 있는 유쾌하고 유익한 착각의 늪이다.

그리하여 조용필은 〈킬로만자로의 표범〉이라는 노래에서 하이에나와 표범을 대비시켜 고고한 삶을 찬양했고("먹이를 찾아 산기슭을 어슬렁거리는 하이에나를 본 일이 있는가. 짐승의 썩은 고기만을 찾아다니는 산기슭의 하이에나. 나는 하이에나가 아니라 표범이고 싶다. 산정 높이 올라가 굶어서 얼어죽는 눈 덮인 킬리만자로의 그 표범이고 싶다." 라는 노래 가사는 생태적인 정확도만 따진다면 말도 안 되는 소리다), 나는 길리 메노의 바다거북에게서 유유한 삶이라는 이상적 자아를 발견했다(이것 역시 말도 안 되는 소리다). 배트맨은 박쥐에게서 밤에도 잠들지 않는 자경단의 미덕을 발견했고(박쥐는 밤에도 깨어 있는 것이 아니라 낮에 활동하면 잡아먹히기 쉬워 밤의 어둠 속에 숨는 것뿐이다), 우리 조상들은 원앙에게서 행복한 부부관계라는 이상을 발견했다. 이와 같은 착각 덕에 스스로 성장할 동력을 얻고 표범과 바다거북과 박쥐와 원앙을 보호해야겠다고 마음 먹는다면 사람에게도 좋고 동물에게도 좋은 일 아닐까?

아시아 코끼리
Asian_elephant

자료: Wikimedia Commons, Khunkay

서식지   인도와 동남아시아.

생태   대뇌 신피질이 발달해 높은 지능을 보임. 소통과 협력 능력이 뛰어나고 동료의 죽음에 슬퍼할 줄 앎. 간단한 도구를 사용할 수 있고 학습 능력과 모방 능력이 뛰어나며 기억력이 좋음. 70년가량 살면서 많은 지혜를 익히고 새끼들에게 이 모든 것을 가르칠 줄 앎. 먹이 활동을 할 때 나무를 통째로 쓰러뜨려 먹곤 하는데 이 때문에 숲의 과밀화가 방지됨.

보존   멸종위기종(EN). 코끼리는 넓은 서식지(숲)를 필요로 하지만, 아시아 코끼리의 서식지인 인도와 동남아시아에서는 숲이 이미 농지로 바뀐 곳이 많음. 이 때문에 각지의 농민들과 코끼리의 갈등이 커지는 것이 중요한 문제로 부상함.

매력   뛰어난 지능과 헌신적인 양육, 끈끈한 결속력, 강한 힘과 카리스마 등 매력이 많음. 이에 따라 인도, 방글라데시, 미얀마, 태국, 캄보디아 등 아시아 남부의 여러 나라에서 지혜와 연대, 힘과 지배의 상징으로 숭상됨. 어미를 따라 종종걸음을 걷는 새끼들의 모습은 매우 귀여움.

역할   오늘날 아시아 코끼리는 남아시아의 환경 파괴와 서식지 파편화, 이에 따른 인간과 동물 사이의 갈등을 상징함. 전쟁터로 내몰려 죽임을 당한 과거와 함께 무거운 짐을 나르다 부상을 입거나 관광객을 실어 나르며 학대받는 현재의 모습 때문에 인간과 동물 사이의 착취적 관계를 상징하고 경각심을 불러일으킴.

학
Red-crowned crane

서식지 동북아시아.

생태 여름철에 만주와 시베리아에서 번식을 하고 겨울이 되면 우리나라를 비롯한 남쪽으로 내려오는 철새. 물가와 습지, 논두렁을 좋아하고 이러한 곳에서 미꾸라지와 지렁이, 다슬기를 먹음.

보존 취약종(VU). 우리나라에서는 천연기념물과 멸종 위기 1급으로 지정해 보호하고 있음. 우리나라의 서식지 보호 노력이 세계적인 학 보존에 커다란 긍정적 영향을 미치고 있음.

매력 기품 있는 색채와 우아한 동작으로 절제된 아름다움과 검소함, 어짊, 외압에 흔들리지 않는 고고함 등을 상징함.

역할 우리나라에서 선비의 자아 이상을 상징하는 동물로 오랜 세월 숭상되었음. 조선 시대 사대부는 평상복으로 학창의를 입고 문관의 예복에는 학을 수놓았음. 오늘날에도 500원 동전에 학이 새겨져 있음. 중국의 도교 전통에서는 신선들의 동물로 취급되기도 하며 허난설헌의 연작시 〈유선사〉에도 신선계의 새로 등장함.

황제펭귄
Emperor penguin

서식지   남극.

생태   세상에서 가장 큰 펭귄으로 성체는 키 1미터에 몸무게 40킬로그램 이상임. 암수가 짝짓기하여 알 하나를 낳은 뒤 알에서 깬 새끼가 보육원(새끼들이 모여 보호받는 특정 구역)에 들어갈 때까지 암수가 번갈아 알 또는 새끼를 품으며 100킬로미터 바깥에서 먹이를 구해와 먹임. 특히 수컷은 남극에 최악의 추위가 닥쳤을 때 알을 품는 역할을 하며, 이때 아무것도 먹지 않고 알을 덥히느라 몸무게의 4분의 1이 감소하기도 함.

보존   위기근접종(NT). 상업적 어업으로 인한 먹이 감소와 지구온난화, 남극에서의 인간 활동 증가 등 다양한 환경 교란에 따라 2012년에 안전(LC) 등급에서 위기근접종(NT)으로 변경됨.

매력   독특하고 아름답고 멋진 동물로 많은 이들의 사랑을 받음. 회색 솜털로 뒤덮힌 새끼는 매우 귀여워서 대신 품어주고 싶을 정도임. 황제펭귄은 독특한 양육 방식 때문에 헌신적인 양육의 상징이 됨.

역할   우리의 지구는 극지방에도 독특하고 멋진 생물이 사는 아름다운 행성이라는 사실을 웅변하는 동물. 극지방 생태계에 악영향을 미치는 상업적 어업의 폐해를 경고하기도 함.

너의 서비스에 감사해

──── **동물의 에코시스템 서비스** ────

지금까지 우리는 사람을 동물에 빠져들게 만드는 세 가지 위대한 화학작용에 대해 알아보았다. 이제부터는 우리를 동물에 '빠져들게' 만드는 효과는 부족하지만 우리의 동물 사랑을 더욱 강화하거나 동물 보호를 위한 노력으로 승화시키는 데 커다란 역할을 하는 두 가지 화학작용을 살펴보도록 하겠다. 첫째는 동물의 생태적 역할이고 둘째는 동물의 멸종 위기 상황이다. 먼저 동물의 생태적 역할에 대해 알아보자.

동물들의 생태적 역할은 자신이 좋아하는 동물을 더 좋아하게 만드는 부차적인 요인이라 할 수 있다. 어떤 동물의 생태적 역할 때문에 그 동물을 사랑하게 되는 사람은 많지 않기 때문이다. 또한 생태계의 여러 동물 중 생태적 역할을 갖지 않는 녀석이 없고 그 역할의 경중을 따지는 일도 거의 불가능하다. 그러니 "바다거북은 바다 생태계에 너무 중요한 역할을 하기 때문에 사랑하고 보호해야 해요"라는 말은 설득력이 부족할뿐더러 실제 우리가 동물에 빠져드는 과정을 정확히 설명해주지 못한다.

이와 같은 사실을 확인할 수 있는 중요한 사례로 곤충과 파충류에 대한 사람들의 비호감을 들 수 있다. 생태적 역할만 놓고 보면 대표적 '폴리네이터(pollinator, 꽃가루매개자)'인 벌과 자연의 재활용꾼인 쇠똥구리 등 곤충의 역할은 무시할 수 없을 만큼 크다. 하지만 곤충을 징그러워하거나 무서워하는 본능 때문에 우리는 곤충을 쉽게 사랑하지 못한다.

벌과 쇠똥구리는 사랑할 수도 있겠다는 생각이 든다면 이를 파리와 모기로 바꿔 생각해보자. 모든 곤충들은 폴리네이터 역할 또는 토양에 양분을 공급하는 역할(유기물을 분해하거나 땅에 구멍을 뚫거나) 둘 중 하나를 하고 있다. 오늘날 우리가 누리는 풍요로운 지구 생태계는 무수한 곤충이 그 근본을 이루어놓은 결과이기도 하다. 파리와 모기처럼 우리가 아주 싫어하는 곤충들도 이와 같은 역할을 당당하고 효율적이고 누구보다 큰 규모로 수행하고 있지만 이러한 사실을 안다고 해서 이들에 대한 우리의 호감도가 높아지는 일은 없을 것이다.

파충류도 마찬가지다. 생김새 때문에 파충류를 싫어하는 사람들이 많지만 이들 또한 어엿한 생태계의 일원으로 다른 동물들과 똑같이 중요한 역할을 수행하고 있다. 특히 곤충의 개체 수를 조절하는 부분에서 파충류의 역할이 두드러진다. 모든 곤충은 생태계에서 중요한 역할을 수행하지만 역시 적절한 수 이상으로 불어나면 생태계에 충격을 주게 된다. 사람의 입장에서 보았을 때는 농사에 지장이 생길 수도 있고 대표적인 '해충'인 파리와 모기의 습격을 받을 수도 있다. 따라서 곤충을 먹고 사는 파충류가 없어서는 안 된다.

나는 열대 아시아를 여행하며 파충류의 고마움을 직접 체험할 기회를 많이 얻었다. 인도와 태국, 인도네시아에서 해가 어둑어둑해지면 시원하고 운치 있는 발코니에 앉아 낭만적인 시간을 보내고 싶은 생각이 들곤 한다. 하지만 그때마다 모기한테 뜯길 것이 두려워 실천으로 옮기기가 힘들고, 실천으로 옮긴다 해도 독한 모기향에 모기 퇴치 스프레이 냄새가 코를 찌르니 그리 낭만적인 시간을 보내기 힘들다. 그런데 이쪽 나라들에서는 벽을 기어 다니는 자그마한 게코 도마뱀(Gekkota, 도마뱀붙이)들이 모기 사냥하는 장면을 자주 볼 수 있다. 게코는 모기나 벌레를 잡아먹고 나면 꼭 "게코! 게코!" 하고 깜짝 놀랄 만한 큰 소리를 낸다. "이래서 게코구나." 고개가 절로 끄덕여진다.

이렇게 훌륭한 일을 하는 게코 도마뱀이지만 이 사실을 알고 나서도 게코를 좋아하지 못하는 사람들이 많다. 좋아하지 못하는 수준을 넘어 경기를 일으키는 사람들도 있다. 이 사람들은 본능적으로 파충류를 무서워하기 때문에 게코를 사랑할 수 없는

게코 도마뱀

스리랑카 동해안 아루감 베이에서 찍은 사진이다. 이곳 오두막 숙소에서 내 땅콩
버터통을 씹어댄 괴수가 다람쥐라는 사실을 안 다음 날, 이번엔 게코 도마뱀이 내
찻잔에 뛰어들었다. 이때부터 난 게코를 좋아하기 시작했다. 고개를 삐죽 내민 모
습과 큰 눈이 귀엽지 않은가? 게코의 귀여움을 만끽한 적 없는 사람은 게코가 모
기를 잡아먹는 훌륭한 녀석이라고 말해도 싫어하는 경향이 있다.

것이다. 벽에 붙어서 꾸물거리는 모습이 벌레 같은 느낌이 들어서 그렇다고 말하기도 한다. 위에서 게코에 대해 서술한 내용을 보면 짐작이 가겠지만 나는 게코를 아주 좋아하는 편인데, 나 또한 게코가 모기를 잡아준다고 해서 좋아하게 된 것은 아니다. 나는 게코가 귀여워서 좋아하게 되었고, 좋아하다가 보니 게코의 생태적 역할이 눈에 더 자주 들어오게 되었을 뿐이다.

이처럼 생태적 가치의 역할은 카리스마, 귀여움, 미덕에 비해 부차적인 편이다. 하지만 부차적이라고 해서 결코 그 영향력이 작다고 할 수는 없다. 동물의 생태적 역할과 중요성에 대한 지식은 동물에 대한 우리의 애정을 깊고 확고하게 만들어줄 뿐만 아니라 동물에 대한 한 가지 색다른 감정을 느끼게 만든다. 바로 감사함이다.

동물에게 느끼는 감사함이 어떤 것인지 좀 더 쉽게 이해할 수 있는 방법이 있다. 동물의 생태적 역할이라는 말을 동물들의 에코시스템 서비스(Ecosystem Services)라는 말로 바꿔보는 것이다. 에코시스템 서비스란 자연이 우리에게 제공하는 다양한 서비스를 뜻한다. 숲은 맑은 공기와 깨끗한 물을 제공해주고 땅과 바다는 우리에게 식량을 주고 삶의 터전을 제공해준다.

숲과 대지와 바다뿐만 아니라 동물도 우리에게 각기 독특한 서비스를 제공한다. 게코 도마뱀의 에코시스템 서비스는 모기를 잡아먹는 것이다. 벌과 모기 등이 꽃을 수분하는 것 또한 대표적인 에코시스템 서비스다. 벌과 모기가 꽃을 수분해서 숲이 넓어지면 우리는 맑은 공기와 질 좋은 토양을 얻고 산사태와 가뭄에서 벗어나며 생물다양성을 보존할 수 있다.

코끼리는 숲의 과밀화를 막아서 건강한 자연을 유지하고, 늑대와 호랑이는 초식동물의 과도한 번성을 막아서 숲과 초원을 보존한다. 이렇듯 말단의 곤충에서 최상위 포식자들에 이르기까지 모든 동물이 우리에게 일정한 에코시스템 서비스를 제공해주고 있다. 동물들이 어떤 에코시스템 서비스를 우리에게 제공해주는지 구체적으로 알게 되었을 때 우리는 진정으로 감사함을 느낀다. 고맙다, 게코. 모기를 잡아먹어줘서! 고맙다, 코끼리. 숲을 가꿔줘서! 고맙다, 늑대! 고맙다, 호랑이! 고맙다, 벌과 쇠똥구리……. 고마운 동물의 리스트는 끝이 없다.

동물들의 에코시스템 서비스가 가장 큰 영향력을 발휘하는 경우는 그 동물이 깃대종일 경우다. 우리가 사랑하는 깃대종이 제공하는 에코시스템 서비스를 깨닫게 되는 순간만큼 기분 좋은 순간도 드물 테니 말이다. "이것 봐! 바다거북은 사실 바닷속 생명체들을 멀리 실어 나르는 버스 역할을 한대!", "그럴 줄 알았어! 북극여우의 굴 주변에는 다른 곳보다 풀이 2.8배나 더 자란대. 사실 얘들은 양분이 적은 북극권 토양에 비료를 주는 녀석이었어!" 이와 같은 말에는 자신이 좋아하는 동물로부터 자랑스러운 측면을 찾아낸 뿌듯함과 기쁨이 듬뿍 담겨 있다.

우리나라 깃대종의 에코시스템 서비스 _____

이제 두 가지 깃대종을 살펴보며 깃대종의 에코시스템 서비스가 우리에게 어떤 감동을 주는지 알아보도록 하자. 여기서 함께 만나볼 깃대종은 오색딱따구리와 긴점박이올빼미다. 이 두 동물의 공통점은 우리나라의 깃대종이라는 점이다. 잠깐, 그런데 우리나라의 깃대종이라는 말은 무슨 뜻일까? 여론조사를 해서 우리나라 사람들이 가장 좋아하는 동물을 선정한 것일까? 아니면 어떤 권력자나 권력자 곁의 무속인이 자기가 좋아하는 동물을 깃대종으로 지정한 것일까? 깃대종의 일반적 의미와는 약간 다른 뜻으로 쓰이고 있기에 다소간 오해의 소지가 있는 '우리나라의 깃대종'이라는 말에 대해 잠시 알아보도록 하자.

한 나라의 깃대종이라 하면 사실은 그 나라에서 가장 매력적이고 인기 있는 동물들을 뜻해야 할 것이다. 이렇게 따졌을 때 우리나라의 깃대종은 시베리아호랑이가 되어야 한다. 호랑이는 역사적으로 우리나라 사람들의 자아와 밀접하게 연관된 카리스마 동물이자 역경에 굴하지 않는 용기와 강한 정신력을 상징하는 미덕을 지닌 동물이기도 하다. 호랑이는 우리나라의 국가 상징으로 쓰이고 각종 단체와 스포츠팀과 행사의 이름이자 마스코트로 종종 사용된다. 1988년 서울 올림픽의 마스코트였던 호돌이나 현재 우리나라 육군 마스코트인 호국이 등이 좋은 사례다. 2018년 평창 동계올림픽 때에는 수호랑과 반다비가 마스코트 역할을 했는데 이 중 수호랑이 바로 호랑이(그것도 그

흔치 않다는 백호)다. 조선 시대 문관들이 상징으로 삼았던 동물이 학이었다면 무관들이 상징으로 삼았던 동물은 호랑이였다.

하지만 호랑이는 오늘날 우리 자연을 대표하는 깃대종이 될 수 없다. 우리나라 자연은 호랑이와 표범과 이리가 제거된 '순한 맛' 자연이기 때문이다. 우리나라에는 현재 50마리가 넘는 시베리아호랑이가 살고 있지만 모두 동물원이나 자연환경을 흉내낸 제한된 사육 공간에 갇혀 산다.

우리가 이토록 좋아하는 호랑이가 아니라면 우리나라를 대표하는 깃대종은 이제 없는 것 아닐까? 혹시 한국의 산과 들과 천해(淺海, 얕은 바다)에는 멧돼지와 비둘기와 미역만 몽땅 자라고 있는 것은 아닐까? 사실 우리나라 자연에는 다양한 야생 동식물이 살아가고 있지만, 대부분의 사람들은 도시에 똘똘 뭉쳐 살고 있어서 우리의 자연에 대해 잘 알지 못한다. 우리나라 도시 면적은 2022년 통계 기준으로 국토의 16.7퍼센트에 불과하지만 도시에 살아가는 인구는 전체 인구의 91.8퍼센트를 차지한다. 국민의 91.8퍼센트가 전체 국토의 80퍼센트 이상에 대한 지식과 경험을 많은 부분 결여하고 있는 것이나 다름없다.

하지만 국민 대부분이 도시에 살고 있다는 사실은 우리나라 자연을 생각하면 오히려 좋은 소식일 수밖에 없다. 그만큼 넓은 공간을 자연에 양보할 수 있기 때문이다. 우리나라는 농지 총면적 또한 도시 총면적에 못 미치는 15,120제곱킬로미터밖에 되지 않는다. 이처럼 우리가 땅을 최소한으로 쓰며 그 안에서 최대한의 생산성을 추구해왔기에 우리 국토의 60퍼센트 이상은 여전히 숲으로 유지되고 있다. 그리고 이 넓은 숲과 하천과 천해에는 우리가 마음을 쏟을 만한 동물들이 잔뜩 살고 있다.

그리하여 우리 정부는 일종의 하향식 방식을 취해 "우리나라에 이런 동물들이 살고 있어요. 모두 멋지고 소중한 생명들이랍니다. 이 동물들을 사랑해보시지 않겠어요?"라는 리스트를 만들었다. "우리나라 자연에는 호랑이가 없어!"라며 한탄만할 것이 아니라 우리 자연의 다양한 생명들 가운데서 사랑할 만한 대상을 찾아보자는 것이다. 이 리스트에는 전국의 각 국립공원별로 총 21종의 동물이 지정되어 있다. 모두 그곳 국립공원에 서식하는 동물들이며 저마다 생태적 역할이 뚜렷하거나 우리 문화 속에서 중요한 위치를 차지하는 경우가 많다. 간혹 우리나라 국립공원에서만 찾아볼 수 있거나 우리나라 서식지가 독특한 의미를 갖는 경우(이를테면 특정 종의 남방한계선인 경우)도 있다.

현 리스트에 포함된 21종의 깃대종은 종류가 너무 많고 생소한 동물도 더러 있다. 만약 우리나라에도 야생동물 하면 딱 떠오를 정도의 명확한 깃대종이 있다면('기후 변화' 하면 북극곰이 떠오르고 '중국' 하면 대왕판다가 떠오르는 것처럼) 분명 우리나라의 자연에 대한 일반의 관심을 끌어모으고 증폭시키는 데 유리할 것이다.

하지만 여러 종류의 동물을 깃대종으로 내세울 때만의 고유한 이점도 있다. 북극곰만 앞세워 기후 변화와 관련된 운동을 전개하면 "난 곰 싫은데요"라고 말하는 사람의 마음을 사로잡을 방법이 없다. 그 대신 북극곰과 북극여우, 물범, 펭귄을 내세워 운동을 전개하면 더욱 다양한 사람들에게 다가갈 수 있다.

또한 우리나라 국립공원 깃대종들처럼 각 지역 사람들과 생태적·문화적으로 가까운 동물들에게 스포트라이트를 비추면 사람들이 자연을 더 친근하게 느끼고 이를 더 열심히 보존하도록 북돋울 수 있다. 이는 우리나라처럼 잘사는 나라에 적용하기 좋은 방법이다. 잘사는 나라는 자기네 자연을 보호할 때 다른 나라의 도움과 기부에 의존하지 않고 자기 나라의 정책과 예산을 활용한다. 외국의 원조에 의존해야 할 경우에는 외국인들의 마음을 사로잡을 수 있는 한두 종의 카리스마 동물을 내세우는 편이 도움이 될 것이다. 반면에 우리 곁의 자연과 동물을 우리 힘으로 보호할 때는 마음과 노력을 쏟을 수 있는 구체적인 대상이 많아도 괜찮다.

딱따구리와 올빼미의 에코시스템 서비스

사랑스러운 우리나라 깃대종 중 하나인 오색딱따구리와 긴점박이올빼미는 어떤 에코시스템 서비스를 제공하고 있을까? 먼저 오색딱따구리는 우리나라에 사는 새 가운데 가장 매력적인 새라 할 수 있다. 몸집은 작지만 어디서나 사람 이목을 잡아끄는 재주가 있어서 그렇다. 딱따구리는 꽁지 힘을 이용해 나무에 어떤 방향으로든 매달릴 수 있으며, 어떤 자세에서든 나무를

오색딱따구리는 활달하고 귀여우며 행동이 독특하고 색이 아름다운 새다. 지금
우리의 창밖에 오색딱따구리가 앉아 있을지도 모른다.

쪼아대며 "딱딱딱딱" 하는 재미있는 소리를 낸다. 소리에 이끌려 '어디 딱따구리가 있나 보다' 하고 조금만 찾아보면 흰색, 검은색, 빨간색이 조화되어 호안 미로의 회화 작품과 같은 미감을 뽐내는 딱따구리의 모습을 발견할 수 있다.

나는 우리나라 깃대종 중에서도 오색딱따구리를 아주 좋아하는 편인데, 그 이유는 우리 동네에서 자주 볼 수 있기 때문이다. 이 멋지고 재미있고 친숙한 새를 깃대종으로 지정한 국립공원은 북한산국립공원뿐이지만 딱따구리는 사실 전 국민의 깃대종이 될 수 있을 만큼 우리나라 전역에 퍼져 살고 있다. 나아가 딱따구리는 서쪽으로는 유럽까지, 동쪽으로는 일본까지 유라시아 전체에 뿌리내린 대륙의 새이기도 하다.

나처럼 오색딱따구리에게 매력을 느낀 사람이 뿌듯해할 만한 사실이 있다. 오색딱따구리의 독특한 행동, 즉 나무를 "딱딱딱딱" 파서 벌레를 잡아먹는 행동이 딱따구리만의 특별한 에코시스템 서비스로 연결된다는 사실이다.

일반적으로 새들은 숲을 풍성하게 유지하는 일과 관련된 세 가지 에코시스템 서비스를 수행한다. 새는 꽃을 수분할 수 있고(벌새가 이 역할로 유명하다) 씨앗을 퍼뜨릴 수 있으며(숲에서 씨앗이 든 새똥에 맞아보면 이 사실을 확실히 알 수 있다) 벌레를 잡아먹어 나무와 풀을 보호한다. 이들 중 벌레를 잡아먹는 일이 일반적으로 우리에게 가장 잘 알려진 역할이라고 할 수 있다.

그런데 대다수의 새는 나무와 풀 위에 앉아 있거나 땅을 기어 다니는 벌레만 잡아먹지 나무 속으로 파고 들어간 벌레는 처리하지 못한다. 바로 그거다. 딱따구리는 나무를 퍽퍽 파서 그 안에 꽁꽁 숨어 있던 벌레를 포식한다. 나무 입장에서는 속으로 파고든 곤충이 가장 처리하기 힘든 해충일 텐데 딱따구리가 이를 제거해주는 셈이다.

그러니 딱따구리가 나무 쪼는 모습을 보고 "저 녀석이 나무를 괴롭히고 있어!"라며 타박하지 말자. 사실 딱따구리는 나무속에 징글징글하게 파고든 벌레를 박멸하는 중이다(그러면서 자기 배도 불리고 말이다). 건강한 나무는 우리에게 맑은 공기와 깨끗한 물과 비옥한 토양과 시원한 그늘과 달콤한 열매를 제공하고 급격한 기후 변화에 맞서는 우군이 되어준다. 고맙다, 오색딱따구리. 나무를 건강하게 해줘서.

다음으로 긴점박이올빼미가 제공하는 에코시스템 서비스를 살펴보자. 긴점박이올빼미는 일본과 우리나라, 중국, 러시아를 지나 유럽의 스칸디나비아반도까지 유라시아 대륙 북부에 골고루 분포해 산다. 하지만 다른 나라들에 비해 유독 우리나라에서는 찾아보기 힘든 새라서 1927년에 보고된 이후 무려 78년 만인 2005년에야 다시 발견되었다. 이때 긴점박이올빼미가 발견된 곳이자 뿌리를 내린 곳이 오대산국립공원이기에 오늘날 긴점박이올빼미는 오대산국립공원의 깃대종으로 선정되어 있다.

긴점박이올빼미의 매력은 그 독특한 외모에서 나오는데, 이에 대해서는 사람들의 호불호가 갈리기도 한다. 올빼미가 무섭게 생겨서 싫다는 사람이 있는가 하면 올빼미의 귀 없는 동그랗고 커다란 머리와 오동통한 몸매, 색다른 표정이 귀엽다는 사람도 있다.

이처럼 누군가에게는 귀여운 조류지만 누군가에게는 밤에 볼까 무서운 동물인 긴점박이올빼미는 쥐에게 밤에 볼까 무서운 천적으로 군림한다. 물론 우리 동네 쥐를 잡아먹어 주는 식의 도시형 서비스는 제공하지 않는다. 긴점박이올빼미는 산과 숲에 살기에 이 녀석이 잡아먹는 쥐들 또한 우리나라 숲에 사는 쥐들이다. 즉 올빼미는 숲속의 쥐를 잡아먹어 숲의 생태계 균형을 유지하는 데 도움을 준다.

다시 한번 강조하지만 세상 모든 동물은 각자의 생태적 역할을 가지고 있으며 쥐 또한 그 예외가 될 수 없다. 숲에 특정 종류의 나무 숫자가 너무 늘어나면 다양한 나무와 덤불과 풀이 자라지 못하는데, 쥐는 숲을 지배하려는 나무의 뿌리를 갉아 먹어 이와 같은 사태를 막아준다. 쥐는 씨앗을 퍼뜨리기도 하고 토질을 유지하는 데 도움을 주며 무엇보다 수많은 동물의 먹이가 되는 중요한 동물이다.

하지만 쥐는 생태계 균형이 조금만 흐트러지면 단숨에 번성하여 생태계를 파괴하기 시작하는 기회주의적인 종이기도 하다. 올빼미와 여우 등 쥐를 잡아먹는 포식자의 수가 줄어들면 쥐는 어마어마한 번식력과 뛰어난 생존력을 바탕으로 산야를 점령한다. 쥐가 번성하며 뿌리를 갉아대면 숲은 제정신을 차릴 수 없다. 인간 입장에서는 쥐가 각종 병균을 옮긴다는 점을 간과할 수 없다. 그렇다고 인위적인 방법으로 쥐를 잡겠다고 쥐약을 풀게 되면 쥐를 잡아먹는 동물까지 쥐약에 타격을 입어 향후 쥐 숫자를 조절하기가 더 어려워진다. 이러한 사실은 자연스러운 먹이 활동을 통해 쥐 숫자를 조절해주는 올빼미와 같은 동물의 존재가 얼마나 고마운지를 알게 해준다.

　현재 우리나라에는 산과 들의 쥐를 잡아먹는 자연 포식자들이 많지 않다. 1970년에 시작된 쥐잡기 운동 시절에 쥐약(독성 강하기로 유명한 약품이어서 사람도 쥐약을 먹으면 죽음)을 너무 푸는 바람에 여우와 살쾡이 등 쥐 포식자들이 2차 피해를 입어(쥐약 먹은 쥐를 먹고 쥐약의 독성에 죽어나갔다) 우리 야생에서 절멸되거나 숫자가 크게 줄었기 때문이다. 만약 야산에서 너구리나 살쾡이를 발견하는 진귀한 경험을 한다면 쥐를 잡아먹는 소중한 포식자들에게 감사를 표하도록 하자. 녀석들이 더욱 멋지게 느껴질 뿐만 아니라 우리나라 생태계의 균형을 유지하는 일에 더욱 큰 관심을 갖게 될 것이다.

　나무에 앉아 있는 긴점박이올빼미의 모습을 보았을 때도 마찬가지로 감사한 마음을 갖자. 우리나라 사람들 대부분이 평생 한 번도 보지 못하는 신비롭고 귀여운(누군가에게는 엄혹한) 새의 본능이 우리 숲을 지켜준다.

사진에서 보듯이 이스터섬은 나무 한 그루 없는 황량한 벌판에 솟아오른 모아이 거석상으로 유명하다. 19세기 말에 서양 식민주의자들이 양떼목장과 플랜테이션 농업을 도입한 것이 섬을 황폐화하는 데 결정적인 역할을 했지만, 쥐의 역할도 무시할 수 없다. 이곳의 쥐는 오랜 옛날 폴리네시아인들의 배를 얻어 타고 이스터섬으로 이주한 뒤 뚜렷한 포식자가 없는 상황에서 나무뿌리를 갉아 먹으며 번성했다. 쥐에게 뿌리를 갉아 먹힌 숲은 환경 변화와 인간 활동에 더 취약해질 수밖에 없었다.

긴점박이올빼미
Ural owl

자료: Unsplash, Erik Karits

서식지   일본에서 스칸디나비아반도에 이르는 유라시아 대륙의 서늘한 숲.

생태   몸길이 50~60센티미터의 맹금류. 날개를 펼치면 폭이 1미터가 넘음. 벌레나 양서류를 잡아먹기도 하지만 무엇보다 작은 들쥐를 좋아하는 야행성 포식자. 암수 한 쌍이 죽을 때까지 해로하며 자신들의 영역을 지킴. 사람이 만들어주는 새집에 둥지 꾸리기를 아주 좋아함.

보존   '안전(LC)'. 독일에서는 긴점박이올빼미를 재도입해 성공을 거두기도 함. 우리나라에서는 워낙 드물게 관찰되기 때문에 멸종 위기 야생생물 2급으로 지정되어 보호받고 있음.

매력   뛰어난 야간 시력과 소리 없는 날갯짓을 이용한 사냥 모습 때문에 밤눈이 어둡고 기척을 감출 줄 모르는 인간에게 동경의 대상이 됨. 백년해로의 상징이기도 하며 새끼들을 소중히 키우는 모습도 귀감이 됨. 뽀송한 깃털의 새끼들은 이론의 여지 없이 귀여우며, 다 자란 올빼미도 보는 사람에 따라 매우 귀여워 보임.

역할   광활하고 생기 넘치는 유라시아 북부의 숲을 대표하는 동물. 우리나라에서 오대산국립공원의 깃대종으로 지정됨.

오색딱따구리
Great spotted woodpecker

자료: Unsplash, Julian

서식지   동아시아, 유럽, 러시아 등 유라시아 대륙의 숲과 동네 뒷산.

생태   강한 꽁지 힘으로 나무에 어떤 방향으로든 매달릴 수 있음. 부리로 나무를 쪼아 10센티미터 정도의 구멍을 파고 혀를 4센티미터나 내밀어 벌레를 잡아먹음. "두두두두" 하고 나무를 쫄 때 딱따구리의 작은 몸에 큰 충격이 가해지지만 이를 흡수할 수 있는 독특한 골격 구조를 갖추고 있음. 나무 구멍에 집을 짓고는 하는데, 좋은 집을 찾을 때에도 나무를 두들겨보고 그 소리로 판단함.

보존   '안전(LC)'. 전 세계적으로 1억 마리 이상의 오색딱따구리가 사는 것으로 추정됨. 우리나라 고유 아종으로는 제주큰오색딱따구리가 있음.

매력   자그맣고 귀여운 외모를 한 주제에 격한 운동을 하며 헤비메탈 음악을 연주하는 반전 매력을 가지고 있음. 나무에 침투한 벌레를 잡아주는 독특한 에코시스템 서비스를 제공함.

역할   우리나라 전역에서 찾아볼 수 있는 새이자 북한산국립공원의 깃대종으로 지정된 새. 자연과 생명의 다채로움을 상징하며, 우리나라에 새라고는 비둘기밖에 없다고 느끼는 도시인들에게 청량한 자연의 감각을 전해줌.

가지 마, 아무도

— **동물의 멸종 위기** —

이제 우리의 동물 사랑을 강화하고 동물 보존운동에 참여하게 이끄는 두 번째 화학작용을 살펴보려 한다. 이는 동물의 보존 상태, 즉 어떤 동물이 멸종위기종인지 아닌지의 여부다. 에코시스템 서비스가 그러했듯이 동물의 보존 상태는 인간이 동물을 사랑하는 여러 요인 중 부차적인 부분에 해당한다. 그 근거로는 크게 세 가지를 들 수 있다. 첫째는 우리가 사랑하는 여러 동물 가운데 멸종 위기에 처하지 않은 종이 적지 않다는 점이다. 불곰과 흑곰, 북극여우와 사막여우, 수달과 나무늘보가 대표적이다. 원앙과 딱따구리 등 우리나라 사람들이 좋아하는 조류도 대부분 멸종 위기에 놓여 있지 않다.

둘째로 우리는 동물의 보존 현황에 대해 대체로 무지하지만 그래도 동물을 사랑하며 산다. 이 사실에 의심이 간다면 다음의 간단한 퀴즈를 풀어보자. "호랑이, 사자, 재규어의 보존 등급은 각각 무엇일까?" 모두 표범속(豹屬)에 속한 깃대종들로 세계 각지에서 많은 사랑을 받는 동물들이다. 문제가 어렵다면 힌트를 하나 드리겠다. 세 가지 동물 중 두 종은 멸종 위기에 처해 있고 한 종은 그렇지 않다.

정답은 다음과 같다. 먼저 호랑이는 멸종위기종(EN)으로 세 가지 동물 중 보존 상태가 가장 좋지 않다. 그리고 사자는 취약종(VU)이다. 사자는 우리에게 친숙한 동물이고 동물원에서도 많이 볼 수 있어 멸종 위기에 처해 있지 않을 것 같지만 과거에 비해 서식지가 형편없이 줄어들어 종의 미래가 불투명한 상태다. 마지막으로 재규어는 위기근접종(NT)이다. 남아메리카의 광활한 정글 서식지를 바탕으로 생존 투쟁에서 아직 선전하고 있다.

이 퀴즈를 접하면 사자의 보존 상태가 가장 좋고 재규어의 상황이 가장 나쁠 거라고 답하는 사람이 많다. 사자처럼 친숙한 동물은 그만큼 지구에 많이 살고 있으리라 생각하는 데 반해 재규어처럼 낯설고 이국적인 동물은 그만큼 숫자가 적으리라 생각하는 것이 인지상정이기 때문이다. 이처럼 우리에게 친숙한 대상이나 현상, 사건의 숫자가 더 많거나 발생 확률이 높을 것이라고 판단하는 것을 사회심리학 개념으로 '가용성 휴리스틱(Availability Heuristic)'이라 부른다.

비슷한 예로써 최근 나는 '마눌들고양이'라는 이국적이고 귀여운 고양이의 존재를 알게 되자마자 '이 녀석은 분명 멸종 위기에 처해 있을 거야. 이렇게 특이하게 생긴 데다가 아직까지 한 번도 못 들어본 녀석이라서 분명히 그럴 거야'라고 생각해버렸다. 티베트고원을 중심으로 일대에 퍼져 살며 안전(LC) 등급으로 분류되는 마눌들고양이들이 내 생각을 들여다볼 수 있었다면 얼마나 한심하게 여겼을까?

동물의 보존 상태가 동물 사랑의 부차적 요인이라고 주장하는 세 번째 근거는 우리가 멸종 위기에 놓인 동물들 대다수를 그리 좋아하지 않는다는 점이다. 사실 모든 동물 중 가장 심각한 멸종 위기를 겪고 있는 것은 양서류다. 2022년 기준으로 7,486종의 양서류 가운데 35퍼센트에 해당하는 2,606종이 멸종 위기에 처해 있다. 반면 포유류는 5,973여 종 가운데 22퍼센트(1,340종), 조류는 11,188종 가운데 13퍼센트(1,400종)가 멸종 위기에 처해 있다. 만약 우리가 보존 상태 때문에 동물을 사랑하는 존재라면 당연히 코끼리나 올빼미보다 각종 개구리와 두꺼비를 더 사랑해야 마땅하지만 실상은 그 반대에 가깝다.

이와 관련해 이탈리아에서 수행된 재미있는 연구가 있다. 조류 보존에 관심을 둔 마티아 브람빌라 등의 이탈리아 학자들은 우리가 몇몇 매력적인 새들만 좋아할 뿐 실제로 도움이 필요한 새들에게는 관심이 없다는 문제의식을 가지고 있었다. 이들은 새의 크기, 생김새, 친숙성 등을 기준으로 이탈리아 새들의

"나는 마늘들고양이다. 우리 모피를 노리는 사냥꾼들 때문에 위기근접종(NT)으로 분류되었었지. 하지만 여러 인간의 노력과 내 생존력 덕분에 최근 안전(LC) 종이 되었다. 그게 불만인가? 앙?"

매력도를 추산한 뒤 각 새의 보존 상태와 비교해보았다.

결과는 연구자들의 짐작과 같았다. 이탈리아 사람들이 좋아하는 새는 보존 상태가 좋았고 이탈리아 사람들이 좋아하지 않는 새는 보존 상태도 좋지 않았다. 이 연구는 우리가 좋아하는 동물만을 지키려 할 뿐, 정작 지켜야 할 동물은 지키려 하지 않는다는 사실을 잘 보여준다(이에 브람빌라 등은 좋아하는 동물을 지키려 하지 말고 지켜야 할 동물을 지키자는 이야기로 논문을 마무리한다).

이처럼 동물의 보존 상태는 우리가 동물을 사랑하게 만드는 원천적 요인이라 보기 힘들다. 하지만 이는 동물에 대한 사랑을 동물을 위한 행동으로 이어나가게 하는 강력한 동기로 작용한다. 사랑하는 동물이 멸종 위기에 처해 있다는 사실을 알게 되었을 때 느끼는 커다란 분노와 절실한 위기의식, 깊은 상실감을 떠올려보자. 예를 들어 바다거북을 좋아하는 사람이 바다거북의 열악한 보존 현황에 대해 알게 된다면 그 사람은 바다거북의 보존을 위해 무엇이라도 할 수 있는 일을 찾아내어 실천으로 옮기려 할 것이다.

실제로 멸종 위기에 놓여 있는 세상의 여러 깃대종 동물은 수많은 사람들을 동물보존운동의 길로 이끌고 있다. 먼저 많은 이들이 좋아하는 다섯 종의 표범속 동물인 호랑이, 사자, 표범, 재규어, 눈표범 중 재규어를 제외한 네 종이 모두 멸종 위기에 처해 있는데, 이 네 종은 또한 각자의 서식 지역에서 가장 뜨거운 보존운동을 이끌어내고 있다. 예를 들어 중앙아시아 고원과 산악지역에 서식하는 눈표범은 세계적으로 수많은 눈표범 보존단체를 양산했고 눈표범이 서식하는 12개 국가의 보존 노력을 이끌어냈으며 결국 이 모든 국가와 단체가 모인 '국제눈표범포럼(Global Snow Leopard Forum, GSLF)'을 탄생시켰다. 호랑이도 마찬가지여서 러시아, 인도, 방글라데시 등 호랑이의 고장들이 국가적 노력을 기울이도록 만들고 세계자연기금(World Wild Fund for Nature, WWF)과 같은 보존단체들이 많은 자원과 노력을 투자하게 했다(세계자연기금은 세계 최대의 비영리 국제 자연보전단체로 특히 생물다양성 보존운동에서 핵심적 역할을 수행하고 있다). 덕분에 야생 호랑이 숫자는 최근 약간의 회복세를 보이고 있다.

코끼리 또한 세 가지 종이 모두 멸종 위기에 몰려 있다. 구체적으로 아프리카코끼리와 아시아코끼리는 멸종위기종(EN)이고 아프리카숲코끼리는 심각한 위기종(CR)이다. 곰 중에서는 큰곰과 흑곰을 제외한 모든 곰(대왕판다, 북극곰, 반달곰, 안경곰, 태양곰, 느림보곰)이 취약종(VU)으로 분류된다. 읊자면 끝이 없을 것 같은 이들 멸종 위기 깃대종들이야말로 오늘날 생물다양성 보존운동에 쏟아지는 커다란 관심을 견인하는 존재들이다.

반대로 좋아하는 깃대종이 안전(LC) 상태라는 사실을 알게 된다고 해서 그 동물을 생각하는 마음이 줄어들지 않는다는 점도 중요하다. 좋아하는 동물이 안전하다는 사실을 알게 되었을 때 우리가 느끼는 감정은 실망과 냉담함('뭐야, 애들은 우리의 관심이 필요 없잖아')이 아니라 깊은 안도감과 희망이다.

나는 앞서 언급된 여러 표범속 동물 중 재규어를 가장 좋아한다. 호랑이와 사자를 보면 무덤덤한 느낌이 들지만 재규어의 멋진 모습을 볼 때는 항상 감탄을 내뱉는다. 그럼에도 나는 재규어를 좋아하게 된 지 수십 년 만에야 재규어의 보존 상태에 관심을 갖게 되었고 재규어가 멸종위기종이 아니라는 사실을 알았다. 그렇다고 해서 재규어를 좋아하는 마음이 줄어들었냐면 오히려 그 반대다. 재규어가 남아메리카 정글을 활보하는 모습을 상상하면 내심 흐뭇하고, 재규어가 이 상태를 계속 유지할 수 있도록 돕고 싶은 마음도 든다. 마눌들고양이가 내 선입견과 달리 안전(LC) 등급의 종이라는 것을 알았을 때도 마찬가지였다. '와! 잘 됐다! 앞으로도 그렇게 살 수 있도록 응원할게!'라는 생각 외에 다른 불순한 생각은 들지 않았다.

나아가 멸종 위기에 놓인 깃대종들의 숫자가 조금이라도 늘어나고 있다는 소식이 들리면 그렇게 기분이 좋을 수가 없다. 어떤 의미로 보면 똑같이 멸종 위기에 놓인 깃대종이라 해도 개중에 개체 수가 회복되고 있는 녀석들이 우리 마음에 가장 강한 영향을 미칠 수 있다. 어려운 상황 속에서도 동물을 보호하기 위해 노력한다면 그만큼 긍정적 결과를 얻을 수 있다는 느낌, 즉 효능감을 얻게 해주기 때문이다. 고래의 상업적 포경이 금지된 이후 고래의 숫자가 증가했다는 이야기를 들을 때, 마운틴고릴라가 심각한 위기종(CR)에서 멸종위기종(EN)으로 위기 단계가 한 단계 하향되었다는 소식을 들을 때, 호랑이 숫자가 조금

늘었다는 발표를 접할 때 우리의 효능감은 상승한다. 이때 우리는 기쁨과 안도감을 느낄 뿐만 아니라 보존운동의 효과를 확신하고 이를 흔들림 없이 지지하겠다는 마음을 품을 수 있다.

위기의 경중을 가리는 기준

안전(LC) 종이니 취약종(VU)이니 심각한 위기종(CR)이니 하는 말을 계속 듣다 보면 동물이 처한 위기의 경중을 가리는 기준이 무엇인지 궁금해질 수밖에 없다. 이와 같은 기준을 이해한다면 동물을 사랑하고 동물을 위해 행동하는 데 큰 도움이 될 수 있다.

존속이 위태로워진 동물들을 놓고 그중에서 위기의 경중을 가린다고 하면 어폐가 있어 보인다. 하지만 멸종 위기에 놓인 동물 가운데 가장 긴박한 위기에 놓인 것이 어떤 동물인지 정확하게 파악하지 않고서는 우리가 가진 한정된 자원을 효과적으로 활용할 수 없다. 이를테면 세계의 다른 지역에 비해 인도네시아 수마트라섬에 여러 종의 심각한 위기종(CR)이 몰려서 산다면 우리는 다른 지역에 투자하는 것보다 더 많은 자원과 노력을 수마트라섬에 투입해야 한다(실제로 수마트라섬에는 수마트라오랑우탄, 수마트라코뿔소, 수마트라코끼리, 수마트라호랑이 등의 여러 심각한 위기종(CR)이 살고 있다. 가뜩이나 수마트라섬이라는 제한된 지역에서 살아야 하는 마당에 그 제한된 자연마저 20년 만에 50퍼센트 감소라는 어마어마한 속도로 사라지고 있기 때문이다).

오늘날 위기의 경중을 가리는 역할을 수행하는 국제단체

인 IUCN은 동물들의 위기에 최대한 민감하게 반응하는 판단 기준을 적용하고 있다. 즉 특정 동물이 여러 가지 위기 지표 중 단 하나에서라도 기준치 이상을 보인다면 곧장 그 동물을 멸종 위기종으로 분류하는 것이다. 이때 활용되는 지표는 개체 수 감소 속도일 수도 있고 서식지의 면적일 수도 있다. 예를 들어 어떤 동물에 대해 다음과 같은 질문을 던졌을 때 하나라도 "예"라는 답이 나온다면 그 동물은 심각한 위기종(CR)으로 지정된다.

- 동물의 숫자가 최근 10년 또는 3세대 동안(둘 중 더 긴 기간을 적용한다) 90퍼센트 이상 줄어들었나요?
- 동물의 서식지가 100제곱킬로미터 이하인가요?
- 성체 숫자가 250마리 이하이고 그 숫자가 계속 줄어들 것 같나요?
- 통계적 예측 결과 향후 10년 또는 3세대 동안(둘 중 더 긴 기간을 적용. 최대 100년) 동물이 멸종에 이를 확률이 50퍼센트 이상인가요?

멸종위기종(EN)과 취약종(VU)에 대해서도 똑같은 질문들이 적용되나 기준치는 각기 다르다. 이를테면 어떤 동물의 서식지가 100제곱킬로미터 이하이면 심각한 위기종(CR)으로 지정되지만 100제곱킬로미터 이상 5,000제곱킬로미터 이하이면 멸종위기종(EN)으로 지정되고 5,000제곱킬로미터 이상 20,000제곱킬로미터 이하이면 취약종(VU)으로 지정된다. 성체 숫자의 경우, 250마리 이하이고 계속 감소할 것으로 예상되면 심각한 위기종(CR), 250마리 이상 2,500마리 이하는 멸종위기종(EN), 2,500마리 이상 10,000마리 이하는 취약종(VU)으로 구분된다.

사실 이와 같은 판단 방식은 일반적인 연구조사 방법과는 크게 다르다고 할 수 있다. 보통의 연구조사는 다양한 조사 방법을 동원해 풍부한 데이터를 얻은 뒤 이 데이터들이 어떤 결론으로 수렴하는지 알아보는 방식으로 진행된다. 반면 IUCN은 동물의 숫자를 관찰한 데이터, 서식지 분포를 관찰한 데이터 등 다양한 자료 중 단 하나에서라도 이상 징후가 나타나면 바로 위기로 판단하는 방식을 쓴다. 멸종 위기에 처한 동물들에게는 자료를 종합하고 분석하는 10년의 시간마저 허락되지 않을 수 있기 때문이다.

위와 같은 기준을 살펴보다 보면 우리는 멸종 위기에 처한 동물들이 얼마나 심각한 상태에 놓여 있는지 실감할 수 있다. 예시로 다루었던 네 가지 질문을 다시 한번 읽어보자. 이는 현재 심각한 위기종(CR)으로 구분되는 동물들이 최근 3세대 동안 개체 수가 90퍼센트 이상 줄어들었거나 서식지가 100제곱킬로미터 이하로 줄어들었거나(100제곱킬로미터는 북한산 1개 반, 또는 설악산이나 지리산 면적의 약 4분의 1에 해당한다) 현재 성체 숫자가 250마리 이하라는 사실을 알게 해준다. 향후 10년 또는 3세대 안에 자연에서 절멸할 가능성이 50퍼센트 이상이라는 말이 무슨 뜻인지 자연스럽게 이해할 수 있을 정도의 숫자이다.

하지만 IUCN의 멸종위기종 목록을 보며 우리가 지레 겁먹어서는 안 되는 부분도 있다. 멸종위기종의 총숫자와 관련된 내용이다. 멸종위기종의 숫자는 지난 20년간 11,000여 종에서 42,000여 종으로 4배 가까이 증가했다. 등급별로 정확한 숫자를 이야기해보면 먼저 심각한 위기종(CR)은 2000년에 1,939종이던 것이 2022년에는 9,251종이 되었고, 멸종위기종(EN)은 2,614종에서 16,364종이 되었으며, 취약종(VU)은 동일한 기간에 6,488종에서 16,493종으로 늘어났다.

멸종 위기에 처한 동물이 4배나 증가하다니! 우리를 생태우울증에 빠뜨릴 만한 절망적인 통계가 분명하다. 하지만 여기서 우리가 고려해야 할 점이 있다. IUCN이 처음부터 세상모든 동식물을 다 조사한 것은 아니라는 사실이다. 2000년에 IUCN은 고작 16,507종에 대한 평가 데이터만을 가지고 있었고 이 가운데 1만여 종이 멸종위기종 판정을 받았다. 오늘날에는 조사한 종의 숫자가 150,388종으로 늘어났고 그중 4만여 종이 멸종위기종이다. 이 자료를 가지고 "멸종위기종이 4배나 늘었어! 대멸종이 오나 봐!"라고 말한다면 "멸종 위기가 아닌 동식물 숫자가 10만 종이나 늘었어! 지구 자연이 완전히 회복되었나 봐!"라고 말하는 것과 뭐가 다를까? 지구 동식물 가운데 4분의 1이 멸종 위기에 처해 있는 현 상황을 정확히 전달하는 것만으로도 모두의 투쟁심을 불태우기에 충분하다. 앞뒤 안 맞는 말까지 동원해 가며 사람들을 겁줄 이유는 없지 않겠는가.

호랑이를 복원하자고요?

깃대종과 보존 상태의 관계에 대해 마지막으로 무거운 이야기를 한 가지 해야 할 것 같다. 우리가 좋아해 마지않는 동물이 영영 사라질 위험에 처해 있음에도 우리는 가끔 이들을 돕기를 주저한다. 이제 우리나라에서 호랑이가 어떻게 사라졌는지, 더 중요하게는 우리나라에 호랑이를 다시 살게 하는 것이 얼마나 쉽지 않은 일인지 한번 살펴보자.

잘 알려져 있듯이 호랑이는 일제의 해수(害獸)구제사업으로 우리 자연에서 자취를 감췄다. 조선총독부가 실시한 해수구제사업이란 식민지 조선의 농업 생산량을 늘리고 탄광을 확장하는 데 걸림돌이 되는 위협적인 동물들(사람한테 해가 된다 하여 '해수'라 불렀다)을 아예 멸종시킬 작정으로 학살한 생태계 파괴적인 식민 정책이었다.

앞서 우리는 여러 동물 중 인간과 가장 큰 갈등을 빚는 동물들이 바로 카리스마 동물이라는 사실을 알아본 바 있다. 카리스마 동물은 크고 힘세고 빠른 동물들, 특히 사람과 가축을 잡아먹는 포식자들인 경우가 많다. 일제의 사냥 대상이 된 동물 또한 우리나라의 최상위 포식자들인 곰, 표범, 호랑이였다. 일제는 한국인 포수들에게 총까지 지급해가며(당시 합법적으로 총을 만질 수 있었던 유일한 한국인이 이 포수들이었다) 구제사업에 열을 올렸다. 사냥한 표범과 호랑이의 가죽은 으리으리한 트로피가 되어 일본인들의 집과 사무실을 장식하고 그들의 자아를 확장시켰다.

이러한 이야기를 들으면 일제의 무책임한 멸종 정책에 분노하다가도 어느 순간 "그렇지만 잘된 거 아니야?"라는 본능적인 안도감을 느끼게 된다. 우리가 아무리 생태계 보존을 외치고 자연의 소중함을 논하고 호랑이와 표범을 동경하고 올림픽의 마스코트로 삼는다 해도 사람을 잡아먹는 동물들에 대한 본능적인 두려움과 거부감은 감출 수가 없기 때문이다.

우리는 이미 맹수 없는 자연을 너무 오랜 기간 누렸다. 우리나라 강산은 이제 인간을 위해 존재하는 안전한 산책로이자 즐거운 등산 코스, 또는 평화로운 치유의 공간이라는 이미지가 너무 강하다. 오늘날 우리나라 국립공원 한 곳에 호랑이를 복원한다고 하면 아마도 핵폐기물 저장소를 세울 때만큼 강한 저항이 있을 것이다. "호랑이라니 너무 무섭다. 야생 호랑이는 그냥 러시아에만 살고 우리는 자연 다큐멘터리나 동물원에서 만나는 정도가 좋지 않을까?" 많은 이들이 이렇게 생각하고 있으리라.

이와 같은 일은 우리나라뿐만 아니라 자기 나라 자연을 뒷동산의 산책길로 삼은 여러 선진국에서 공통적으로 일어나고 있다. 이를테면 최근 스코틀랜드에서는 늑대를 재도입하는 방안이 진지하게 논의되고 있는데 이에 대한 사람들의 반발이 만만치 않다. 생물다양성 보존과 환경운동에 열을 올리는 유럽, 그중에서도 경제 수준이 높은 축에 속하는 스코틀랜드에서도 그렇다.

더군다나 스코틀랜드는 늑대를 재도입해야 할 절실한 이유를 가진 곳이다. 스코틀랜드를 상징하는 동물인 붉은사슴과 노루의 숫자는 진작에 100만을 넘겼다. 오래전에 포식자인 늑대가 없어진 데다가 지속적인 경제 발전과 도시화, 자연보존운동의 결과로 스코틀랜드의 숲과 들이 계속해서 푸르러진 탓이다. 폭증한 사슴 숫자는 이제 스코틀랜드가 애써 구축한 국토 30퍼센트 면적의 숲을 위협할 지경에 이르렀다. 우리나라의 80퍼센트 정도 되는 국토에 100만 마리의 사슴이 산다고 하니 스코틀랜드의 풀밭과 숲이 얼마나 고생하겠는가. 이에 따라 스코틀랜드 사람들은 암컷 사슴을 격리해 짝짓기를 방해하는 '컬링(culling)' 전략을 활용하고 있으나 사슴 숫자를 조절하기엔 역부족이다. 그리하여 이제 늑대를 재도입하는 방안까지 등장한 것이다.

이처럼 늑대 재도입의 명분이 충분한데도 불구하고 많은 스코틀랜드 사람들은 이에 반대하고 있다. 늑대들이 사람과 가축을 위협할 수 있다는 당연한 이유에서다. 늑대 재도입을 주장하는 정부 인사들과 학자들은 이 정책이 가져올 긍정적인 결과를 열심히 홍보하고 있지만 이미 안전한 자연의 맛을 본 사람들을 설득하기가 쉽지 않아 보인다.

포식 동물을 자연에 유지하거나 재도입하는 것은 결코 쉬운 일이 아니다. 이를 단순히 인간의 이기심 때문이라 치부하기도 힘들다. 호랑이 재도입을 꺼려하는 것은 좀처럼 해소하기 힘든 공포와 불안을 느끼기 때문이다. 이러한 공포와 불안을 비윤리적인 이기심으로 치부해버리는 것은 모욕과도 같다. 오히려 "이기심을 부리지 말고 여러분이 그냥 떠안아주세요"라는 말이야말로 비윤리적인 이기심의 발로라고 할 수 있다. 님비(NIMBY)라는 말은 혐오 시설이나 포식 동물을 자기 동네에 들이지 말라며 시위하는 사람들에게 할 말이 아니라, 모두를 대신해 어려움을 떠안아야 하는 그들을 설득하려 하지 않고 이기적이라고만 몰아붙이는 사람들에게 해야 한다.

호랑이 재도입으로 피해를 볼 사람들, 또는 현재 포식 동물이나 야생동물 때문에 피해를 보는 사람들을 설득하기 위해서는 이들이 겪는 공포와 불안을 현저히 경감시킬 방법을 제시하면서 충분한 보상 또한 제공해야 한다. 하지만 아직까지는 맹수들이 가하는 피해를 현저히 경감시킬 만한 뚜렷한 방법이 없다. 또한 야생동물 때문에 어려움을 겪는 사람들에게 충분한 보상이 지급되고 있지도 않다.

마다가스카르의 여우원숭이

인간과 동물 사이의 갈등은 사실 스코틀랜드나 우리나라처럼 이미 자연을 순하게 길들인 부자 나라보다는 여전히 거친 자연을 가진 가난한 나라에서 더욱 크게 불거지고 있다. 예를 들어 콩고민주공화국, 앙골라, 탄자니아 등 아프리카의 가난한 나라들은 다양한 동물이 살아가는 넓은 자연을 가지고 있지만 당장 먹고사는 문제를 해결하기 위해 인간 영역을 빠르게 확대하며 야생동물들과 충돌을 빚고 있다. 인도네시아, 미얀마, 캄보디아 등 동남아시아 개발도상국과 파라과이, 볼리비아 등의 남미 국가들도 사정은 마찬가지다.

물론 세상에는 미국이나 캐나다처럼 넓은 면적의 거친 자연을 유지하면서 선진국이 된 나라들도 있다. 나아가 이제 한창 경제를 발전시키는 나라 가운데 인도와 같은 곳은 오히려 숲의 면적을 넓히는 등 소중한 생물다양성 자산을 지키기 위해 분투하고 있다. 심지어 최근 가장 빠른 속도로 경제를 성장시킨 나라라 할 수 있는 중국은 고속 성장기에 들어선 1990년대 이후 '숲 증가 면적 세계 1위' 타이틀을 놓친 적이 없다. 지난 30년간 중국에서 재생된 숲의 면적은 우리나라 면적의 6배가 넘는다.

하지만 이러한 나라들의 사례를 들어 아프리카와 동남아시아, 중남미 사람들에게 "당신들은 왜 이렇게 못 해요?"라고 말할 수는 없다. 세상의 여러 나라는 영토와 환경, 천연자원과 특산품, 인적 자원과 인프라 수준, 지정학적 위치와 거쳐온 역사 등에서 천차만별의 다양성을 보이기 때문이다. 콩고민주공화국과 앙골라 등의 아프리카 국가들은 미국과 중국처럼 높은 농업 생산성을 갖기 힘들고 마다가스카르와 온두라스는 캐나다와 오스트레일리아처럼 엄청난 천연자원을 가진 나라가 아니다. 이러한 나라의 사람들은 자연을 침공해 동물들을 몰아내지 않고서는 "사람답다"라고 말할 수 있는 최소한의 생활 수준에 도달할 수단을 가지고 있지 않다. 이 나라들의 자연을 보존하여 지구의 생물다양성을 수호하기 위해서는 보태주는 것 없이 멸시하는 옹졸한 태도를 버리고 너그러운 지원을 통해 가진 자의 품격을 보여줄 필요가 있다.

인간과 자연이 격렬히 충돌하고 있지만 스스로 그 갈등을 처리할 수 없는 곳을 돕는 구체적인 방법 중 한 가지는 세계자연기금을 통해 어려운 곳을 돕는 것이다. 세계자연기금 홈페이지(www.worldwildlife.org)에는 세계 각국의 자연보존 현황과 진행 중인 보존 사업, 종별 보존 현황 등이 자세히 나와 있다. 여기에서 마다가스카르 항목을 살펴보면 마지막 부분에서 "여우원숭이를 입양하세요"라고 쓰인 배너를 찾을 수 있다. 진짜 여우원숭이를 입양하라는 것이 아니라 100달러로 여우원숭이 인형을 입양하라는 말이다. 우리가 인형을 입양하면 세계자연기금은 이 돈을 마다가스카르 생물다양성 보존 사업에 지원한다. 세계자연기금의 대표적 깃대종 중심 캠페인인 '상징적 입양(symbolic adoption)' 제도다.

마다가스카르의 생태계는 풍부하고 독특하다. 오랜 옛날 아프리카 대륙에서 떨어져 나와 섬이 되었기에 생태계 전체가 무척 독자적으로 진화했나. 현재 마다가스카르에 서식하는 동물의 92퍼센트가 이곳에만 서식하는 고유종이며 식물의 89퍼센트 또한 고유종이다. 고유종 바오밥나무만 7종에 이르고, 마다가스카르를 대표하는 동물인 100여 종의 여우원숭이들도 죄다 이곳의 고유종이다. 가히 마다가스카르 전체가 지구의 생물 다양성을 대변한다고 보아도 무방할 정도다.

하지만 이와 같은 사실은 이곳의 동식물이 인간 영역의 확장에 매우 취약하다는 점을 시사한다. 전 세계에서 딱 여기에만 사는 동식물들이니 이곳의 서식지가 침식당하면 곧장 멸종 위기에 처할 수밖에 없다. 마다가스카르는 하와이나 뉴질랜드와 함께 인간의 발길이 닿은 최후의 땅에 속한다. 불과 2,000년 전에야 이곳에 당도한 사람들은 꾸준히 마다가스카르의 자연으로 밀고 들어가며 밀림의 90퍼센트를 파괴하고 7종의 거대 여우원숭이와 거대한 코끼리새와 토종 하마들을 멸종시켰다. 여우원숭이는 5,000만 년의 진화 역사를 거치며 100여 종으로 분화하는 동안 마다가스카르에만 갇혀 살며 오늘날보다 10도 이상 높은 기후와 5도 이상 낮은 기후를 모두 겪어낸 역전의 용사들이다. 이러한 여우원숭이들조차 고작 2,000년 전에 당도한 인간만은 이겨낼 수 없어서 오늘날 대다수가 멸종 위기에 처해 있다.

여우원숭이와 바오밥의 나라인 마다가스카르는 매우 가난한 나라이기도 하다. 1인당 GDP는 우리나라의 60분의 1에도 미치지 못하고, 연간 정부 예산은 3조가량으로 우리나라의 200분의 1에도 미치지 못한다. 한마디로 마다가스카르 사람들은 지금 자신들의 자연에 신경 쓸 여유가 거의 없다. 따라서 우리가 여우원숭이들을 돕는 유일한 방법은 마다가스카르 사람들이 자연을 더 현명하게 활용하도록, 즉 수십 년 뒤에 후회할 일을 하지 않으면서 경제 성장을 추구할 수 있도록 경제적으로 원조하는 것밖에 없다.

우리보다 100배 가난한 나라의 동물을 위해 상징적 입양 제도를 활용하여 100달러를 후원하는 일은 간단히 말해 우리나라 동물들을 위해 1,000만 원을 후원하는 것과 비슷한 가치를 가진다. 세계에서 생물다양성이 가장 돋보이는 나라 중 하나지만 스스로 자연을 돌볼 여유가 없는 나라를 위해 100달러를 내고 1,000만 원어치의 뿌듯함을 느껴보는 것은 어떨까? 귀여운 여우원숭이 인형을 덤으로 받을 수 있다.

갈색목세발가락나무늘보
Brown-throated sloth

자료: Unsplash, Javier Mazzeo

서식지 남아메리카와 중앙아메리카의 숲.

생태 하루 중 3분의 2 이상 잠을 자고, 깨어 있을 때도 보는 이의 복장이 터질 정도로 느릿느릿 움직이는 귀여운 느림보. 일생 대부분을 나무에 매달려 살지만 일주일에 한 번씩 똥을 싸기 위해 땅으로 내려오는데, 왜 똥을 일주일이나 모아놓았다가 꼭 땅에 내려와 싸는지에 대해 세계적인 석학들의 의견이 분분함. 내장 구조가 독특해서 나무에 거꾸로 매달린 상태에서도 폐가 압박되지 않고 일주일 어치 똥의 무게에 허덕이지도 않음. 나무늘보의 독특한 털은 여러 곤충과 균류, 조류의 터전이 되며 그중 어떤 종은 나무늘보의 털에만 사는 고유종으로 알려짐.

보존 안전(LC). 현존하는 여섯 종류의 나무늘보(네 종의 세발가락나무늘보와 두 종의 두발가락나무늘보) 중 가장 많은 숫자를 자랑함.

매력 귀엽고 복슬복슬하며 그 누구에게도 해를 끼칠 수 없음이 분명한 행동 양태를 보이기에 많은 이들의 사랑을 받음. 느림보들 주제에 수컷끼리 주먹질하고 싸울 때는 상당히 빠른 움직임을 보여줌.

역할 중남미 정글의 독특한 생태계에 대한 관심, 사랑, 보존 노력을 이끌어내는 SNS의 입소문 동물 중 하나.

시베리아호랑이
Siberian tiger

자료: Wikimedia Commons

서식지   극동러시아와 만주, 특히 유네스코세계자연유산으로 지정된 러시아의 '시호테알린산맥 중부지역'에 집중적으로 서식. 북한에도 서식하고 있을 가능성이 있음.

생태   수컷은 몸길이 2미터에 몸무게가 200킬로그램인 괴수. 암컷은 이것보다 약간 작음. 시속 60킬로미터로 달릴 수 있고 5미터 높이와 10미터 거리를 점프해서 뛰어넘을 수 있음. 호랑이 한 마리당 100제곱킬로미터 이상의 영토가 필요하지만 암컷 호랑이는 딸 호랑이들과 영토를 공유하기도 함. 주로 커다란 사슴과 노루, 멧돼지를 잡아먹고 토끼나 물고기를 먹기도 함.

보존   멸종위기종(EN). 현재 극동러시아 시호테알린산맥 지역 외에 뚜렷한 서식지가 없음. 21세기 초 극동러시아의 호랑이 숫자는 300~400마리 사이였는데, 러시아의 꾸준한 호랑이 보호 정책이 효과를 거두며 최근 그 숫자가 500마리 이상으로 증가했음. 다른 호랑이들과 마찬가지로 동물원에 더 많은 수가 살고 있으며 우리나라 동물원에도 50마리 이상의 시베리아호랑이가 살고 있음.

매력   용맹함, 민첩함, 강함, 고고함, 영리함의 상징이 되는 동물. 인간이 감히 범접하지 못할 운동 능력과 넓은 서식지를 그림자처럼 활보하는 습성으로 동북아시아 모든 민족에게 영물로 숭상됨. 새끼는 아주 귀여운데, 최근 여러 동물원의 시베리아호랑이 숫자가 늘어나며 아기 시베리아호랑이들이 각동물원의 인기를 견인하기도 함.

역할   자연이 지닌 카리스마를 상징함과 동시에 인간과 자연의 첨예한 대립을 상징하는 동물. 자연에 대해 갖는 근본적인 공포를 자극하는 존재로 현재 사람이 살지 않는 일부 지역에 갇혀 살아가고 있음. 동북아시아 사람들이 자연에 더 넓은 땅을 양보할 때 시베리아호랑이의 숫자가 다시 늘어날 것임.

알락꼬리여우원숭이
Ring-tailed lemur

서식지   세상에는 알락꼬리여우원숭이 등 100여 종의 여우원숭이가 존재하지만 모든 여우원숭이는 마다가스카르에만 서식함.

생태   주로 나무 위에서 살아가고 야행성 생활을 함. 사회성이 높아서 수십 마리가 무리를 지어 생활함. 체온을 보존하고 친근감을 높이기 위해 무리가 오글오글 몸을 껴안는 습성으로 유명함. 과일, 꽃, 나뭇잎 등 다양한 먹이를 먹지만 특히 타마린드를 좋아함.

보존   멸종위기종(EN). 마다가스카르는 불과 2,000년 전에야 사람이 살기 시작했지만 이 2,000년간 숲의 90퍼센트가 파괴됨. 오늘날에도 마다가스카르는 인구가 꾸준히 증가하고 농지가 확대되고 벌목이 늘어나는 지역임.

매력   귀여운 외모와 아름다운 꼬리로 보는 이를 한눈에 사로잡는 사랑스러운 원숭이. 높은 사회성과 서로를 보살피는 습성으로 사람들의 가슴을 따뜻하게 함. 마다가스카르에 사는 100여 종의 여우원숭이가 모두 독특한 외모와 습성을 가지고 있다는 사실은 생명의 다양성에 경외심을 느끼게 함.

역할   '여덟 번째 대륙'이라 불리는 마다가스카르의 독특한 생태계를 상징함. 또한 여러 개발도상국의 가난과 인구 증가가 어떻게 그 자연을 위협하는지 보여주는 동물임.

왜
깃대종이라
부르는가

깃대종의 의미

지금까지 우리는 왜 깃대종 동물이 다른 동물들보다 더 큰 관심과 사랑을 받는지 알아보았다. 그렇다면 이처럼 각별한 사랑을 받는 동물들을 '깃대종'이라는 생소한 명칭으로 부르는 이유는 무엇일까? 깃대종이란 단순히 '인기 동물'을 더 그럴듯하고 있어 보이게 부르는 말일 뿐일까?

확실히 깃대종이라는 용어는 생소하고 직관적으로 이해하기 힘들어서 듣는 이의 고개를 갸우뚱거리게 만든다. 하지만 이는 그 의미를 찬찬히 알아볼 가치가 있는 뜻깊은 말이다. 이 말에 담긴 뜻을 이해한다면 누구나 "아 깃대종이란 말이 정말 딱 들어맞네"라며 수긍하게 될 것이다.

깃대종이라는 명칭을 정확히 이해하기 위해 우리가 염두에 두어야 할 사실이 있다. 깃대종이란 대중적으로 인기 있는 동물들을 '생물다양성 보존운동의 관점'에서 부르는 이름이라는 것이다. 즉 우리는 다음과 같은 보존운동가의 관점을 취해볼 필요가 있다.

"저 카리스마 있고 귀엽고 상징적이고 고맙고 혹시 사라지는 것 아닌가 싶어 조마조마한 동물들이 우리의 생물다양성 보존운동에 어떤 영향을 줄까?"

기함의
두 가지 의미와
깃대종의
유일한 의미

깃대종이라는 말은 '플래그십 스피시스(Flagship Species)'의 우리말 번역어다. 오늘날 플래그십 스토어, 플래그십 제품, 플래그십 서비스 등에 널리 쓰이는 '플래그십'은 원래 '사령관의 깃발을 올린 함선', 즉 '기함(旗艦)'을 뜻하는 단어다(따라서 'Flagship Species'는 '기함종'으로 직역할 수 있다).

기함(플래그십)은 두 가지 중요한 의미를 갖는다. 첫째, 기함은 함대의 지휘관이 타기 때문에 실제로 함대의 모든 배 가운데 가장 중요한 배다. 기함에서 명령이 떨어져야만 나머지 배들이 학익진(鶴翼陣)으로 적을 포위하든 쐐기 진형으로 적진을 붕괴시키든, 일사불란하게 움직여 전투에서 승리할 수 있다. 게다가 기함은 전 함대에 단 한 척밖에 존재하지 않는 소중한 배이기도 하다. 동물로 비유하면 가장 중요한 생태적 역할(또는 에코시스템 서비스)을 가지고 있지만 개체 수가 무척 적어서 멸종 위기에 몰린 동물과 같다고 할 수 있다. 생물학자들은 이러한 동물에 대해 "보존우선순위(conservation priority)가 높다"라는 표현을 쓰며 이들을 가장 먼저 보호할 것을 권한다. 마찬가지로 함대에서 보존우선순위가 가장 높은 기함은 함대의 다른 배들을 희생해서라도 반드시 지켜내야 하는 존재다.

두 번째로 기함이 갖는 중요한 의미는 기함이 함대를 대표하는 상징적·심리적 역할을 한다는 점이다. 이는 때로 실질적 기능이나 보존우선순위보다 중시되는 역할이다. 만약 기함이 실질적 기능만 가지고 있어서 무슨 수를 써서라도 보존해야 하는 존재일 뿐이라면, 괜히 배에 깃발을 내걸어 "여기 우리 대장이 타고 있어요!"라고 광고할 이유가 없다. 함대에서 가장 크고 화려한 배를 기함으로 배정해서도 안 된다. 만약 기함을 보전하는 일이 중요하다면 어느 배에 지휘관이 타고 있는지 적군이 눈치채지 못하도록 하고 몰래 명령을 전달하는 편이 낫기 때문이다. 지휘관의 위치를 감추기는커녕 가장 눈에 띄는 배에 지휘관을 태우고 깃발까지 멋지게 펄럭이도록 하는 이유는 기함이 상징적 기능을 수행하며 심리적 영향력을 발휘해야 하기 때문이다.

웅장하고 맵시 있으며 명장의 깃발까지 휘날리고 있는 기함은 전선에 존재하는 것만으로 적군을 주눅 들게 하고 아군의 사기를 드높일 수 있다. 전투의 귀추를 주목하는 수많은 민간인의 사기에 영향을 미치는 것은 물론이다. 이순신 장군이 노량해전 중 총탄에 맞아 죽어가면서 "싸움이 지금 한창 급하니 조심하여 내가 죽었다는 말을 하지 말라"라고 한 것도 이러한 맥락에서이다. 본인이 사망하면 기함의 지휘 기능은 없어지겠지만, 이순신이라는 이름과 기함이 갖는 심리적 기능만은 지켜야 한다는 뜻이다.

플래그십(기함)이라는 말을 가져다 쓰는 사람들은 이처럼 실질적 기능, 높은 보존우선순위, 높은 상징성, 심리적 영향력을 모두 가진 존재를 지칭하려는 목적을 가지고 있다. 즉 플래그십 스토어, 플래그십 모델, 플래그십 시리즈 등의 말은 플래그십이라는 단어에 담긴 이중적 의미를 요긴하게 활용하는 말이라 할 수 있다. 하지만 예외도 있다. 굳이 플래그십이라는 말을 쓸 필요가 없는데 사용했다가 오해를 낳은 경우다. 다름 아닌 플래그십 스피시스, 깃대종이라는 말이 바로 여기에 해당한다.

깃대종이라는 말은 플래그십의 첫 번째 의미인 '함대에서 가장 중요한 배' 또는 '보존우선순위'와는 아무 상관이 없고 오직 두 번째 의미인 '상징적·심리적 기능'만을 나타낸다. 즉 어떤 종을 깃대종이라고 부르는 것은 "이 종은 사람의 마음에 강한 영향력을 발휘하는 심리적 힘이 있는 종이예요"라고 말하는 것이지 그 종의 보존우선순위가 높다는 뜻을 담고 있지 않다. 그러므로 동물의 생태적 역할이나 보존우선순위를 다루는 학자들은 깃대종이라는 말을 쓸 필요가 없다. 반면 생물다양성 보존 운동가들이 모금 운동을 전개할 때는 높은 상징성과 심리적 영향력을 가진 깃대종 개념이 결정적 역할을 수행한다.

보존우선순위냐 매력이냐: 북극곰의 사례 ————————

깃대종이라는 거창한 이름이 보존우선순위와 직접적인 관련이 없다는 말을 받아들이기 힘들 수도 있다. 하지만 앞서 동물의 에코시스템 서비스 및 멸종 위기와 동물 사랑의 관계에 대해 이야기한 내용을 떠올려보자. 우리는 동물의 생태적 기능이나 멸종 위기 때문에 동물을 사랑하는 것이 아니라 동물을 사랑하기에 그 동물의 보존 상태와 기능에 관심을 갖게 되고 그 동물을 돕고 응원하게 된다.

사실 깃대종 동물들은 다른 동물들에 비해 우리의 관심과 보존 노력을 덜 필요로 하는 경우도 있고, 생태계에서 수행하는 기능이 다른 동물들에 비해 딱히 더 중요하지 않은 경우도 많다. 나아가 보존운동과 본질적으로 무관하거나 아주 묘한 관계를 맺고 있는 경우도 있다. 이제 이와 같은 사실을 확인시켜 줄 동물 한 종을 만나보도록 하자. 오늘날 가장 널리 알려진 깃대종 가운데 하나이며 현대 세계의 핵심 이슈 가운데 하나인 기후 변화를 상징하는 동물인 북극곰이다.

북극곰은 북극 생태계에서 뚜렷한 역할을 수행한다. 북극곰은 곰 가운데 육식 성향이 가장 강한 종이어서 주로 물범을 잡아먹으며 산다. 따라서 북극에서 북극곰이 사라진다면 지금도 수백만 마리에 이르는 물범의 수가 걷잡을 수 없이 늘어날 수 있다. 물고기 수는 똑같은데 물범 숫자만 늘어난다면 북극 바다는 물고기를 먹고 사는 여러 종(인간도 여기에 포함된다)이 아귀다툼을 벌이는 난투장으로 변할 것이며, 그러한 와중에 멸종 위기에 몰리는 종들도 생길 것이다.

하지만 오늘날 북극곰이 세상에서 가장 유명한 깃대종 가운데 하나가 된 것은 이와 같은 '최상위 포식자(apex predator)'로서의 역할과는 별다른 관련이 없다. 사실 북극곰이 물범을 사냥한다는 점은 오히려 북극곰의 매력을 깎아먹는 요소가 되기도 한다. 물범 피로 칠갑을 하고 고기를 뜯는 모습은 북극곰을 사랑하는 이들의 마음에 충격을 줄 수 있기 때문이다.

사람의 마음에 파문을 일으키는 북극곰의 매력은 그 생태나 습성보다는 북극곰이 가진 강력한 영상미에서 비롯된다. 순백의 설원 위를 어슬렁거리고 눈 언덕을 미끄러져 내려오는 북극곰의 모습은 몽환적 신비로 다가온다. 혹한의 환경에서도 꿋꿋하게 살아가며 오히려 그곳의 지배자로 군림하는 모습은 우리의 동경을 불러일으키고 삶에 대한 의지를 북돋기도 한다.

게다가 아기 북극곰은 가히 지구의 자연이 보유한 수소폭탄급 심리전 무기라 할 만하다. 2017년 작 BBC 다큐멘터리 〈스노 베어(Snow Bears)〉에 나오는 두 마리 새끼 북극곰을 보라. 케이트 윈슬렛의 포근한 내레이션 속에 새끼들이 데굴거리면 시청자들도 집에서 쿠션을 껴안고 바닥을 뒹굴어야 했다. 북극곰 새끼가 물범을 보고 놀라 자빠지는 장면에서는 사람들도 "아니 저렇게 귀여울 수가!"라며 경악할 수밖에 없었다. 요약하자면 북극곰은 새끼일 때 무척 귀엽고 성체가 되어서는 무척 아름답기 때문에 깃대종이 되었다.

나아가 북극곰은 오늘날 넓은 서식지를 누리며 개체 수가 안정되어 있다는 측면에서 보존우선순위가 높지 않다. 즉 북극곰은 시베리아호랑이나 여우원숭이들처럼 긴박한 위기에 처한 종이 아니다. 그럼에도 불구하고 복극곰은 현재 멸종위기취약종(VU)으로 분류되어 있다. 보존우선순위가 높지 않은 북극곰이 왜 멸종위기종이 되었을까?

20세기 중반까지만 해도 북극곰은 인간에게 생존을 위협받으며 개체 수가 줄어들고 있었다. 사람들은 1년에 북극곰을 1,000마리에서 2,000마리씩 사냥해 고기를 취하고 모피를 거래했다. 하지만 20세기 중반 들어 세계적으로 북극곰 보존에 대한 관심이 증폭되며 북극곰 사냥과 거래를 둘러싼 규제가 생겨났다. 1973년 체결된 '멸종 위기에 처한 야생 동식물의 국제 거래에 관한 협약(Convention on International Trade in Endangered Species of Wild Fauna and Flora, CITES)'에 북극곰이 포함된 것이 대표적이다. 이와 같은 정책들이 확연한 효과를 보여서 북극곰은 1996

년에 공식적으로 멸종 위기 목록에서 벗어나게 되었다.

그러나 북극곰은 멸종위기종 신세에서 벗어난 지 고작 10년 만에 다시 취약종(VU) 판정을 받게 되었다. 북극곰 사냥과 거래가 다시 극성을 부려서도 아니고 북극곰 개체 수가 줄어들거나 서식지가 축소되었기 때문도 아니었다. 북극곰은 독특하게도 지구온난화에 따른 미래의 서식지 감소가 예정되어 있다는 이유로 이 목록에 올라 있다. 지구온난화 때문에 북극곰의 사냥터이자 서식지인 북극 유빙의 크기가 줄어들고 지속 기간도 짧아질 것이므로 향후 두 세대 안에 북극곰의 숫자가 30퍼센트 이상 감소할 수 있다는 논리다.

사실 순록, 물범, 연어 등 지구온난화에 영향을 받는 북극권 생물은 북극곰 외에도 많다. 물범의 경우, 북극곰과 마찬가지로 북극권 유빙의 크기와 지속 기간이 줄어들면 먹이 활동에 큰 타격을 받는다. 그러나 순록과 물범과 연어는 넓은 서식지를 누리며 개체 수가 안정되어 있기에 멸종위기종으로 분류되지 않는다. 이와 같은 사실을 감안한다면 북극곰이 다소 독특한 의미의 멸종위기종이라는 점을 쉽게 짐작할 수 있다. 여기에는 북극곰이 그만의 고유한 심리적 영향력을 최대한 발휘해 사람들의 열렬한 기후 행동을 이끌어냈으면 좋겠다는 많은 이들의 소망이 담겨 있다.

자연의 섭리냐 매력이냐: 크누트와 플로케의 사례 _____

북극곰의 어린것은 설원을 배경으로 한 영상에서뿐만 아니라 동물원에서도 엄청난 힘을 발휘한다. 2000년대에 유럽의 동물원에서 많은 이들의 마음을 흔든 크누트와 플로케의 사례가 그렇다. 세계에서 가장 유명한 북극곰들이라 할 수 있는 이 두 북극곰은 사실 공통된 스토리라인을 가지고 있다. 생후에 어미에게 버림받아 도태될 뻔했으나 인간의 손에서 자라나며 오히려 선풍적인 인기를 끌게 되었다는 점이다.

두 마리 아기 곰 중 먼저 세상에 나온 크누트는 2006년 베를린 동물원에서 태어났고, 태어나자마자 어미에게 버림받았다. 베를린 동물원은 크누트를 사람 손으로 기르기로 결정했다. 크누트는 유년기를 무사히 보낸 뒤 2007년 대중들에게 첫선을 보였다. 이곳에서 크누트는 단지 어슬렁거리고 밥을 먹고 장난감을 가지고 놀았을 뿐이지만 크누트를 구경하러 동물원을 가득 채운 사람들은 모두 크누트라는 두 번째 심장(자연에 대한 사랑이 뿜어져 나오는 무한 동력의 심장이다)을 달고 돌아갔다. 베를린 동물원은 창사 후 최고의 수입을 올렸고 크누트 굿즈들도 커다란 인기를 끌었다.

한편 독일의 환경운동가들 중에는 크누트의 삶에 반대하는 사람들도 있었다. 북극곰의 생태를 관찰했을 때, 어미를 잃은 북극곰은 그저 "날마다 서서히 죽어갈 뿐"이므로 크누트의 고통을 빨리 끝내줘야 한다는 것(안락사 시행)이었다. 이와 같은

귀여움을 뽐내는 어린 시절의 크누트.

'크누트의 사육사'로 유명했던 토마스 되르플라인과 즐거운 시간을 함께하는 크누트의 모습. 안타깝게도 둘은 긴 시간을 함께하지는 못했다. 토마스 되르플라인은 2008년, 크누트는 2011년에 세상을 떠났다.

내용의 인터뷰가 신문에 실리자 분노한 베를린 시민들이 거리로 뛰쳐나왔으며 상처받은 아이들의 절규가 편지와 이메일을 타고 베를린 동물원으로 전해졌다. 결국 크누트를 "안락사시켜야 한다"는 의견은 쏙 들어갔고, 크누트는 이후 많은 인기를 누리며 베를린 동물원에서 살다가 뇌 질환으로 생후 4년 만에 팬들의 곁을 떠났다.

독일의 또 다른 동물원인 뉘른베르크 동물원에서 크누트보다 1년 늦게 태어난 플로케의 탄생 역시 위험천만했다. 크누트의 어미가 크누트를 그저 버려놓았을 뿐이라면 플로케의 어미는 직접 플로케의 목숨을 위협하는 행동을 보였다. 뉘른베르크 동물원 관계자들은 최초에 플로케의 어미가 플로케를 어떻게 하든지 "자연의 섭리대로" 놓아두어야 한다는 입장을 취했으나 대중들은 역시나 불쌍한 아기곰을 위해 들불처럼 일어났다. 결국 뉘른베르크 동물원도 플로케를 어미로부터 분리해서 사람 손으로 키우겠다는 결정을 내렸다.

최초의 불간섭 정책에 대한 반작용이었을까. 뉘른베르크 동물원 사육사들은 플로케가 최대한 정상적으로 성장해 훗날 다른 곰들과 어울려 새끼도 낳고 행복한 삶을 살 수 있도록 다양한 방법을 동원해 플로케를 보살폈다. 특히 어린 플로케가 거울을 보며 놀게 한 일이 심리학자들의 관심을 끌기도 했다. 북극곰은 거울에 비친 자기 모습을 다른 곰으로 인식하므로 거울을 통해 사회성을 기르거나 정서적 안정을 촉진할 수 있었던 것

사육사들의 지극정성으로 플로케는 새로운 삶을 얻었다.

이다(반대로 문어나 까마귀 등은 마치 사람처럼 거울에 비친 모습이 자기 모습이라는 것을 알기 때문에 이와 같은 방법을 쓸 수 없다). 사육사들의 노력은 커다란 성과를 거두어 플로케는 이후 짝과 함께 유럽 여러 도시를 돌아다니며 오랜 생을 누리고 있다.

크누트와 플로케의 사례 이후 세계 여러 동물원에서는 어미로부터 방치되거나 위협받는 북극곰 새끼를 사육사 손으로 키우는 일이 당연시되었다. 또한 사람 손으로 키운 북극곰은 사회 현상이라고 부를 정도의 인기를 누리는 경향 또한 법칙처럼 굳어졌다. 이처럼 크누트와 플로케는 북극곰 새끼가 가진 힘이 북극곰 중심의 생태학적 파워가 아니라 인간 중심의 심리적 파워라는 사실을 가르쳐준다. 북극곰의 자연 생태와 섭리대로 아기곰들을 방치하거나 안락사해야 한다는 의견은 귀여운 고아 북극곰에게 삶을 선물해주려는 사람들의 흔들림 없는 의지 앞에서 풍비박산이 났다. 자연의 섭리를 거슬러 인간이 두 마리 아기곰과 직접적인 관계를 쌓는 과정은 오히려 북극곰에 대한 사람들의 친근감과 사랑, 연대 의식을 보다 강하게 만들기도 했다.

이처럼 북극곰과 관련된 여러 이야기를 살펴봄으로써 우리는 깃대종이라는 말과 함대의 기함이라는 말이 딱 절반만 닮았다는 사실을 확인할 수 있다. 깃대종과 기함은 실질적 기능성 또는 보존우선순위 측면에서 공통점이 거의 없으며 오직 마스코트로서의 성격과 기능만 일치한다.

그렇다면 생물다양성 보존을 연구하고 관련된 운동을 하

는 사람들은 애초에 왜 플래그십이라는 말을 들여와서 의미의 혼란을 자초했을까? 이는 과거 이 말이 도입되었을 때 사람들이 지구 환경에 대해 생각하던 바와 오늘날의 인식 사이에 뚜렷한 차이가 존재하기 때문에 발생한 일이다. 즉 깃대종이라는 말이 처음 쓰이기 시작한 1980년대에는 이 말이 기함의 두 가지 성질을 모두 지닌 동물을 의미했지만 오늘날에는 그렇지 않다. 불과 40여 년 만에 우리의 인식과 자연보존운동의 흐름이 어떻게 변화했기에 이러한 차이가 생겨났을까?

북극곰

Polar bear

자료: Unsplash, Hans-Jurgen Mager

서식지 북극권.

생태 북극권의 최상위 포식자. 곰 가운데 육식 성향이 가장 강해서 물범을 주식으로 삼음. 북극의 유빙 위에서 사냥을 하는데, 두꺼운 얼음 아래의 물범 냄새를 맡을 정도로 뛰어난 후각을 자랑함. 그린란드에서 아이슬란드까지 300킬로미터를 헤엄쳐 건너곤 하는 수영의 대가임.

보존 취약종(VU). 기후 변화에 따른 서식지 축소와 생활 환경의 변화로 가까운 시일 내에 개체 수가 30퍼센트가량 줄어들 가능성이 있음.

매력 새끼 때는 압도적인 귀여움을, 성체가 되어서는 압도적인 카리스마를 자랑하는 강력한 깃대종. '순백'이 상징하는 원초적 아름다움과 숭고미를 대표하는 동물.

역할 기후 변화가 가져올 장기적인 위협 가운데 하나인 북극권 빙하 소실과 지구 해수면 상승의 위협을 경고하는 깃대종.

기함에서
깃대로

깃대종이라는 말이 처음 쓰이기 시작한 1980년대 전후의 시기는 인간이 지구 생태계에 미치는 악영향이 커진 만큼 이를 경고하고 규제하려는 노력도 커진 시기라 할 수 있다. 1970년대에는 멸종위기종 보호에 결정적 역할을 수행할 CITES(멸종 위기에 처한 야생 동식물의 국제 거래에 관한 협약)가 체결되고 수많은 동물을 위협하던 독성 농약인 DDT가 사용 규제되었으며 그린피스를 비롯한 여러 환경운동 NGO가 설립되었다. 1980년대에도 극지방 오존층 파괴의 주범이었던 프레온가스(염화불화탄소, 즉 CFC) 사용이 금지되고 국제포경위원회가 상업적 포경을 금지하는 등 지구 환경과 생물다양성 보존에 대한 관심은 계속해서 커졌다.

이와 같은 분위기 속에서 자연보존단체의 역할 또한 중요해졌다. 선진국을 중심으로 세계 여러 나라의 대중은 자연보존단체들이 하는 말에 큰 관심을 기울이고 이들의 주장을 지역사회나 국가의 정책에 반영하려 했으며 꼭 필요한 동물들에게 써 달라며 후원금을 쾌척하기도 했다. 물 들어올 때 노 저으라는 말이 있듯이 당대의 운동가들과 학자들은 대중의 관심을 극대화하고 최대한 많은 후원금을 모금해 생물다양성 보존운동 역사에 새로운 장을 여는 방법을 찾아 나섰다. 자연보존운동에 있어서 마케팅적 관점이 핵심으로 부상하게 된 것이다.

사실 보존운동의 성패를 결정하는 마케팅적 요소란 누가 보기에도 명확했다. 운동을 전개하는 대상이 바로 운동의 성패를 결정하는 가장 중요한 요소였다. 호랑이와 코끼리, 코뿔소, 대왕판다의 보존을 위해 모금 운동을 펼치면 많은 후원금이 모였지만 사마귀와 두꺼비, 넙치를 위해 운동을 펼치면 사람들의 관심이 덜했다. 운동가들과 학자들은 이처럼 여러 보존 캠페인의 전면에 서서 대중의 관심을 집중시키고 후원금을 끌어모으는 동물들을 뭐라고 부를지 생각하기 시작했다.

마케팅 효과만 놓고 보면 호랑이와 코끼리 등은 당연히 마스코트종, 캠페인종, 모델종 등으로 불러야 마땅했을 것이다. 하지만 1980년내의 운동가들과 학자들에게는 마케팅적 측면 외에도 감안해야 할 중요한 요소가 한 가지 더 있었다. 바로 보존운동의 생태학적 효과였다. 즉 캠페인의 전면에 내세우는 동물은 마케팅 효과가 큰 종임과 동시에 이 종을 보호하는 것이 생태계에 커다란 긍정적 효과를 미치는 종이어야 했다. 이는 오늘날의 관점에서 보면 사뭇 의아한 일일 수밖에 없다.

　"에이. 동물을 보호한다는 게 먹이를 놔주거나 잡아다가 번식시키는 일이 아니잖아요. 서식지를 보호하고 여러 인간 활동을 자제한다는 건데 코끼리와 대왕판다를 보호하면 함께 사는 다른 동물들도 자연히 혜택을 보겠죠."

　"대왕판다를 보호하는 운동이라고 해서 꼭 돈이며 시간이며 노력을 판다한테 다 쏟는 게 아니잖아요. 판다는 그저 운동의 마스코트일 뿐인 것 아닌가요?"

　마땅한 지적이다. 오늘날에는 생물다양성 보존운동에 관심이 있는 사람이나 관심이 덜한 사람을 가릴 것 없이 다들 이러한 생각을 가지고 있다. 하지만 1980년대에는 달랐다. 당시에는 생물다양성 보존 문제를 대하는 관점이 지극히 협소했다. 1980년대 사람들은 동물을 보호한다는 것이 진짜로 먹이를 가져다 놓아주거나(supplemental feeding) 잡아다가 번식시키는 일(captive breeding)이라고 여겼다.

　또한 그때는 어떤 동물을 내세워 모금 운동을 벌이면 바로 그 동물에게 모금된 돈과 운동가들의 노력을 모두 쏟아야 한다고 생각했을 뿐 특정 동물을 마스코트로 내세운다는 개념이 없었다. 이를테면 바다거북 보존운동을 하는 단체는 바다거북 새끼를 부화시켜 바다에 풀어주고 산란지에서 알을 채집해가는 사람들을 단속하고 아픈 바다거북을 치료한 뒤 경비행기에 태워 바다로 실어 나르는 일만 해야 했다. 바다거북을 내세워 모금한 돈을 돌고래 보존에 쓰거나 넓은 의미로 산호초 보존운동 또는 해양 쓰레기 저감 운동에 쓴다면 사기 행각으로 취급받았다.

이러한 시대에 보존운동을 이끈 매력적인 종들은 단순한 마스코트에 머물러서는 안 되었다. 마스코트를 위해 모금된 돈은 마스코트들을 직접 보호하는 데 쓰여야 했기에 결국 이 마스코트들이 생태계에서 수행하는 역할이 커야 했고, 마스코트를 보호하는 일이 다른 종들에게 커다란 혜택으로 돌아가야 했다. 또한 마스코트가 멸종 위기에 몰려 있어서 실제로 긴박한 도움의 손길을 필요로 해야 했다. 한마디로 환경 운동의 마스코트, 모델, 캠페인 리더로 활약하는 종들은 마케팅 파워도 크고 보존 우선순위도 높아야 했다.

"보존우선순위도 높고 상징적·심리적 효과도 크다는 건 이 아이가 플래그십 동물이라는 거잖아?"

플래그십 스피시스, 즉 깃대종이라는 개념은 이렇게 탄생했다.

우린 이제 더 잘할 수 있어요

새로이 도입된 깃대종 개념은 시작부터 많은 비판에 맞닥뜨렸다. 보존우선순위도 높고 마케팅에도 찰떡인 종이란 사람들의 상상 속에만 존재한다는 사실이 얼마 가지 않아 명확해졌기 때문이다.

문제는 다름 아닌 직접 보호 중심의 보존운동에 있었다. 특정 종에게 먹이를 제공하거나 잡아서 번식시키는 일은 급한 불을 끌 때 쓰는 방법일 뿐 그 종을 보호하거나 그 종이 살고 있는 생태계를 보호하는 데에 있어 장기적·지속적인 효과를 발휘하지 못한다. 농경지 확장으로 숲이 계속 줄어드는 상황에서 대왕판다들 앞에 대나무를 산더미처럼 쌓아주고 판다들을 잡아다 번식시켜봤자 야생 판다들이 살아가야 할 생태계가 더 풍요로워지지는 않는다는 뜻이다. 야생의 생태계가 더 풍요로워지지 않는다면 대왕판다의 숫자가 쉽게 늘어날 리도 없다. 마찬가지로 저인망 어업으로 엄청난 양의 물고기와 갑각류를 쓸어가며 상어와 돌고래와 바다거북을 위협하는 상황에서 아픈 바다거북을 치료해 바다로 돌려보낸다 한들 커다란 효과를 보기는 어렵다.

나아가 세상에는 마케팅 효과가 뛰어난 동물들보다 훨씬 어려운 처지에 처한 동물이 많다. 북극여우를 한번 살펴보자. 신비로운 순백색 털을 뽐내는 북극여우는 오늘날 세계자연기금이 전면에 내세워 모금 활동을 하는 유명한 깃대종 가운데 하나이지만 멸종 위기에 놓여 있지는 않다. 심각한 멸종 위기에 몰린 종을 제쳐두고 북극여우와 같은 비교적 안전한 종을 내세워 보존운동을 하는 일은 20세기 보존운동의 관점에서 볼 때 용납

할 수 없는 행위였다.

더군다나 깃대종들은 서로 경쟁하는 경우가 허다하다. 한 가지 깃대종의 숫자를 늘리면 다른 깃대종의 숫자가 줄어들 수도 있다는 뜻이다. 이를테면 어느 깃대종이 다른 깃대종을 잡아먹으며 살 수도 있다(예를 들어 북극곰은 북극여우를 잡아먹는다). 이처럼 일방적인 포식 관계가 설정되지 않는다 해도 비슷한 먹이를 놓고 깃대종들끼리 경쟁하는 경우가 많다. 아프리카 사바나의 사자 숫자를 늘리면 또 다른 깃대종인 치타의 삶이 그만큼 어려워진다.

이와 같은 이유로 깃대종이라는 말은 출현하자마자 많은 비판을 받게 되었다. 사람들은 깃대종 보호 운동을 해봤자 환경이나 생물다양성 보존에 도움이 되지 않는다며 깃대종 중심이 아닌 다른 운동 방식을 찾아야 한다고 주장했다. 또한 깃대종을 대단히 까다로운 조건에 따라 선정하려는 시도도 이어졌다. 멋지고 아름답고 귀여운 동물 중 생태계에서 중요한 역할을 수행하고 멸종 위기에 처해 있으며 이 종을 보호하는 와중에 다른 동물들도 혜택을 볼 수 있는 동물을 찾아내겠다는 것이었다. 이와 같은 노력이 대체로 실패로 돌아갔음은 쉽게 짐작이 간다.

이처럼 20세기의 깃대종 개념은 생물다양성 보존단체와 운동가들, 관련된 학자들, 자연을 위해 시간과 노력과 돈을 쓰고 싶어 안달이 난 대중들, 그리고 나날이 숫자가 줄어들고 있는 지구의 여러 동물들 중 누구도 만족시키지 못하는 어정쩡한 개념으로 남아 있었다. 하지만 21세기에 들어 상황이 달라졌다. 지난 수십 년간 생물다양성 보존운동이 꾸준히 진화한 결과로 깃대종 개념이 비로소 제자리를 찾게 된 것이다.

오늘날의 생물다양성 보존운동도 미숙한 면이나 혼란스러운 부분을 가지고 있지만 20세기에 비해 비약적인 발전을 이룬 것만은 사실이다. 무엇보다 최근의 생물다양성 보존운동은 특정한 종의 숫자를 늘리는 데 집중하기보다는 다양한 종들이 어울려 살아갈 수 있도록 이들의 서식지를 보호하는 방식으로 전개된다. 충분한 면적의 국립공원과 보호구역을 지정한 뒤에 그곳에서의 사냥, 벌목, 화전, 방목 등을 금지하는 방법이다. 여기에 적절한 규모의 관광객을 유치한다면 보호구역의 가치를 높이고 생태계 보존에 필요한 자원을 획득할 수도 있다.

이처럼 서식지 중심의 보존운동을 펼친다면 깃대종 동물은 해당 서식지에서 가장 중요한 역할을 수행할 필요도 없고 멸종 위기에 처해 있을 필요도 없다. 심지어는 해당 서식지에 가장 널리 퍼져 사는 동물일 필요도 없다. 단지 그 서식지, 국립공원, 보호구역을 대표해 사람들의 마음을 움직이는 홍보대사이자 마스코트로서 기능하면 된다.

이에 더해 오늘날에는 후원금을 모금하는 방법과 모금한 돈을 사용하는 방법이 보다 유연해졌다. 앞서 살펴보았듯이 과거에는 특정한 깃대종을 내세워 모금을 할 경우, 모인 돈은 전부 그 깃대종을 위해 써야 했다. 요즘도 깃대종을 내세우는 것까지는 옛날과 다를 바가 없다. 하지만 모금된 돈을 반드시 해당 깃대종에게만 쓰지 않아도 되도록 몇 가지 새로운 모금 방식이 활용되고 있다.

먼저 모금 운동을 전개할 때 일종의 상한선(threshold)을 설정하는 방법이 있다. 즉 반달곰을 내세워 모금 운동을 전개하되 후원액이 미리 정해놓은 상한선을 넘기면 그 이상의 금액은 다른 종의 보존이나 서식지 보존을 위해 사용할 것임을 후원자들에게 미리 양지시키는 것이다. 깃대종의 매력을 이용해 대중의 참여를 극대화하면서도 모인 돈은 이를 가장 필요로 하는 곳, 특히 인기는 없지만 보호가 필요한 종이나 보존이 시급한 서식지를 보호하는 데 쓸 수 있도록 하는 방법이다. 후원금의 용처를 정직하게 밝힌 모금 방법이므로 사람들의 원성("나는 반달곰한테 기부했다고요! 왜 내 돈을 넙치 따위에 쓴 거예요? 돈 돌려줘요!")을 살 일도 없다.

나아가 후원 대상을 동물이 아닌 보존운동 단체로 설정하는 방법도 있다. 즉 반달곰을 내세워서 모금 운동을 전개하되 "반달가슴곰을 돕고 싶으신가요? 우리 단체를 후원하세요. 우리는 반달가슴곰을 비롯해 우리나라의 수많은 멸종 위기 동물의 보존에 전력을 다하고 있습니다"라고 명시하는 방식이다. 역시나 후원금을 유연하게, 생물다양성 보존을 위해 가장 도움이 되는 방면에 시의적절하게 활용할 수 있도록 하는 기법이다.

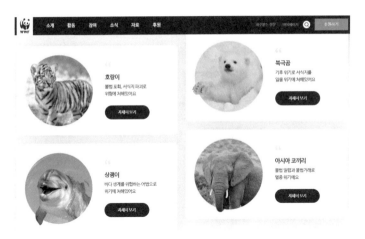

자료: WWF Korea 홈페이지

세계자연기금의 '홈페이지 상단 〉후원 〉멸종동물보호'로 들어가 탭을 선택하면 위와 같은 화면이 제시된다. 이 화면을 보면서 '나는 저 귀여운 북극곰을 도울 거야!'라며 북극곰 '자세히 보기' 탭을 누르면 "WWF는 기후 위기를 완화하고 회복력을 강화하며, 전 세계적으로 기후 위기에 대응할 수 있도록 국제적인 차원에서 다양한 이해관계자들의 기후 행동을 강화할 수 있도록 협력하고 있습니다"라는 식으로 후원금의 용처가 제시된다. 여기서 '후원 신청하기'를 누르면 북극곰 후원이 아닌 WWF에 대한 정기후원 안내 페이지로 넘어간다. 깃대종을 활용하여 사람들의 마음을 움직이되 후원 대상은 깃대종이 아닌 보존단체로 설정해 모금된 돈을 적절하게 사용할 수 있도록 한 것이다.

바다거북과 블루 트랜스포메이션과 지구의 깃발 _____

오늘날의 생물다양성 보존운동은 보존 기법과 후원금 활용 방식의 진보 외에 또 한 가지 결정적인 변화를 겪고 있다. 더 이상 종의 보존이나 서식지 보존 등의 직접적인 활동에만 얽매이지 않고 대중과 산업계, 정부의 환경 인식 변화와 광범위한 친환경 활동의 촉진을 목표로 삼게 된 것이다. 이 또한 수십 년간 다양한 지식과 경험이 쌓여서 나타난 긍정적 변화로, 생물다양성 보존운동을 한층 더 실질적이고 효과적으로 만들어주고 있다.

이를 확인하는 측면에서 바다거북 보존 문제를 한번 살펴보도록 하자. 사람들이 바다거북을 사냥하지 못하게 하고 바다거북 알을 가져다 먹지 못하게 하면 바다거북의 숫자가 어느 정도 늘어날 수 있다. 바다거북의 목숨을 위협하는 가장 무서운 흉기인 저인망 그물의 구조를 개선해 바다거북이 빠져나갈 구멍을 만들어주는 것도 커다란 도움이 된다. 하지만 이와 같은 활동의 한계 또한 뚜렷하다. 바다거북뿐만 아니라 수많은 해양 동물들에게 가장 큰 위협이 되는 것은 다름 아닌 인간의 상업적 어업 활동 그 자체이기 때문이다.

어업이 바다 생태계를 어떻게 위협하고 있는지는 상업적 어업의 한 종류인 저인망 어업 부문만 살펴봐도 알 수 있다. 저인망 어업은 수많은 물고기와 갑각류를 싹쓸이해서 끌어올린 뒤 목표로 삼은 종을 제외하고는 바다에 버리는 방식으로 수행된다. 물고기를 잡아 운반, 분류, 가공, 판매 등의 과정을 거쳤을 때 돈이 되는 어종은 소수에 불과하기에 손해가 나는 물고기는 끌어올리자마자 다시 바다에 던져버리는 것이다. 고속으로 항해하는 어선의 그물에 엮여 몇 시간을 끌려다니다 보면 거북이와 돌고래처럼 물 위로 올라와 숨을 쉬어야 하는 동물은 질식사하고 물고기와 갑각류 등도 죽은 채로 끌려 올라오거나 바다에 버려진 뒤에 죽는다. 특히 새우잡이 저인망 어업의 경우, 새우 1킬로그램을 획득하는 과정에서 다른 해양 동물 5.7킬로그램을 이와 같은 '잡획(bycatch)'으로 처분하는 것으로 알려져 있다.

상업적 어업 전반으로 시야를 확장해보면 문제는 더욱 명확해진다. 20세기 말에 작성된 세계자연기금의 보고서에 따르면 인류는 상업적 어업을 통해 바다 생태계가 견딜 수 있는 양, 즉 5대양의 물고기들이 일정한 숫자를 유지할 수 있도록 보장하는 양의 2.5배를 잡아들이고 있었다. 물고기들이 숫자를 유지할 수 있는 범위 안에서 행해지는 어업을 흔히 '지속가능한 어업'이라 부른다. 물고기 숫자가 유지되니까 100년, 200년 뒤에도 똑같이 고깃배를 띄울 수 있다는 뜻이다. 하지만 20세기 말의 어업 행태는 당장 20년, 30년 뒤에 해양 생물의 씨가 마르지 않을까 걱정해야 하는 지속 불가능한 어업이었다. 따라서 우리가 바다거북을 비롯해 수많은 해양 동물을 지키는 방법은 이처럼 바다의 생명 총량을 깎아 먹는 지속 불가능한 어업을 잡획과 남획이 없는 지속가능한 어업으로 바꾸는 것이다.

지속가능한 어업이라는 개념 또는 목표는 결코 허황된 몽상이 아니다. 바로 이 순간에도 세계는 이 목표를 향해 차근차근 나아가고 있기 때문이다. 예를 들어 세계 인구는 갈수록 증가하고 1인당 물고기 섭취량도 꾸준히 증가하고 있지만 놀랍게도 세계의 어선 선단 수는 21세기 들어 계속 감소하고 있다. 또한 유엔 식량농업기구에 따르면 2022년 세계 총 어획량의 82.5퍼센트가 지속가능한 어업으로 획득되는 것으로 나타난다(단, 어획량 기준 10대 어종인 멸치, 명태, 가다랑어, 청어, 황다랑어, 청대구, 정어리, 고등어, 대구, 갈치로 제한했을 때는 총 어획량의 66.7퍼센트만 지속가능한 어업으로 획득되는 것으로 나타난다).

이처럼 신기한 일이 벌어지는 이유는 양식 어업의 성장에서 찾을 수 있다. 1990년대에 양식 어업은 총 어업 생산량의 20퍼센트를 차지할 뿐이었지만 2022년에는 전통적인 어업과 비슷한 양의 식량(8,800만 톤)을 생산하기 이르렀다. 물론 양식 어업 또한 환경오염이나 생태계 교란 등 나름의 문제를 가지고 있는 것이 사실이다. 하지만 잡획과 남획을 크게 감소시키는 양식 어업은 인간과 동물이 공존하는 미래를 위해 반드시 성장시키고 개선해나가야 할 산업이라고 할 수 있다.

양식업의 발전에 더해 양식 수산물을 애용하고 식량 낭비를 최소화하며 건강한 식단을 유지하려는 소비자들의 노력이 합쳐진다면 인간과 지구의 바다가 모두 행복한 미래를 맞이할 수 있다. 사람들이 어업으로부터 더욱 많은 영양분을 얻지만 해양 생태계는 오히려 더 풍요로워지는 놀랍고도 아름다운 미래

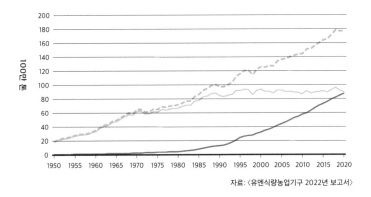

— 전통 어업 생산량 　— 양식 어업 생산량 　--- 전통 어업과 양식 어업을 합친 총생산량

자료: 〈유엔식량농업기구 2022년 보고서〉

유엔식량농업기구 2022년 보고서에 실린 위 그래프는 1950년부터 2020년까지 세계 어업 생산량 추세를 보여준다.

파란 선은 전통적인 어업의 생산량, 빨간 선은 양식 어업 생산량, 녹색 점선은 두 생산량을 합친 총생산량을 나타낸다. 지난 30년간 인구가 30억가량 증가하는 와 중에도 전통 어업 생산량이 답보 상태를 유지할 수 있었던 것은 양식 어업의 성장 때문이라 해도 과언이 아니다. 그래프를 보면 알 수 있듯이 양식 어업의 성장세는 아직 꺾일 기미가 보이지 않는다. 이는 양식 어업이 향후 더 많은 사람에게 식량 을 제공할 뿐만 아니라 전통 어업과 목축업 등 환경에 악영향을 미치는 산업을 일 부분 대체할 수 있으리라는 점을 시사한다.

인 것이다. 유엔식량농업기구는 이와 같은 변화의 흐름에 '블루 트랜스포메이션(blue transformation)'이라는 멋진 이름을 붙였다.

이처럼 바다거북을 살리기 위해서는 바다거북을 돕는 일 보다 훨씬 더 커다란 일을 해내야 한다. 그리고 우리가 이와 같 은 거대한 변화의 과정을 힘차게, 확신을 가지고, 꾸준히 이루 어나가는 데 있어 가장 중요한 역할을 하는 존재가 바로 바다거 북이다. 바다거북은 우리의 관심과 사랑, 경의와 이상, 연민과 보호본능이 향하는 구체적인 대상이 되어 해양 생태계를 위한 행동을 촉진하고 관련된 정책에 지지를 촉발하는 바다의 깃대 종이다.

바다거북과 같은 지구의 깃대종들은 이처럼 자연에 대한 관심과 사랑을 증폭시키고 생태계를 바라보는 눈을 각성하게 만들어 결국은 온 세상을 움직일 만한 변화의 흐름을 만들어낼 수 있다. 이와 같은 깃대종의 초월적인 힘을 이해하게 된 현대 의 연구자들과 운동가들은 이제 깃대종의 본질이 강력한 호소 력이라는 사실을 깨닫게 되었다. 깃대종의 진정한 역할은 사람 들을 각성시켜 친환경 행동을 하게 하고 자연보존단체를 후원 하게 하며 각종 친환경 기술과 정책의 발전을 촉진하는 것이다.

이쯤 와서 생각해보면 '플래그십 스피시스(Flagship Species)' 를 기함종도 아니고 깃발종도 아닌 '깃대종'으로 번역한 것은 훌륭한 초월 번역의 사례가 아닌가 싶다. 지금까지 살펴보았듯 이 'Flagship Species'라는 말은 20세기에는 기함종을 뜻했지만

21세기에는 깃발종에 더욱 가까워졌다. 하지만 바다거북과 북극곰 같은 동물들을 나타내기에는 깃발보다 깃대가 훨씬 적절한 표현일 것이다.

지구의 여러 매력적인 동물들은 자신의 존재 위에 다양한 보존운동의 깃발을 달 수 있고, 인간이 이루어내야 할 다양한 변화를 상징할 수 있다. 한 번에 여러 개의 깃발을 달아도 끄떡없다. 우리가 깃대종 동물들에게 맡기는 중대한 역할은 이들에게 아무런 부담이 되지 않는다. 깃대종과 강렬한 유대관계를 맺고 다양한 깃발을 다는 등의 어려운 일은 무조건적 사랑과 초월적인 정신 과정으로 무장한 인간의 몫이니까.

북극여우
Arctic fox

자료: Unsplash, Jonatan Pie

서식지　북극권.

생태　설치류를 주식으로 삼음. 고개를 갸우뚱거리며 눈 밑을 기어가는 쥐의 소리를 탐지한 뒤 높이 점프해 눈 속으로 다이빙해 들어가는 사냥 기술을 선보임. 서식 범위의 최북단에 서식하는 북극여우는 연중 흰색 털빛을 유지하지만 이보다 남쪽에 사는 녀석들은 계절에 따라 청색과 흰색을 오감.

보존　안전(LC). 이름에 '북극'이라는 살기 힘든 동네가 명시되어 있기에 멸종 위기에 몰려 있을 듯하지만 지금 이 순간에도 러시아, 캐나다, 미국 알래스카 등지에서 수십만 마리의 북극여우가 먹잇감을 노리고 눈 속으로 다이빙하고 있음. 단 스칸디나비아반도 등 일부 지역의 북극여우는 개체 수가 크게 줄어들어 해당 지역에서 멸종위기종으로 보호받고 있음.

매력　귀엽고 아름다운 외양 때문에 보존 상태와는 관계없이 우리에게 강한 영향력을 행사함. 개과 동물 특유의 친근함 또한 강점.

역할　연약한 북극권 생태계를 상징하며 지구온난화가 초래할 가장 가슴 아픈 상실 중 하나로 인식됨.

짓대종과 나, 아름다운 관계 맺기

네 가지 일방적 구애

앞서 우리는 깃대종이란 무엇이고, 어떤 동물이 깃대종의 위치에 오르며, 깃대종을 사랑하는 인간의 마음은 어떠한지 알아보았다. 이제부터는 인간이 깃대종들을 향해 평소에 어떤 구애의 몸짓을 하는지 공감, 소통, 탐색, 초청 네 가지 키워드로 묶어 살펴보자.

우리는 무조건적 사랑, 즉 돌려받을 마음 없이 아낌없이 주는 사랑을 갖고 동물들에게 다가간다. 동물들이 우리를 이해해줄 것이라는 기대 없이 동물을 이해하려 하고, 동물들이 우리를 반겨주리라는 기대 없이 동물에게 다가가거나 동물을 우리 곁으로 불러오려고 하니, 간혹 애도 많이 타고 다 그만두고 싶을 때도 있다. 하지만 이와 같은 일방적인 노력과 구애야말로 인간과 자연의 관계를 아름답게 만들고 미래에 대한 희망을 품게 만든다.

반면 우리가 이처럼 선한 마음 씀씀이와 심리적 능력을 보인다 해서 인간과 동물 모두에게 해를 끼치는 성향(시어도어 루스벨트가 아프리카에서 보여준 성향)을 완전히 버렸다고 생각해서는 안 된다. 인간은 선한 쪽으로든 악한 쪽으로든 커다란 영향력을 발휘할 수 있는 강력한 심리적 존재다. 우리는 어떤 식으로 동물들에게 다가가고 그들과 공존해야 할까?

깃대종에
공감하기

교감이라는 멋진 단어가 가장 멋지게 쓰이는 상황은 우리가 동물과 교감한다고 말할 때다. 말 못하는 동물들과 마음이 통한다고 느낄 때만 경험할 수 있는 특별한 온기가 있기 때문이다. 그것은 세상 모든 존재가 서로를 감싸 안는 듯한 아늑함에서 비롯되는 온기다.

그러나 교감이라는 말은 동물과 내가 밀접한 관계를 맺고 마음을 나누며 활동을 함께할 때만 쓸 수 있는 말일 것이다. 즉 교감은 인간과 반려동물 사이에서나 일어나는 달콤한 마법과 같은 일이지, 인간과 야생동물 사이의 일반적인 관계 양상이라 하기 힘들다. 하지만 공감은 다르다. 동물의 마음에 공감하는 일은 언제 어디서나 가능하고 심지어 밀접하게 접촉하지 않는 동물들과도 가능하다. 자연 다큐멘터리를 보면 동물 주인공들의 행동 하나하나, 마음 구석구석을 자연스럽게 이해할 수 있지 않은가?

이처럼 동물의 마음을 이해하는 능력 또한 인간이 가진 슈퍼파워라 할 수 있다. 물론 어느 정도 조건이 제한될 수는 있다. 우리가 아무리 슈퍼파워를 가지고 있다 해도 우리와 감정의 구조가 현저히 다르거나 사회적 습성이 너무 다른 동물들, 이를테면 참치나 거미, 카멜레온에게 공감하기는 힘들다.

반대로 사람과 비슷한 정서를 경험하는 동물 또는 습성과 사회적 행태가 사람과 비슷한 동물에게는 공감하기 쉽다. 높은 수준의 지능을 보이는 동물의 경우도 마찬가지다. 예를 들어 우리는 유인원들의 행동과 심리에 쉽게 공감할 수 있다. 유인원의 모방 학습 능력이나 도구를 활용하는 능력 등을 보면 이들이 동물보다 인간에 가깝다는 느낌마저 받을 수 있기 때문이다. 침팬지는 몇 가지 퍼즐을 사람보다도 훨씬 잘 풀고 사람과 음성 신호로 소통할 수 있으며 용도에 맞게 나무 막대기를 변형시켜(즉 간단한 도구를 만들어) 사용할 줄 안다. 최근에는 모유 수유에 어려움을 겪은 오랑우탄 어미가 인간의 시범을 보고 관찰학습(인간의 특장점 가운데 하나다)을 하여 수유에 성공했다는 소식도 들렸다("초보 엄마 오랑우탄의 기적, 사육사 시범 보더니 달라졌다", 〈한국경제신문〉).

나아가 침팬지 연구의 세계적 권위자인 제인 구달은 침팬지가 부끄러움과 죄책감 같은 '인간적인' 정서를 보인다고 보고하기도 했다. 부끄러움과 죄책감을 느끼기 위해서는 다른 이들의 눈으로 내 행동을 평가할 줄 아는 고도의 인지능력이 필요하다. 제인 구달의 연구 이전에는 오직 인간만이 부끄러움과 죄책감을 경험하고 표현할 수 있다는 관념이 널리 퍼져 있었다. 우리는 어떤 동물이 고통을 느낀다는 사실을 깨닫기만 해도 그 동물을 위해 목소리를 높이곤 한다. 하물며 수치심과 죄책감을 느끼는 유인원들 앞에서는 무엇이 인간과 동물을 구분하는 경계가 되는지, 인간과 동물을 차별하는 것이 가당키나 한 일인지 철학적 고민에 빠지지 않겠는가?

코끼리와 슬픔 나누기

비단 유인원 말고도 우리는 찡하게 동물과 마음이 통하는 느낌을 받곤 한다. 먼저 코끼리를 살펴보자. 겉모습만 놓고 본다면 대지를 진동시키는 네 발 거수인 코끼리와 코끼리 다리 한쪽도 안 돼 보이는 인간 사이의 공통점을 찾기란 쉽지 않다. 하지만 코끼리는 뛰어난 인지능력과 사회성을 보이기 때문에 우리는 코끼리의 행동을 이해할 뿐만 아니라 그로부터 벅찬 감동을 받기도 한다.

　코끼리는 거울에 비친 모습이 자기 모습이라는 것을 알아차릴 수 있는 몇몇 동물 가운데 하나다. 이는 심리학자들이 '자기 지각 능력(self awareness)'이라고 부르는 고도의 인지능력이다.

사람이 거울을 보고 머리를 만지거나 면도를 할 수 있는 것은 사실 대단한 인지능력의 발로다. 이러한 일을 해내려면 나의 주관적 감각(팔을 움직이는 감각, 얼굴을 만지는 감각 등)과 거울 속 형상의 움직임을 머릿속에서 자연스럽게 연결할 수 있어야 한다. 이는 '나'의 객관적 모습을 상상할 수 있는 능력이자 고도의 인과추론능력으로, 나와 세계를 다양한 방식으로 연결하는 지성의 기초가 되는 능력이라 할 수 있다.

　　코끼리 이마에 몰래 스티커를 붙여놓았다고 생각해보자. 그런 다음 코끼리에게 거울을 가져다주면 코끼리는 다음과 같은 네 단계의 행동을 보인다. 먼저 거울에 비친 자기 모습한테 인사를 건넨다("안녕 새로운 코끼리야. 우리 악수할까?"). 그러다가 뭔가 이상하다는 사실을 깨닫고 거울을 코로 만지작거린다. 다음으로 거울 앞에서 각종 포즈를 취하며 거울 속 코끼리가 자기와 똑같은 행동을 보인다는 사실을 확인한다. 결국 모든 상황을 이해한 코끼리는 거울을 보고 이마에 붙은 스티커를 떼버린다("이건……, 나야! 그런데 이마에 누가 이상한 것을 붙여놨잖아?").

　　코끼리의 높은 인지능력은 곧 이들의 높은 사회성으로 연결된다. 예를 들어 코끼리는 사람이나 유인원은 아니지만 '손길'을 가지고 있는 동물이다. 유명한 동요에 나오듯이 코끼리에게는 코가 손이다. 코끼리는 부드럽게 코로 서로를 어루만지며 교감하고 오랜만에 만난 코끼리와는 코를 꼬아서 악수를 나눈다. 어미가 새끼를 데리고 다닐 때도 코를 이용해 새끼를 지도

코끼리는 가족이나 친지를 만났을 때, 좋아하는 사람을 만났을 때 코로 악수를 청한다.

편달한다.

코끼리의 코는 발성 기관이기도 하다. 사람이 노래를 부를 때에 두개골이 울리는 소리를 내거나 코가 울리는 소리를 섞어서 노래할 수 있는 것처럼 코끼리도 코를 이용해 다양한 소리를 낼 수 있다. 코끼리가 서로의 존재를 알리거나 멀리 떨어진 식구를 부르기 위해 있는 힘껏 팡파르를 불면 무려 10킬로미터 바깥의 코끼리들도 그 소리를 들을 수 있다.

코끼리는 도구를 만들어 쓸 줄 아는 몇몇 동물 가운데 하나다. 코끼리는 나무를 쓰러뜨린 뒤 앞발로 줄기를 밟고서 코로 적당한 크기의 가지를 뜯어낸다. 그렇게 뜯어낸 가지는 벌레를 쫓는 파리채로 쓰거나 가려운 곳을 긁는 효자손으로 쓴다. 코끼리는 물을 찾아 우물을 팔 줄 알고, 물을 마신 뒤에는 나무껍질을 씹어서 코끼리용 코르크 마개를 만든 다음 구멍에 덮어 놓는다. 그리고 다음 날에 같은 자리로 돌아와 마개를 치우고 물을 마신다.

또한 코끼리는 75년을 살면서 머나먼 거리를 이동하고, 그 광대한 지역에 대한 정보를 대부분 기억한다. 언제 어디에 가면 물이 있는지, 강줄기가 계절의 주기에 따라 어떻게 변하는지, 어느 쪽에 산이 있고 어디에 먹을 만한 나무가 얼마나 자라는지 등을 코끼리는 모두 기억한다. 이와 같은 정보는 코끼리 무리 안에서 대를 이어 전수된다.

서로서로 손길로 교감하고 지식과 정보를 대대손손 전수

하는 등 오랜 시간 끈끈한 무리를 이루어 함께하는 동물이기에 코끼리는 인간의 가슴을 먹먹하게 하는 아주 독특한 행동인 애도 행위를 보이기도 한다. 코끼리 무리는 병들어 죽어가는 코끼리를 돕기 위해 멀리서 달려오고 아픈 코끼리를 손길로 어루만진다. 코끼리가 죽고 나면 무리는 그 주위에 둘러서서 침묵의 시간을 갖곤 한다. 코끼리는 죽은 코끼리 곁으로 자주 돌아와 사체에 관심을 보이거나 곁에 우두커니 서서 시간을 보내며 간혹 사체 위로 흙이나 나뭇가지를 뿌리기도 한다. 코끼리 사체 주변에서는 코끼리들의 사회적 행동이 부쩍 증가하는데 이는 우리가 장례식장에서 고인의 지인들과 위로를 주고받는 것과 유사해 보인다.

코끼리가 과연 비통함과 애도의 감정을 느끼기 때문에 이와 같은 행동을 하는지, 아니면 단순히 본능적으로 동족의 죽음에 관심을 갖는 것뿐인지는 확실하지 않다. 개인적으로는 이와 같은 행동을 애도 정서라고 보지 않을 이유가 없다고 생각한다. 코끼리의 애도 행동을 보고 "저 코끼리들을 좀 봐. 얼마나 슬프면 저럴까?"라고 말하는 것은 분명 성급한 의인화에 가까울 것이다. 하지만 코끼리가 사람과 비슷한 애도 감정을 느끼는지 확인하고 싶은 것 또한 인간 중심적인 사고방식이라 할 수 있다.

인간이 느끼는 애통함은 인간의 마음과 신체에 특이한 반응을 불러일으킨다. 가슴이 저리고 먹먹하며 생각과 행동이 굼떠지고 눈물이 끝없이 나오거나 통곡을 하는 등의 반응이다. 이와 같은 정서 반응은 인간의 신경계와 신체에 맞게 개조된 반응이자 경험이다. 즉 코끼리의 애통함은 꼭 이와 같은 느낌과 행동일 필요가 없다. 만약 코끼리가 코끼리만의 어떠한 느낌이나 감각 혹은 본능적 충동 때문에 애도 행동을 보인다면 그것이 바로 코끼리의 애도 정서라고 정의해야 하지 않을까.

돌고래와 함께 놀기

대지를 누비는 코끼리의 모습에 취해보았으니 이제 푸른 바다를 가르는 돌고래의 모습에 빠져들어보자. 돌고래 또한 여러 매력을 가진 깃대종이다. 돌고래의 매끄러운 몸통과 시원한 수영 솜씨는 우리로 하여금 바다를 꿈꾸게 만든다. 또한 돌고래의 동그랗고 귀여운 이마 속에는 뛰어난 인지능력과 사회성의 밑바탕이 되는 커다란 뇌가 담겨 있다. 돌고래는 1,000마리 이상 무리를 이룰 수 있고 "깨깨깨" 하는 소리를 내며 서로 잘 소통하면서 다양한 방면에서 놀라운 협동 능력을 보여준다.

이와 같은 돌고래의 여러 매력이 한데 어우러져 나타나는 멋진 특징이 바로 돌고래의 '쾌활함'이다. 돌고래가 쾌활하다는 것은 돌고래가 잘 웃는다는 뜻이 아니라(돌고래가 물 위로 얼굴을 내놓고 "깨깨깨" 하며 입을 벌린 모습을 '웃는다'라고 표현하는 것은 지나친 의인화라 할 수 있다) 돌고래가 잘 논다는 뜻이다. 우리는 바다를 헤엄치던 돌고래가 물 위로 뛰어올라 몸을 세 바퀴씩 돌리는 모습을 보며 감동과 기쁨, 동경을 느끼곤 한다.

코끼리가 애도의 감정을 느낀다는 점에 대해 논쟁이 있었던 것처럼 돌고래가 논다는 것에 대해서도 많은 논쟁이 있다. 물론 돌고래의 놀이에 대해서 우리가 흔히 착각하는 부분이 많은 것도 사실이다. 돌고래 무리가 물 위를 '달리는' 모습을 보고 "돌고래들이 집단으로 놀고 있어!"라고 말하는 것이 대표적이다. 이는 포퍼싱(porpoising, 자동차나 비행기가 위아래로 진동하는 것을 가리키는 말이기도 하다)이라 불리는 돌고래들의 영법이다. 우리가 돌고래와 같은 엄청난 추진력을 가지고 수영한다고 가정해보면 이 추진력을 물속에서만 발휘할 이유가 없다. 물속에서 수영하면 저항이 심하니까 차라리 물 위로 날아가듯이 수영하면 훨씬 빠르게 갈 수 있다. 즉 물 위를 달리는 돌고래들은 최대한 빠르게 수영하며 집단으로 사냥에 나선 것이지 놀고 있는 게 아니다.

또한 돌고래들이 간혹 배 뒤를 따르며 배가 일으킨 물살에 웨이크 보드를 타는 것처럼 보이는 것도 노는 게 아니다. 사실 돌고래들은 배가 일으킨 물살을 타는 것이 아니라 배가 물을 갈라준 틈으로 수영을 하는 것이다. 이렇게 하면 저항이 덜해서 수영하기가 더 좋다.

하지만 돌고래가 수영을 하다 물 위로 뛰어올라 몸을 네 바퀴씩 돌리는 것은 사정이 다르다. 물 위를 달리듯이 수영하는 것은 빠르게 수영하는 데 이롭다고 쳐도 물 위로 최대한 높이 점프해서 몸을 네 바퀴나 비트는 것은 대체 무엇 때문일까?

해양생물학자들의 의견이 분분한 지점이 여기다. 어떤 학

"우린 지금 노는 게 아니라고요!"

자들은 이것이 돌고래들의 놀이라고 생각한다. 즉 돌고래는 공중제비에 재미를 느껴서 자꾸 공중제비를 돈다는 것이다. 이와 비슷하게 돌고래들이 흥미, 즐거움, 행복감을 느낄 때 공중제비로 이를 표현한다는 의견이 있다. 반면 다른 학자들은 돌고래들이 몸에 들러붙은 오만 잡것을 털어내기 위해 공중제비를 돈다고 주장한다. 즉 공중제비는 돌고래가 몸단장하는 행동 또는 건강을 관리하는 행동이지 놀이가 아니라는 것이다. 어떤 학자들은 공중제비가 돌고래의 짝짓기 신호라고 여기기도 한다. 이들에 따르면 수면을 박차고 올라 멋진 곡예를 선보이는 돌고래는 사실 자신의 우수한 신체적 능력을 이성에게 어필하고 있는 중이다.

여러 가설 중 어느 쪽이 옳은지 우리는 아직 알지 못한다. 하지만 나는 돌고래의 멋진 공중제비가 놀이인지 아니면 몸 털기인지 그도 아니면 짝짓기인지를 구분하려는 것 또한 인간 중심적인 사고방식이라고 생각한다. "이건 짝짓기니까 놀이라고 볼 수 없어"라고 단정 짓는 것은, 놀이는 인간만이 할 수 있는 순수한 자기 목적적인 고차원 활동이므로 몸단장이나 짝짓기와 같은 본능적 행동과는 배척된다는 관념의 산물이다.

하지만 사람의 놀이도 사실은 재미만을 추구하는 순수한 자기 목적적 활동이라고 볼 수 없다. 지그문트 프로이트 이후 여러 심리학자들이 이렇게 경고해오지 않았는가. "사람이 하는 일 가운데 짝짓기가 아닌 게 있다고 생각해?"

이는 사람이 하는 모든 일이 전적으로 짝짓기 행동에 불과하다는 뜻이 아니라 인간이 보이는 여러 행동이 짝짓기의 성격을 다소간 띠고 있다는 점을 지적하는 것이다. 사실 우리는 놀이와 짝짓기를 굳이 구분하려는 노력조차 하지 않는다. 사람들이 스포츠 경기를 즐기거나 노래방이며 클럽에서 파티를 즐길 때 우리는 "이것은 아무리 봐도 짝짓기이지 놀이가 아니네요"라고 말하지 않는다. 놀이는 가장 효과적인 짝짓기 행동이라 할 수 있고, 짝짓기 욕망은 놀이의 가장 중요한 원천 가운데 하나라 할 수 있다.

또한 인간의 여러 행동에는 어느 정도 건강을 관리하고자 하는 측면이 있다. 다양한 스포츠를 포함한 많은 놀이가 상당한 신체 활동을 동반한다는 사실을 잊지 말자. 아이들이 놀이터에서 미끄럼틀을 타고 놀 때 "이건 노는 게 아니라 애들이 건강하게 자라려는 본능이 발현된 거야"라고 말하는 사람은 없을 것이다. 놀이는 가장 효과적인 건강관리 행동이고, 건강하고자 하는 욕망은 놀이의 중요한 원천 가운데 하나라 할 수 있다.

인간의 행동에 대해서는 이와 같은 다면성을 인정할 뿐만 아니라 문학이나 예술의 소재로 삼거나 숭상하기까지 하면서 동물의 행동에는 일말의 복합성도 용납하지 않는 태도는 인간 중심주의일 수밖에 없다. 돌고래도 짝짓기 행동이자 놀이로서 공중제비를 돌 수 있다. 짝짓기 행동을 신나게 하면 그것이 놀이고, 짝짓기 행동으로 시작했는데 공중제비를 도는 것이 그저 신나서 계속하게 되면 그것도 놀이다. 기생충을 털어내려고 몸을 비틀다 보니 효과도 좋고 재미도 느껴져서 또 하게 된다면 그것도 놀이일 것이다. 그렇다면 돌고래의 공중제비는 이들의 쾌활함과 활력을 상징하는 놀이 행위라고 결론을 내려도 영 틀린 말은 아니지 않을까.

상괭이와 함께 바다를 꿈꾸기

쾌활한 매력을 지닌 여러 돌고래 중에는 우리나라 천해를 주요 서식지로 삼고 있기에 가히 토종 돌고래라 불러도 좋을 돌고래가 있다. 바로 상괭이다. 동그란 이마와 작은 눈을 가지고 있으며 사람이 웃는 모습과 꼭 닮은 입매를 가진 상괭이는 아주 귀여운 동물이다. 크기도 사람보다 작아 꼭 안아주고 싶을 정도다.

상괭이는 돌고래들의 환상적인 진화 여정을 상징하는 동물이다. 우리가 돌고래의 진화 여정에서 원초적인 매력을 느끼는 포인트는 이들이 육지에 살다가 바다로 옮겨간 동물이라는 점이다. 이것은 마치 정신분석학자 카를 융이 이야기한 신화적 테마인 '자궁 회귀 욕구'를 수천만 년의 아득한 시간 속에 생물학적 드라마로 펼쳐놓은 것 같다. 어쩌다 보니 우리 인간은 육지에 살게 되었지만 마음속으로는 깊고 어둡고 고요하고 아늑하며 모든 생명이 기원한 그곳으로 끌려 들어가고 싶어 한다는 '모태 회귀'의 원초적 판타지 말이다.

모든 돌고래와 고래는 포유류의 일종인 유제류(有蹄類)에

특유의 입매 때문에 상괭이는 웃는 돌고래라 불리기도 한다.

속한다. 이는 고래와 돌고래가 바다 생태계 이웃인 상어나 참치하고는 관련이 없고 오히려 지상의 기린, 소, 사슴, 멧돼지와 가깝다는 사실을 뜻한다. 실제로 돌고래나 고래와 가장 가까운 친척은 하마다. 돌고래는 서서히 바다로 이동해 아예 네 다리가 지느러미로 바뀐 사슴이고 고래는 뚱뚱해진 돌고래인 셈이다 (하마는 강에 적응한 까닭에 네 다리를 그대로 가진 채 고래 몸집이 된 멧돼지라 생각하자).

돌고래는 수천만 년에 걸쳐 바다를 지향하며 육지의 친척들하고는 완전히 다른 모습을 갖게 되었다. 돌고래의 진화 과정은 생물의 진화가 얼마나 커다란 변화를 가져올 수 있는지 보여주는 사례인 동시에 새로운 삶의 터전을 향한 생명의 위대한 여정을 상징하며, 과거를 돌아보지 않는 결연한 변화를 의미한다.

이처럼 돌고래는 바다에 사는 동물이라기보다는 여전히 바다로 이끌리는 동물로 인식된다. 또한 돌고래는 사람을 바다로 이끄는 동물이라고 여겨지는데, 이와 같은 관념을 바탕으로 한 영화가 〈그랑블루〉다. 영화의 주인공인 자크 마욜은 물속에만 들어가면 마치 돌고래처럼 심박수를 변화시켜 오래도록 숨을 쉬지 않아도 되는 타고난 프리다이버다(자크 마욜은 실존 인물로 위대한 프리다이버이자 이 영화의 각본가 중 한 명이다. 그가 만든 영화 속 자크 마욜 캐릭터는 과장된 부분이 많다). 끝없이 바다를 꿈꾸며 돌고래의 부름에 이끌리던 주인공은 결국 지상에서의 삶과 그곳에서 이룬 관계를 거부하고 돌고래가 내민 손을 잡은 채 몽환의 바다로 향하게 된다.

　그런데 바다를 향한 꿈으로 가득 찬 듯 보이는 돌고래의 진화 이야기에는 사실 마지막 반전이 숨어 있다. 돌고래들이 다시 육지로 돌아오려 했다는 것이다. 돌고래는 우리나라 서해나 남해와 같은 얕은 바다를 터전으로 삼아 간혹 강 하구를 거슬러 올라오는 상괭이가 되거나 아예 강에서 사는 아마존 분홍돌고래나 양쯔강돌고래가 되기도 했다. 우리나라 상괭이는 이처럼 돌고래의 진화 역사에서 가장 최근에 있었던 사건을 반영하는 독특한 종이다.

　삶의 터전을 찾아 망망대해로 나섰다가 다시 강을 거슬러 올라온 몽환적 여정의 주인공인 상괭이는 현재 멸종위기종(EN)으로 평가받는다. 깊은 바다에서 활기찬 삶을 영위하는 다른 돌고래 친척에 비해 상괭이, 양쯔강돌고래, 아마존 분홍돌고래처럼 얕은 바다와 하천에 서식하는 돌고래들은 대부분 멸종 위기에 몰려 있다. 이들이 살아가는 하천과 천해는 인간의 활동이 가장 많은 곳 가운데 하나이기 때문이다.

　상괭이들의 삶의 터전인 천해, 즉 얕은 바다는 인간의 어업이 가장 활발하게 일어나는 곳이다. 이러한 곳에 사는 돌고래들은 물고기 잡는 그물에 걸려 끌려다니다가 질식사하기 일쑤다. 앞서 2장에서 바다거북에 대해 이야기하며 등장했던 혼획의 문제가 천해에 사는 돌고래에게도 똑같이 발생하고 있는 것이다.

그리고 우리나라의 상괭이들은 혼획 외에 또 다른 중요한 이유로 위협받고 있다. 그것은 우리의 무지다. 우리는 상괭이가 우리나라 바다 어디 어디에 몇 마리나 살고 있는지 알지 못하고, 이들의 생태를 정확히 이해하지 못하며, 실제 어민들이 상괭이 혼획을 얼마나 하고 혼획한 상괭이를 어떻게 처리하는지도 잘 알지 못한다. 상괭이에 대해 아는 것이 이다지도 없으니 상괭이를 어떻게 보호해야 할지 명확한 방향을 설정하기도 힘들다.

만약 우리 자연에서 상괭이가 절멸된다면 이는 우리가 호랑이를 잃은 일과는 차원이 다른 비극이 될 것이다. 호랑이가 절멸당했을 당시에 우리는 나라를 잃은 국민으로서 우리 삶과 미래에 대한 자결권조차 가지고 있지 못했다. 경제 수준과 과학 기술 수준, 교육 수준도 오늘날과 비교할 바가 못 되었다. 그러니 일제의 정책에 떠밀려 호랑이 씨를 말린 것은 그럴 수 있는 일이라 치자. 하지만 오늘날 충분한 과학기술과 정책적·사회적 역량을 갖추고도 우리나라에 서식하는 귀여운 깃대종을 이대로 떠나보낸다면 우리 스스로가 용서할 수 없을 것이다. 귀여운 상괭이조차 지켜주지 못해서야 지금까지 무엇을 위해 발전을 거듭했다는 말인가?

이러한 생각 때문에 불안과 우울감을 느낀다면 지금 바로 행동에 나서보자. 세계자연기금처럼 상괭이 보호에 목소리를 내는 단체를 후원할 수도 있고 직접 나서서 목소리를 높일 수도 있다. 상괭이에 대한 연구 역량을 확충하라고 외치고, 혼획 피해를 최대한 경감시키기는 기술(상괭이가 빠져나갈 수 있는 어망 등)을 발전시키고 어민들이 이를 쉽게 활용할 수 있도록 지원을 제공하라고 외쳐보자. 우리의 목소리는 크고 널리 퍼져나가 상괭이에게 실질적인 도움을 줄 것이다.

침팬지
Chimpanzee

자료: Wikimedia Commons, Giles Laurent

서식지   서아프리카와 중앙아프리카의 숲속.

생태   서식지에 따라 독특한 모습을 보이는 네 가지 아종으로 구성됨. 기니와 코트디부아르 등지에 서식하는 서부침팬지는 육식 성향이 강한 사냥꾼이고, 가봉과 카메룬에 서식하는 중부침팬지는 과일을 좋아하며, 콩고민주공화국에 사는 동부침팬지는 잡식성이 두르러짐. 모두 침팬지의 뛰어난 적응력을 보여주는 습성임. 간혹 천적인 표범의 새끼를 공격하거나 다른 무리를 공격하는 등 공격적인 안보정책을 펼치기도 함.

보존   멸종위기종(EN). 네 가지 아종 중 서부침팬지는 심각한 위기종(CR)이며 다른 세 아종은 멸종위기종(EN)으로 평가됨. 아프리카 각지에서 농업 용지가 확장되며 심각한 서식지 파괴에 직면함.

매력   인간과 가장 가까운 친척으로 높은 지능과 고도의 사회성을 보임. 특히 목적에 맞게 도구를 다듬어 사용할 수 있는 능력으로 유명함. 막대기를 이용해 개미를 뽑아 먹는 모습이 일반적으로 관찰되며 서부침팬지는 나뭇가지로 창을 만들어 원숭이를 사냥하기도 함. 서부침팬지의 경우, 가끔 가만히 있는 나무에 돌을 집어던지는 독특한 행동을 보이는데, 이 행동의 의미에 대해 오만가지 추측이 난무함.

역할   인간의 본성과 뿌리를 상징하는 동물이자 인간과 워낙 가까운 동물이기에 동물과 인간의 경계에 대해 사유하게 만들고 보편적인 동물권의 개념을 떠올리게 함. 인간과 유사하다는 이유로 실험동물로 쓰이고 있어 호모사피엔스 중심주의의 편협함과 착취적 성격에 대해 인식하고 반성하게 함.

상괭이

East Asian finless porpoise

자료: Wikimedia Commons

서식지 동북아시아의 천해.

생태 깊이 50미터 이내의 얕은 바다에 서식함. 물고기, 새우, 오징어를 좋아하
는 것이 딱 우리나라 사람의 입맛임. 영어 명칭에 '핀리스(finless)'라는 말이
들어간 이유는 깊은 바다에 사는 돌고래 친척들과 달리 등지느러미가 없기
때문.

보존 멸종위기종(EN). 수많은 어선이 활동하는 동북아시아의 천해에 살기에 고
기잡이 그물에 걸려 질식사하는 경우가 많음. 과거 우리나라에만 3만 마리
이상 살던 상괭이가 21세기 들어 1만 마리로 감소한 것으로 생각되지만 이
러한 기초적인 현황마저 우리는 정확히 알고 있지 못함.

매력 쾌활하고 지능이 높은 돌고래이며 동그란 이마와 사람의 미소를 닮은 입매
를 가진 귀여운 동물임. 바다를 지향했다가 육지로 돌아온 돌고래의 환상
적인 진화 여정을 상징하는 종. 우리나라에 서식하는 독특하고 귀여운 동
물 가운데 하나임.

역할 우리나라 다도해해상국립공원의 깃대종으로 지정되어 아름답고 소중한 우
리의 천해 생태계를 대표하게 됨. 우리나라 자연에 대한 연구와 보존을 이
끌어갈 깃대종.

깃대종과
소통하기

인간의 소통 능력은 어마어마하다. 우리가 가진 수많은 단어와 편리한 문법, 단어와 문법을 학습하고 활용하는 능력, 서로의 언어를 이해하고 번역하는 능력 등을 생각해보라. 말보다 더 보편적이고 간명하고 엄격한 정보 교환이 필요할 때는 수와 공식, 프로그래밍 언어 등을 사용하기도 한다. 언어와 수학으로도 표현하지 못하는 미묘한 감정과 복합적인 사상의 표현은 미술과 음악, 춤과 스포츠가 도와준다.

　　인간은 다양한 방식의 소통을 즐기고 소통 속에서 행복을 느낀다. 소통 대상도 갈수록 확장되는 경향이 있는데, 최근에는 컴퓨터 혹은 인터넷과 자유롭게 소통하고 싶다는 인간의 욕망이 각종 생성형 AI의 개발로 이어지고 있다. 이러한 존재이다 보니 당연히 우리가 좋아하는 동물들과 소통하는 데에도 많은 관심과 노력을 기울여오지 않았겠는가?

물론 동물의 소통 능력도 만만치는 않다. 아름다운 목소리로 소통하는 녀석들도 있고 냄새로 대화를 나누는 동물도 있으며 감촉이나 온도, 특수한 화학물질로 신호를 주고받는 동물도 있다. 이빨을 드러내며 으르렁거리거나 거대한 몸을 곧추세우는 등 몸짓 언어도 중요하다. 하지만 이와 같은 소통 수단들은 주로 자기들끼리 메시지를 주고받기 위함이지 인간과 소통하기 위한 것이 아니다. 그럼에도 인간은 온 지성을 동원해 동물들의 신호를 해독하고 이를 활용해 동물을 더욱 깊이 이해하고자 하니, 이 또한 지독한 짝사랑이자 일방적인 구애라 할 수 있다.

동물과 인간의 소통에 있어서 상대의 신호를 이해하고 그에 적절한 반응을 하는 것은 대부분 사람 쪽이다. 달리 말하면 동물은 사람이 동물을 이해하는 것처럼 사람을 이해할 수 없다. 동물에게 많은 신호를 가르치고 복잡한 곡예를 부리도록 지도한다 해도 마찬가지다. 이는 동물에게 인간을 이용해 필요한 것을 얻는 요령을 가르쳐주는 일이지 우리가 만족할 만한 수준의 정보를 동물에게 전달하거나 동물이 우리를 이해하게 만드는 일이 아니다.

단적으로 나는 내 강아지에게 "다 너 좋으라고 그러는 거야"라는 말만은 꼭 이해시키고 싶지만 방법이 없다. 먹으면 몸에 안 좋으니까 사람 음식을 먹지 말라고 하는데 강아지는 어서 달라고 보채기만 한다. 몸이 아프니까 약을 먹어야 하는데 약은 또 안 먹으려고 한다. 나는 녀석이 배고프다는 소리, 바람 쐬고 싶다는 소리, 화장실 가고 싶거나 물 마시고 싶다는 소리, 피곤하니까 그만 자자는 소리를 다 알아먹는데 녀석은 어쩜 이럴 수가 있는지.

그러나 이와 같은 이해와 소통의 일방성이 동물과 우리의 관계를 훼손시키지는 못한다. 이는 우리가 동물에게 쏟는 무조건적 사랑의 한 측면이기 때문이다. 보답을 바라지 않은 채 동물을 동경하고 보살피고 사랑하고 동물과 교감하는 것처럼 오늘도 우리는 동물이 우리를 이해해줄 것이라 기대하지 않으면서 동물의 신호와 마음은 샅샅이 이해하려 노력하고 있다.

새들과 노래하기

인간의 호기심과 소통 욕구를 부추기는 동물로는 먼저 새들을 꼽을 수 있다. 새는 참으로 바람의 자식들이라 할 만하다. 날개와 깃털이 있어 바람을 가르고 날 수 있을 뿐만 아니라 몸속에 울대라 불리는 관악기를 하나씩 차고 있기 때문이다. 바람을 풍성하고 아름다운 소리로 바꿔주는 울대 때문에 새는 '노래'를 할 수 있고 간혹 사람의 말소리를 흉내 내기도 한다.

이를테면 우리는 생각도, 줏대도, 창의성도 없이 다른 사람의 말을 따라 하는 사람을 가리켜 "앵무새처럼 남의 말만 따라한다"라고 말하곤 한다. 이는 앵무새가 1,000단어 이상의 인간

언어를 흉내 낼 수 있기 때문에 생겨난 표현이다. 영어로 '모킹 버드(Mocking Bird)'라고 부르는 흉내지빠귀의 경우에도 사람 말을 흉내 내는 능력이 뛰어나 한국어 이름에 '흉내'라는 말이 붙고 영어 이름에는 'Mocking(놀리다)'이라는 말이 붙었다.

사실 새들의 놀라운 발성 능력은 거꾸로 인간의 발성 능력에 대한 관심을 불러일으키기도 한다. 새들도 사람 말을 이렇게 잘하는데 정작 사람은 사용하는 언어에 따라 잘하는 발음과 못하는 발음이 있기 때문이다. 우리나라 사람들이 f, r, th 발음을 잘하지 못하는 것이 대표적이다. '새들도 곧잘 하는 f, r, th 발음을 어떤 사람들이 언제부터 왜 못하게 되었을까? 그리고 이와 같은 상태는 영구적으로 지속되는 것일까?' 이는 음성학 및 음운론 연구자들과 발달심리학자들의 오랜 관심사다.

아름다운 새소리를 듣고 나면 자연스럽게 하게 되는 일이 있으니 바로 따라 해보는 것이다. 새소리를 따라 하다 보면 새들이 우리에게 다가올 때가 있다. 새소리는 새들이 서로를 부르는 소리일 경우가 많으므로 이걸 그럴듯하게 흉내 낸다면 새들이 "저기도 새가 있네!" 하고 확인하러 올 수밖에 없다. 이는 피싱(pishing, 피싱 범죄를 뜻하는 phishing과는 철자 하나가 다르다)이라 불리는 행위로, 과거에는 새 사냥에 많이 쓰였다.

요즘에는 많은 사람이 사냥할 목적이 아니라 단순히 새를 자기 곁으로 다가오게 하려고 새소리를 낸다. 새를 가까이 불러서 새의 아름답고 귀여운 모습을 관찰하기 위함이다. 우리가 관

자료: Unsplash, Dalton Touchberry

사랑앵무의 화사하고 귀여운 모습. 1995년에 기네스 기록으로 등재된 사랑앵무 퍽(Puck)은 무려 1,728개 단어를 말할 수 있었다. 우리나라 사람들보다 f, r, th 발음을 훨씬 잘하는 것도 물론이다.

조, 탐조, 버드워칭(birdwatching, 자연에서 새 관찰하기)이라고 부르는 활동이다. 버드워칭을 즐기는 사람에게는 쌍안경과 사진기 등 시각 장비도 중요하지만 녹음기 등의 청각 장비도 중요하다. 새들의 소리를 녹음하고 분류해서 정리해놓으면 다음에 숲이나 습지에서 똑같은 소리가 들렸을 때 어느 새인지 곧장 파악할 수 있다. 또한 자료를 바탕으로 피싱을 연습함으로써 원하는 새를 관찰할 확률을 높일 수도 있다.

그런데 피싱으로 새를 불러 모으는 일이 요즘은 버드워칭 세계에서 지양해야 할 행동 가운데 하나로 꼽히고 있다. 최근 들어 버드워칭을 하는 사람들이 많이 늘었는데, 이쪽에서도 "휘익휘익" 저쪽에서도 "휘익휘익" 여기저기서 새들을 불러대면 새들이 스트레스를 받고 생태가 교란될 수 있다. 사람은 자연을 좋아하지만 자연은 사람을 별로 좋아하지 않는다는 사실을 잊지 말자. 최대한 있는 듯 없는 듯, 멀리서 짝사랑하듯이, 너무 많은 보답을 바라지 않으면서 무조건적으로 자연을 사랑하는 것이야말로 자연을 사랑하는 최고의 방법이다.

새들 중에는 매혹적인 노랫소리로 사랑받고 인류의 문화에 각인된 녀석들도 있다. 그중 가장 유명한 것은 나이팅게일이다. 나이팅게일은 낮과 밤을 구분하지 않고 짝을 찾아 노래하는데, 특히 고요한 밤에 그 노랫소리가 더 아름답게 들리기 때문에 '밤에 노래하는 새'라는 뜻의 나이팅게일이란 이름이 붙었다.

나이팅게일은 유럽과 중동의 여러 예술가에게 영감을 주

나이팅게일의 노랫소리가 워낙 아름답기에 안데르센을 비롯한 옛사람들은 암컷
들이 노래하는 것이라 짐작했지만 관찰 결과 오직 수컷들만 노래를 부르는 것으
로 밝혀졌다.

었고, 이들은 다시 시와 소설과 음악으로 나이팅게일을 불멸의 존재로 만들어주었다. 덕분에 나이팅게일로부터 직접 듣지 않고도 나이팅게일의 노랫소리를 머릿속에 그려볼 수 있는 방법도 생겼다. 베토벤의 교향곡 6번 〈전원〉을 들어보는 것이다. 베토벤은 2악장의 플루트 연주를 통해 나이팅게일의 노래를 음악으로 표현했다. 또한 역사상 가장 유명한 동화작가라 할 수 있는 한스 크리스티안 안데르센은 그가 짝사랑했던 유명 소프라노 가수를 나이팅게일에 비유한 소설 《나이팅게일》을 쓰기도 했다.

우리나라에 나이팅게일이 없다고 해서 너무 슬퍼하지 말자. 나이팅게일의 노래가 아름답기는 하지만 그렇다고 다른 새들이 범접하지 못할 수준에 이른 것은 아니다. 단지 유럽과 중동의 문학가와 음악인들의 전적인 지지를 받은 덕에 나이팅게일이 노래 잘하는 새의 대명사가 된 것일 뿐, 우리나라에도 나이팅게일 못지않게 노래 잘하는 새인 꾀꼬리가 있다.

안데르센은 연모하는 가수의 목소리를 나이팅게일에 비유했지만 우리나라에서는 노래 잘하는 사람을 가리켜 "와, 저 사람 목소리가 꾀꼬리 같다"라고 말한다. 꾀꼬리 소리는 선뜻 의성어로 묘사하기 힘든데, 두산백과에서는 꾀꼬리 소리에 대해 다음과 같이 서술하고 있다.

"울음 소리는 '히요, 호호, 호이오'하고 아름답게 울며, 간혹 '케엑' 하는 등 다양한 소리를 낸다."

19세기 초에 창작된 궁중무용 춘앵전(春鶯囀). 봄날(春)에 꾀꼬리(鶯)가 지저귀는 (囀) 모습을 나타내기 위해 노란색 앵삼(꾀꼬리 옷)을 입고 춤추는 작품이다.

더군다나 꾀꼬리는 나이팅게일보다 비주얼이 뛰어나기까지 하다. 꾀꼬리는 누구나 쉽게 알아볼 수 있는 밝은 노란색을 지닌 아름다운 새다. 이른 아침에 노래하는 꾀꼬리의 자태가 어찌나 멋이 있는지 유명한 조선왕조 궁중무용 가운데 하나인 〈춘앵전(春鶯囀)〉이 이를 모티프로 삼기도 했다. 나아가 꾀꼬리는 우리나라 최초의 서정시로 불리기도 하는 〈황조가〉에 묘사된 것처럼 암수 한 쌍의 사이도 좋아서 원앙과 함께 사랑과 우애를 상징하기도 한다. 우리나라에서 꾀꼬리를 깃대종으로 택한 국립공원은 없지만, 꾀꼬리는 가히 모든 한국인의 깃대종이라 할 만큼 많은 사랑을 받고 우리 문화에 깊이 스며 있는 새다.

동물의 신호 이해하기

아름다운 새들의 노래를 포함해 지상의 여러 동물 소리에는 몇 종류의 메시지가 담겨 있다. 나이팅게일은 동물들이 짝을 찾기 위해 노래한다는 사실을 보여주는 사례다. 또한 동물은 자신의 위치를 알리거나 서로의 위치를 파악하기 위해 소리를 낸다. 이를테면 늑대는 하울링이라 부르는 "어우" 하는 울음소리를 내는 것으로 유명하다. 이 소리는 기본적으로 다른 늑대들을 불러모으는 소리다("모여라! 한탕 하러 가자!").

늑대 한 마리가 하울링을 시작하면 다른 늑대들이 모여들어 하울링으로 화답하거나 멀리 떨어진 곳에서 자기 위치를 알리기 위해 하울링으로 응답하는 경우가 많다. 늑대는 주로 밤에 사냥하기 때문에 밤이 되면 우두머리 늑대가 부하들을 불러 모으려 하울링을 시작하곤 한다(나는 몽골을 여행하던 중 한밤중 황야 한복판에 설치된 게르에 누워 늑대들의 하울링 합창을 들은 적이 있는데 참으로 섬뜩하기 그지없었다). '밤=하울링'이라는 사실에 인간의 예술적 상상력이 더해지며 '달밤 또는 달=하울링'이라는 관념이 널리 퍼지기도 했다. 이와 같은 관념과 함께 카리스마 동물인 늑대가 불러일으키는 자아 확장의 욕망이 만나 탄생한 것이 세계 각국의 늑대 인간 이야기다.

이 밖에도 동물은 경고음을 내기 위해 소리를 낸다. 위협적인 대상을 발견하여 자기 무리에게 알리려는 경보일 수도 있고 위협적인 대상에게 "더 이상 다가오면 가만 안 놔둘 거야!"라고 으름장을 놓는 의미일 수도 있으며 이 두 가지 의미를 모두 가질 수도 있다. 예를 들어 마운틴고릴라의 우두머리 수컷은 거슬리는 존재를 감지했을 때 가슴을 크게 두드리고 입으로 무서운 소리를 내며 상대를 위협하는데 이는 곧 자기 무리에게 경보를 발하는 행동이기도 하다. 우리 집 강아지들이 낯선 사람을 봤을 때 열심히 짖어서 상대를 위협하면서도 가끔 뒤를 돌아보고 "당신들 집은 당신들이 지켜야죠!"라며 다급한 눈빛을 보내오는 것 또한 비슷한 경우라 하겠다.

마운틴고릴라보다 훨씬 약한 동물들, 즉 다가오는 위협적인 상대에게 소리를 질러봤자 상대를 전혀 위축시키지 못하는 녀석들은 오로지 경보의 의미만을 담은 복잡한 소리 신호체계

<Weird Tales>(1941), 36권 2호, 내지 삽화

달이 뜨면 늑대의 모습으로 변하고 늑대의 힘을 얻을 것이나 인간성은 포기해야
한다. 그래도 늑대 인간에게 마음이 끌리는가?

를 갖추기도 한다. 여기서 살펴볼 동물은 미국 중서부를 상징하는 동물인 프레리도그(prairie dog)다.

프레리도그의 이름이 프레리도그인 이유는 얘들이 미국 중서부 프레리(prairie, 초원)에 살고, 다른 설치류들처럼 찍찍거리는 것이 아니라 개(도그)가 짖는 것처럼 온몸을 이용해 "왕! 왕!" 하며 짖기 때문이다(사실 내 귀에는 새가 찍찍거리는 소리에 더 가깝게 들린다). 미국의 대평원을 방문해본 사람이라면 프레리도그가 짖는 소리를 듣지 않고 넘어갈 수가 없다고 한다. 그만큼 개체 수가 많고 대평원에 널리 퍼져 살고 있을 뿐만 아니라 사람이나 기타 위협적인 존재가 접근할 때마다 목청껏 짖어대는 동물이 프레리도그다.

프레리도그는 몸 크기가 30센터미터 정도밖에 되지 않고 먹이사슬 상으로도 벌레 바로 위에 위치한다. 프레리도그만 보면 군침을 흘려대는 동물들로는 독수리와 매 등의 맹금류와 늑대, 코요테 등의 개과 포식자들, 오소리와 족제비 등의 족제비과 동물들, 보브캣 등의 고양이과 포식자들, 그리고 수많은 반려견과 반려묘 등이 있다.

그러나 프레리도그는 이와 같은 난관을 뚫고 북미 초원지대에 널리 분포해 살아가고 있다. 여러 포식자로부터 몸을 지키며 번성할 수 있게 해주는 적응적 특성을 가지고 있기 때문이다. 일단 프레리도그는 굴을 팔 줄 안다. 코요테나 독수리가 덮쳐도 얼른 그리로 숨기만 하면 될 정도로 깊고 튼튼한 굴이다.

하지만 튼튼한 굴을 파놓았다 해도 포식자가 접근하는 것을 미리 알아차리지 못하면 무슨 소용이 있겠는가? 하루 종일 굴속에서만 살다가 굶어 죽을 수도 없고 말이다. 어떻게 하면 지상에서 다양한 활동을 하면서 포식자의 위협은 피할 수 있을까?

여기서 프레리도그는 집단의 힘을 활용한다. 프레리도그는 약 20여 가구로 이루어진 대규모 집단을 이루어 살아간다. 그리고 집단이 무슨 활동을 하든 항상 전후좌우 360도를 감시할 수 있도록 경비원을 여럿 세워놓는다. 프레리도그 하면 두 발로 일어서서 먼 곳을 물끄러미 바라보는 모습이 유명하다. 이는 미국 중서부 대평원의 경치를 즐기는 것이 아니라 집단의 다른 프레리도그들이 먹이를 찾는 등 다양한 활동을 하는 동안 천적을 감시하는 것이다.

그렇다면 경비원들이 포식자를 발견하면 어떻게 할까? 바로 이때 커다랗게 짖으며 집단의 다른 프레리도그들에게 포식자의 등장을 알린다. 이처럼 중요한 일을 하는 신호체계이기 때문에 프레리도그의 짖는 소리에는 놀랄 만큼 많은 정보가 담겨 있다. 동물 언어 연구로 유명한 콘스탄틴 슬로보드치코프 박사에 따르면 프레리도그는 먼저 소리로 포식자의 외양을 묘사할 수 있다. 즉 프레리도그는 접근하는 대상의 모양과 크기, 색깔 정보를 짖는 소리에 담을 수 있다(사람이 접근할 경우 옷 색깔에 따라 짖는 소리가 달라진다). 이와 같은 정보는 접근하는 포식자가 코요테인지 독수리인지 옆집 요크셔테리어인지를 가르쳐주는 역할을 한다.

이뿐만 아니라 프레리도그가 짖는 소리에는 결코 빠져서는 안 되는 다른 정보들이 담겨 있다. 첫째는 포식자가 접근하는 속도다. 이때에는 짖는 소리를 달리하는 것이 아니라 짖는 간격을 조정한다. 즉 포식자가 천천히 접근하고 있으면 "왕!……, 왕! ……, 왕!" 하는 식으로 짖고 포식자가 속도를 높여서 무리를 향해 달려올 경우에는 "왕! 왕! 왕! 왕!" 짖으면서 긴박한 상황을 전달한다. 둘째는 포식자가 얼마나 멀리 떨어져 있는지에 대한 거리 정보다. 포식자가 멀리 있을 때는 한 마리의 경비원만 짖는 소리를 내고, 포식자가 가까이 올 때는 여러 경비원이 짖는 소리를 낸다.

이러한 식의 정교한 경고 체계 때문에 프레리도그는 수많은 포식자가 자신들을 노리는 상황에서도 용감하게 먹이를 찾으러 다니거나 가족끼리 몸단장을 해줄 수 있다. 또한 옆집 프레리도그들이 잘 짖고 굴을 잘 파는 유전자를 가지고 있는지 탐방해볼 여유도 가질 수 있다. 이는 프레리도그의 신호에 포식자 종류, 포식자와의 거리, 포식자의 접근 속도라는 세 정보가 모두 담겨 있지 않고서는 불가능한 일이다.

몸으로 말해요

동물의 신호를 이해하고자 할 때 한 가지 걸림돌은 이 신호가 우리의 지각 범위 안에 들어와야 한다는 것이다. 나이팅게일의

프레리도그가 '키스' 하는 모습. 이는 서로 앞니를 맞부딪히며 인사를 나누고 관계를 형성하는 행동이다. 프레리도그는 이처럼 높은 사회성을 보이는 동물이며 그것을 무기로 서로를 보호하는 동물이다.

노래나 프레리도그의 짖는 소리는 우리 귀에 들리는 소리이므로 쉽게 이해할 수 있지만 사람이 들을 수 없는 영역의 소리, 즉 주파수 20,000헤르츠 이상의 소리('초음파')를 내는 동물을 이해하려면 값비싼 장비를 동원해야 하는 등 어려움이 따른다.

하지만 이 경우에도 인간은 좌절을 모르는 편이다. 우리는 강아지들이 22,000~25,000헤르츠 사이의 소리에 민감하다는 사실을 알아내 도그휘슬을 만들어 쓰고 있으며 모기와 파리가 38,000~44,000헤르츠의 소리를 싫어한다는 사실을 이용해 초음파로 벌레를 쫓기도 한다. 심지어는 15만 헤르츠에 이르는 풀벌레들의 고주파까지 해석해낼 수 있다.

한편 사람은 귀보다 눈에 더 자신 있는 동물인 만큼 시각 역시 인간과 동물 사이의 직관적인 소통 수단이 되곤 한다. 이 직관적인 소통에 쓰이는 신호 가운데 하나가 독이 있는 동물을 알아볼 때 쓰이는 동물들의 강렬한 색채 신호다.

그런데 독을 가진 동물은 왜 눈에 띄는 화려한 색으로 자기가 독을 가졌다는 사실을 노출하는 것일까? 독을 가지고 있으면 조용히 그 사실을 숨기고 있다가 자기를 잡아먹은 녀석을 황천길로 보내버리면 될 텐데. 하지만 독을 가진 동물들에게 가장 중요한 것은 누군가를 죽이는 것이 아니라 자기가 죽지 않는 것이다. 즉 독을 가지고 있으면서 그 사실을 포식자들에게 광고하지 않는다면 애초에 독을 가지고 있을 이유가 없다.

독을 가진 동물이 자기 스스로 독을 광고한다는 사실을 선뜻 받아들이기 힘들 정도로 우리는 비정한 약육강식의 자연 세계에 대한 불신을 품고 있다. "이렇게 겉과 속이 똑같은 신호를 발산해서야 어떻게 그 험악한 정글과 숲에서 살아남을 수 있겠어?" 과연 생존 전략가 호모사피엔스다운 발상이랄까.

하지만 자연에는 독을 가진 동물들처럼 "나를 먹지 마라"라는 메시지를 내는 데서 한 발 더 나아가 아예 "지금 나를 먹어라"라는 신호까지 정직하게 발산하는 경우가 많다. 특히 식물들이 그렇다. 만약 우리가 과일을 맺는 나무라면 과일 씨가 익지 않아서 좀 더 보호해야 할 때는 과일 맛을 시고 떫게 할 뿐만 아니라, 이 사실을 시고 떫은 향내와 칙칙한 색깔로 남에게 정직하게 알려야 할 것이다. 반대로 씨가 익은 뒤에는 과일에서 좋은 향이 나고 색깔도 아름답게 만들어 이제는 과일이 꿀같이 달고 맛이 좋다는 사실을 정직하게 광고해야 한다. 이처럼 정직한 메시지를 내지 않으면 동물들이 엉뚱한 때에 과일을 먹어버리거나 반대로 과일을 먹고 씨를 퍼뜨려야 할 때 과일을 멀리하는 경우가 생기는데 이는 나무 입장에서는 아무런 이득이 없는 일이다.

마찬가지로 독을 가지고 있으면서 그 사실을 광고할 줄 아는 개구리는 독만 가진 개구리(포식자가 독이 있는지도 모르고 먹어버릴 것이다)나 색깔만 무시무시한 개구리(1, 2년이면 몰라도 수백만 년 동안이나 포식자들을 속일 수는 없을 것이다)에 비해 번성할 가능성이 높다. 다행히 인간 또한 이와 같은 '경계색(aposematic

자료: Unsplash, Travis Leery

콜롬비아 열대우림에 서식하는 황금독화살 개구리다. 황금독화살개구리 등 중남 미에 사는 200여 종의 독개구리를 묶어서 '독화살개구리'라고 통칭하기도 한다. 황금독화살개구리는 세상에서 가장 아름다운 색을 가진 동물 중 하나이자 세상에 서 가장 강한 독을 가진 동물 중 하나다. 황금독화살개구리는 피부샘에서 바트라 코톡신이라는 무시무시한 신경독을 분비하므로 만지면 안 된다. 황금독화살개구 리 한 마리가 지닌 바트라코톡신은 총 1밀리그램 가량인데 사람 10명 이상을 죽 일 수 있다. 콜롬비아 원주민들은 황금독화살개구리의 독을 이용해 독침을 만들 기도 했는데, 독화살개구리라는 이름이 여기에서 비롯되었다. 황금독화살개구리 는 맹독과 화려한 경계색을 활용해 유구한 세월 동안 열대우림의 주민으로 살아 왔지만 이마저도 아랑곳하지 않는 인간의 서식지 침탈로 인해 오늘날 멸종위기종 (EN)으로 분류되고 있다.

coloration)'을 알아볼 눈과 머리가 있어서 맹독을 가진 동물을 먹지 않고 심지어 동물들의 독을 무기로 활용하는 방법까지 익힐 수 있었다.

물론 우리의 창의력과 이해력을 총동원한다 해도 도무지 친숙해지지 않는 동물의 신호체계도 여전히 존재한다. 특히 냄새와 맛을 사용한 커뮤니케이션이 그러하다. 사람의 후각과 미각은 그리 뛰어난 편이 아니어서 냄새와 맛에 담긴 미묘한 화학 조성의 변화를 잘 감지하지 못한다. 이를테면 우리는 유통기한이 지난 음료나 음식이 진짜로 상했는지 아니면 먹을 만한지 알아보기 위해 냄새를 킁킁 맡거나 내용물을 살짝 찍어 먹어보기도 하는데, 그러고는 대부분 "흠, 잘 모르겠는데……"라며 고개만 갸웃거리곤 한다. 자연히 동물의 화학물질(주로 똥오줌이나 방귀 등)에 담긴 미묘한 신호 앞에서 주눅이 들 수밖에 없다.

반대로 동물이 너무도 사람 같은 의사소통 방식을 보여 우리를 깜짝 놀라게 하는 경우도 있다. 대표적인 사례가 오랑우탄의 몸짓 언어다. 오랑우탄의 몸짓 언어를 접하는 사람은 앵무새가 사람 말을 흉내 낼 때와는 전혀 다른 충격을 받게 된다. 앵무새가 사람 말로 "사랑해!"라고 말한다 해서 거기에 진짜 사랑한다는 뜻이 담겨 있지는 않기 때문에 우리는 앵무새의 말을 한쪽 귀로 듣고 다른 쪽으로 흘려버리기 일쑤다. 하지만 오랑우탄의 몸짓 언어에는 인간이 유사한 몸짓 언어를 통해 표현하고자 하는 바와 똑같은 뜻이 들어 있다.

예를 들어 오랑우탄이 우리 쪽으로 팔을 쭉 뻗고 손짓으로 재촉한다면 진짜로 "그거 줘. 나 주려고 들고 있는 그거. 얼른 줘"라고 재촉하는 것이다. 또한 오랑우탄끼리 이야기를 나누다가 갑자기 한쪽 오랑우탄이 양팔을 활짝 펴면서 "이만큼!"이라고 말하는 듯한 제스처를 취한다면 그 오랑우탄은 진짜로 그 뜻으로 말하고 있는 중이다("보통 사람이 아니라, 배가 이만큼 큰 사람이라니까!").

오랑우탄은 상대의 주의를 끌고 싶을 때 손끝으로 상대의 몸을 툭 치는 동작을 취하고 상대에게 보여주고 싶은 물건이 있을 때는 손으로 그 물건을 쥐고 흔든다. 이와 같은 오랑우탄의 몸짓 언어는 각기 정확한 의미를 가지고 동일한 형태로 반복되며 보는 사람 누구나 즉각 이해할 수 있을 정도로 인간의 제스처와 유사하다. 연구자들에 따르면 오랑우탄은 이와 같은 몸짓 언어를 약 30~40가지 정도 활용하는 것으로 보이며 그 용도는 물건을 보여주거나 상대의 움직임을 제어하는 등 기본적인 의사소통부터 놀이, 그루밍, 짝짓기 등 필수적인 사회활동까지 포괄한다.

그렇다면 동물들의 다양한 언어를 이해하는 것이 우리에게 어떤 측면에서 도움이 될까? 먼저 우리는 동물의 경계색을 알아보거나 맹수가 우리더러 "저리 가! 확 앞발로 긁어버린다!"라고 경고하는 신호를 이해함으로써 스스로 목숨과 안녕을 지킬 수 있다. 또한 가정에서 반려동물들과 더 행복한 시간을 보내는 데 도움을 받을 수 있다. 실제로 동물들이 사용하는 언어 중 우리가 가장 잘 이해하고 있는 것이 반려동물의 몸짓과 소리다.

나아가 동물 언어를 이해하는 일은 우리로 하여금 동물을 더욱 좋아하게 만드는 효과가 있다. 동물의 소통 방식에 대한 이해가 없다면 자연은 온통 의미 없는 소음과 적대적인 울부짖음으로 가득한 장소가 된다. 반대로 동물의 소리와 냄새와 몸짓에 대해 이해하면 할수록 그 동물을 친숙하게 느끼고 녀석들에게 공감할 수 있다.

이와 관련해서 벌의 춤에 대해 한번 생각해보자. 벌은 다른 벌들에게 먹이가 있는 곳이나 새로운 둥지 후보지의 위치를 알리기 위해 춤을 춘다. 이와 같은 사실을 모르고 벌이 춤추는 모습을 보면 단순히 위협적이라는 느낌밖에 들지 않을 것이다. 반대로 이 춤이 벌의 놀라운 사회성과 커뮤니케이션 능력을 보여준다는 사실을 알고 나면 이제는 춤이 신기하고 멋져 보일 뿐만 아니라 벌을 좀 더 존중하고 응원하게 될 수도 있다. 다른 나라의 말을 이해하면 그 나라를 더욱 좋아할 수 있듯이 동물의 언어를 이해하면 할수록 무조건적인 동물 사랑은 배가된다.

꾀꼬리
Black-naped oriole

자료: Wikimedia Commons, _paVan_

서식지 여름에는 중국, 한국, 일본 등지에서 살다가 겨울에는 인도, 태국, 미얀마 등 따뜻한 남쪽 나라에서 보내는 철새.

생태 노란 바탕색과 검은색 하이라이트가 어우러진 아름답고 귀여운 새. 꾀꼬리 의 멋진 노랫소리는 우리나라에서 '히요, 호호, 호이오'라고 묘사되며 다른 나라들에서는 '이위, 위, 위'라고 묘사되기도 함. 벌레와 각종 열매를 먹으며 꽃에서 꿀을 취하기도 함.

보존 안전(LC). 아시아 각지의 숲과 농촌뿐만 아니라 도심 공원에서도 발견되는 친숙한 새.

매력 아름다운 노랫소리로 아시아 각지의 문화에 깊이 각인되어 있음. 암수가 힘을 합쳐 둥지를 지키고 새끼를 키우기에 유리왕의 〈황조가〉에서 "펄펄 나는 저 꾀꼬리 암수 서로 정답구나"라고 묘사되는 등 가족간의 돈독한 우 애를 상징하기도 함.

역할 자연이 주는 즐거움과 행복, 치유를 대표함으로써 자연의 가치를 드높이는 새. 겨울을 따뜻한 남쪽 나라에서 지내고 봄에 우리나라에 찾아와 번식하 고 새끼를 기르기에 그 아름다운 노랫소리로 따뜻한 봄날과 사랑과 우애를 상징하게 됨.

프레리도그
Prairie dog

자료: Unsplash, Michael

서식지   북미 중서부 대평원.

생태   풀이나 씨앗, 벌레를 먹고 사는 몸길이 30센티미터 정도의 작은 설치류. 수 많은 포식자로부터 몸을 지키기 위해 20여 가족으로 이루어지는 군락을 구성하고 정교한 경보 체계를 갖춤. 초원 곳곳에 굴을 뚫어 토양에 양분을 공급하고 다른 동물들에게 피난처를 제공하는 등 북미 중서부 대평원의 정 원사 노릇을 하고 있음.

보존   다섯 종의 프레리도그 중 대평원에 넓게 퍼져 사는 거니슨프레리도그, 흰 꼬리프레리도그, 검은꼬리프레리도그의 세 종은 안전(LC) 상태이지만 서식 지역이 제한되는 유타프레리도그와 현지 농민들에게 제거 대상 취급을 받 는 멕시코프레리도그는 멸종위기종(EN)임.

매력   무리를 이루어 생활하고 서로의 안전을 지켜주며 한시도 경계를 늦추지 않 는 모습 때문에 공동체 정신과 시민의식의 상징이 됨. 가족끼리 그루밍을 하는 모습이 꼭 키스하는 모습과 같은 점도 인기의 비결임.

역할   북미 대평원 지역의 광활하고 야성적이며 냉정한 자연을 상징하는 동물로 특히 미국인들의 자연에 대한 사랑을 촉진하는 동물 가운데 하나임.

오랑우탄
Orangutan

자료: Wikimedia Commons, Thomas Fuhrmann

서식지 인도네시아 수마트라와 보르네오의 울창한 밀림. 2017년 기준으로 수마트라 오랑우탄, 보르네오오랑우탄, 타파눌리오랑우탄의 세 가지 종으로 구분됨.

생태 나무 위에서 살아가며 인도네시아의 밀림이 제공하는 달콤한 과일과 톡 쏘는 벌레, 든든한 새알을 먹고 살아감. 새끼는 날 때부터 어미의 털을 꼭 붙들 줄 알고, 어미는 새끼를 몇 년간 달고 다니며 숲의 구조와 오랑우탄의 삶을 가르침. "놀자", "이거 먹어 봐.", "저리 가" 등을 의미하는 수십 가지 몸짓 언어를 사용.

보존 세 종의 오랑우탄 모두 심각한 위기종(CR)에 속함. 인도네시아는 브라질·콩고민주공화국과 함께 매년 가장 넓은 면적의 숲이 파괴되고 있는 나라임. 면적으로 따지면 7,500제곱킬로미터, 즉 우리나라 면적의 7.5퍼센트에 달하는 숲이 매년 파괴됨.

매력 가장 똑똑한 동물 가운데 하나로 알려져 있으며, 최근에는 나뭇가지로 작살을 만들어서 강의 물고기를 사냥하는 모습이 포착되기도 함. 오랑우탄의 다양한 몸짓언어는 인간도 즉시 이해할 수 있을 정도임. 수년간의 밀착 교육으로 새끼를 키우는 어미들의 모습은 양육과 교육을 중시하는 현대인들에게 깊은 감동을 줌.

역할 인도네시아의 삼림 파괴뿐만 아니라 전 세계 밀림의 파괴를 상징하고 이에 대한 관심과 보존 노력을 끌어모으는 깃대종.

깃대종
찾기

매력 넘치고 사랑스러운 깃대종들, 평생 한 번만이라도 만나보고 싶은 이 녀석들을 어떻게 하면 볼 수 있을까? 자연 다큐멘터리를 통해 보는 방법도 있고 동물원에서 만나는 방법도 있지만 아무래도 동물의 서식지로 직접 찾아가서 만나는 편이 가장 감동적일 것이다. 그런데 어떤 동물들은 서식지에 찾아가기만 하면 거의 100퍼센트에 가까운 확률로 볼 수 있는가 하면 또 다른 동물들은 서식지를 며칠씩 뒤져도 터럭 하나 발견하지 못하는 경우도 있다.

대체로 바다에 사는 깃대종들이 육지 깃대종에 비해 만나보기가 쉬운 편이다. 서두에서 이야기한 것처럼 나는 바다거북의 서식지에서 매일같이 바다거북을 만나본 경험이 있다. 또한 나는 여러 마리의 흰동가리와도 만났다. 바다거북과의 만남이 인도네시아의 바다에서였다면 흰동가리를 만난 것은 태국의 바다였다. 특히 태국의 서해라고 할 수 있는 안다만해에서 여러 마리를 만날 수 있었다.

영화 〈니모를 찾아서〉로 잘 알려진 흰동가리와 조우하고 싶다면 스노클을 차고 안다만해에 뛰어들어 산호초 숲 틈에서 말미잘을 찾아보자. 말미잘 위에 동동 떠서 잠시 지켜보고 있자면 말미잘과 공생관계인 흰동가리가 곧 머리를 내밀고 "저리 가! 여긴 우리 가족이 사는 곳이란 말이야!"라며 위협해올 것이다. 우리 눈에는 그저 귀엽게만 보이지만 흰동가리 입장에서는 스트레스를 받을 수도 있으니 흰동가리가 잘 있는지 안부 정도만 확인하고 얼른 물러나도록 하자.

안다만해와 달리 태국의 동해라 할 수 있는 타이만의 명물로는 검정지느러미상어를 꼽을 수 있다. 몸길이가 1.5미터 정도밖에 되지 않고 사람을 잘 공격하지 않는 상어다(물론 겁없이 깝죽거리다가는 다리를 물어뜯기고 말 것이다. 자연을 사랑하되 절대 무시하지는 말자). 등지느러미 끝이 까맣기 때문에 누구나 "아! 검정지느러미상어다!"라고 알아차릴 수 있다.

검정지느러미상어는 전 세계의 모든 열대 바다에 서식하지만 의외로 멸종위기취약종(VU)에 속하는 동물이다. 상어 고기와 샥스핀, 스쿠알렌을 취할 목적으로 각지에서 사냥당하기 때문이다. 검정지느러미상어는 멋지고 아름다우며 상어 가운데

안다만해에서 니모(흰동가리) 찾는 일은 별로 어렵지 않다. 이 말미잘에도 니모, 저 말미잘에도 니모가 있고 모두 하나같이 우리를 반겨준다. 사실은 집을 지키려고 위협하는 것이지만.

검정지느러미상어는 사람이 싫어서 달아나는 편이다. 따라서 대규모 투어 보트를 타고 만나보러 갈 경우엔 오히려 코빼기도 비치지 않을 수 있다.

입매가 가장 귀엽게 생겼다. 이러한 녀석들의 지느러미를 잘라서 만찬 식탁에 올리고 간에서 기름을 취해 항산화 물질이라고 먹어대다니. 우리는 전 세계 열대 바다를 여행하며 "검정지느러미상어를 보고 싶어요. 꼭이요!"라고 이야기를 해야 한다. 그래야 현지 어부들이 상어를 사냥하는 대신 우리를 안내해서 상어가 득시글거리는 바다로 데려다주지 않겠는가.

바다에 사는 깃대종들을 만날 때 유의해야 할 점이 있다. 비록 깃대종들을 보러 다니는 우리의 선한 마음이 일반적으로 동물들에게 이로운 결과를 가져오기는 하지만 너무 많은 사람이 서식지를 들쑤시는 일은 그곳에 사는 동물들의 삶을 위협할 수 있다는 사실이다.

해양생물 관광의 위험성은 크게 두 가지로 요약할 수 있다. 첫째는 바다 깃대종들이 관광객을 실은 배의 스크루에 부딪혀 부상을 입거나 죽는 경우이고, 둘째는 사람과 배가 일으키는 혼잡함 때문에 동물들이 스트레스를 받는 경우다. 두 가지 모두 깃대종 관광을 수행하는 쪽에서 건전한 규율을 지켜주어야만 예방할 수 있는 일들이다.

예를 들어 최근 우리나라 제주도에서 관광선에 치여 코가 잘린 남방큰돌고래의 모습이 보도된 바 있다. 이러한 일은 주로 당국의 감시가 소홀할 때나 제도가 미흡할 때 발생하며, 또한 투어 공급자들 사이에서 과잉 경쟁이 시작됐을 때 발생한다. 경쟁이 치열하고 규제가 소홀한 상황에서는 돌고래가 보였다 하면 최대한 빨리 배를 몰아 돌고래들 사이로 비집고 들어가서 손님들이 "와, 이거 돈값 하네"라고 느끼게 만드는 편이 이익이기 때문이다. 돌고래야 치여 죽든 말든, 그래서 향후 이 일을 계속할 수 없게 되든 말든, 어차피 유행이 끝나거나 규제가 도입되면 접어야 할 장사이니 옆 사람보다 많이 벌고 빠져야 하는 것 아니냐는 생각에서 벌어지는 일이다.

동물이 받는 스트레스 문제도 상상외로 심각하다. 이를 잘 보여주는 사례로 코르시카섬의 물수리에 대한 연구를 살펴보자. 지중해의 코르시카섬에는 스칸돌라 해양보호구역이라는 유명한 보호구역이 있다. 그런데 이곳의 깃대종인 물수리는 관광객의 증가와 함께 번식 능력이 감소했다고 한다.

스칸돌라는 보호구역이기 때문에 당연히 어업이 제한된다. 즉 이곳의 물수리는 다른 곳의 물수리보다 훨씬 많은 먹잇감을 확보하고 있다. 그런데도 스칸돌라 물수리의 번식 능력이 줄어든 것은 보호구역을 지나는 배가 다른 지역에 비해 3배나 많기 때문이었다. 배가 지나다니면 수컷은 사냥을 못 하고 암컷은 둥지를 경계해야 하니 물수리들이 받는 스트레스가 이만저만이 아니다. 스칸돌라 해양보호구역의 물수리들은 다른 지역의 물수리에 비해 3배가 넘는 스트레스 호르몬(코르티솔) 수치를 보였다. 배가 3배 많으니까 스트레스도 3배 늘어난 셈이다.

우리는 깃대종이 좋아서 보러 가는 것인데 동물에게는 안 좋은 결과가 초래된다니 정말 슬픈 일이다. 이때 우리가 직접

자료: Unsplash, Keith Luke

날렵하고 우아한 바다 사냥꾼인 물수리는 오랜 시간 하늘을 선회하며 물속 먹잇
감을 노려야만 사냥에 성공할 수 있다. 이 중요한 시간을 인간에게 방해받고 있으
니 물수리들의 스트레스가 폭발하지 않겠는가.

나서서 할 수 있는 일이 몇 가지 있다. 첫째, 관광 상품을 파는 쪽에서 동물을 보호하기 위해 충분한 조치를 취하는지 미리 확인하자. 동물들에게 해가 되지는 않는지, 관련된 법규를 따르고 있는지 먼저 물어보는 것이다. 둘째, 투어 운영자들이 동물을 보호하기 위해 필요한 조치를 취한다 해도 과잉 관광에 따른 스트레스 공격까지 막을 수는 없으므로 관광객이 너무 많거나 업자들의 경쟁이 너무 치열한 관광 상품은 구매하지 말자. 당장 그곳에서 억지로 깃대종과 대면하지 않더라도 우리에게는 사람과 동물이 모두 행복한 환경에서 녀석들을 만날 또 다른 기회가 얼마든지 있다. 셋째, 관광을 하고 돌아왔는데 동물을 위한 조치가 부족했거나 과잉 관광의 폐해가 심각했다고 느낀다면 이를 꼭 이야기하자. 업자들이 자신들의 잘못을 깨달을 수도 있고, 우리의 이야기가 모여 적절한 규제를 촉발할 수도 있다.

제발 한 번만!

이제 이야기를 바다에서 육지로 옮겨와 보자. 육지에서는 깃대종을 만나러 간다고 표현하기보다 깃대종을 찾아 헤매러 간다고 표현하는 쪽이 더 적합할지도 모른다. 육상 동물들은 깊은 산 속 숲에 사는 경우가 많아서 일단 서식지를 찾아가는 일 자체가 힘들다. 그리고 육지 동물이든 바다 동물이든 동물은 기본적으로 인간의 기척을 싫어한다. 우리는 자기들을 좋아해서 꼭 한번 만나보고 싶다는데 사람 마음을 그렇게 몰라줄 수가 없다.

나아가 숲과 들판에 서식하는 깃대종들은 여러 가지 이유로 인간에게 구박을 당해 더더욱 보기 힘들어지는 경우가 많다. 먼저 우리나라 가야산국립공원의 깃대종인 살쾡이의 경우를 살펴보자. 살쾡이는 원래 비밀스러운 야행성 생활로 유명하지만 과거에는 우리나라 전역에서 비교적 쉽게 찾아볼 수 있는 동물이었다. 동아시아, 인도, 동남아시아에 널리 서식하는 살쾡이는 오늘날 세계적인 보존 상태도 안전(LC) 등급에 속한다.

다른 나라에서는 조금만 시골로 들어가도 살쾡이를 흔히 볼 수 있다지만 왜 우리나라에서는 살쾡이를 봤다는 사람이 거의 없을까? 예전에는 살쾡이가 동네 쥐잡이 노릇을 했다고 하는데, 그렇다면 오늘날 도시 생태계를 점령한 쥐잡이 동물은 수입종인 고양이가 아니라 토종 살쾡이가 됐을 수도 있는 것 아닐까?

한때는 우리에게도 무척 친숙했던 동물인 살쾡이가 이처럼 드물어진 이유는 명확하다. 우리나라 여우와 족제비와 올빼미가 그렇듯 살쾡이 또한 쥐 잡기 운동 때 살포된 쥐약에 커다란 타격을 입었다. 쥐뿐만 아니라 쥐를 잡아먹는 동물까지 몰살시키는 이 독극물 때문에 우리나라 살쾡이는 오늘날 멸종 위기 야생생물 2급으로 지정되는 등 우리에게서 한없이 멀어져버렸다.

이처럼 사람에게 치여서 더욱 만나기 힘들어진 육상 깃대종은 한두 종이 아닌데, 이중 내가 개인적으로 가장 안타깝게 생각하는 것은 레서판다다. 레서판다를 좋아하는 다른 사람들처럼 나 또한 평생 한 번이라도 자연 서식지에 살고 있는 레서판다를 만나보는 것이 소원이지만 지금 상황에서는 이 소원을 이룰 날이 언제가 될지 가늠하기 어렵다. 레서판다는 히말라야의 대나무 숲에만 사는 희귀한 녀석들인 데다가 사람 발길을 아주 싫어해서 원래도 만나보기가 어려운 동물이다. 설상가상으로 오늘날에는 히말라야 주위의 대나무 숲 면적이 줄어들고 남은 서식지마저 인간과 가축이 들쑤시고 다니기 일쑤다. 심지어 이 귀여운 녀석의 모피를 벗겨가겠다며 밀렵에 나서는 사람들도 있으니, 레서판다는 오늘날 멸종위기종(EN)으로 평가받는 지극히 만나기 어려운 동물이 되었다.

마지막으로 오늘날 사람에게 가장 많은 괴롭힘을 당하는 동물 가운데 하나인 천산갑에 대해 이야기해야 할 것 같다. 밤에 개미를 잡아먹고 낮에는 온갖 포식자들로부터 몸을 감추는 습성 때문에 천산갑은 원래 만나보기 쉽지 않은 동물이었지만 오늘날에는 상황이 더욱 악화되었다. 천산갑은 사자와 곰으로부터 몸을 숨기거나 갑옷을 이용해 이들의 이빨을 피할 수 있지만 질릴 정도로 집요한 인간의 위협만은 뿌리치지 못하고 있다.

만나보기도 힘든 동물을 어찌 그리 많이 잡아대는지, 세계자연기금에 따르면 천산갑은 오늘날 세계에서 가장 많이 밀매되는 동물이다. 2021년에 출판된 에모고어 등의 연구에 따르면 나이지리아에서 2010년부터 2021년 사이에 압수된 천산갑 물량은 총 190,407킬로그램에 이른다. 이는 천산갑 80만 마리에 해당하는 무게다. 천산갑 밀수가 횡행하는 나라 중 딱 한 곳에서, 그것도 압수된 물량만 이 정도가 나왔으니 세계적으로 사냥당한 천산갑 숫자가 얼마나 될지 짐작조차 가지 않는다.

천산갑이 이렇게 미친 듯이 밀매되는 이유는 한의학에서 천산갑 비늘을 귀한 약재로 취급하기 때문이다. 당장 네이버에 천산갑을 검색어로 입력해보면《한의학대사전》에 실린 아래와 같은 내용의 검색 결과를 확인할 수 있다.

"맛은 짜고 성질은 약간 차다. 간경(肝經)·위경(胃經)에 작용한다. 혈액 순환을 촉진하고 어혈을 없애며 부기를 가라앉히고 고름을 빼내며 젖의 분비를 촉진한다. 또한 백혈구 수를 늘린다. 부스럼 초기나 부스럼이 이미 곪았으나 터지지 않는 데에, 무월경, 유종(乳腫), 젖의 분비가 부족한 증상 등에 쓴다."

위 내용은 아무런 과학적 근거가 없는 건강 관련 미신이다. 천산갑 비늘은 간경과 위경에 작용하기는커녕 사람에게 바이러스를 옮기는 등 건강에 악영향을 미친다. 오죽하면 천산갑이 코로나 팬더믹을 일으켰다는 가설이 여러 학자의 지지를 얻고 있을 정도다.

그럼에도 천산갑 비늘은 천산갑이라는 이름 때문에 용한 약재로 취급받는다. 산(山)도 뚫는(穿) 갑옷(甲)이라는 뜻의 영험한 이름을 가진 동물이니까 혈관 막힌 곳을 뚫고 곪았지만 터지지 않은 부스럼을 터뜨리며 무월경과 젖의 분비가 부족한 증상을 낫게 한다는 것이다. 또한 천산갑이 개미를 먹고 산다는 것도 이러한 믿음을 부추긴다. 개미를 먹어서 만든 비늘이니 그 안에는 혈액 순환에 좋은 키토산이 잔뜩 들어 있을 것이라는 생각이다.

천산갑 효능에 대한 믿음은 호랑이 성기를 먹으면 정력이 폭증한다는 식의 미개한 믿음이다. 카리스마 동물에 대한 동경을 현대적인 무조건적 사랑으로 연결하지 못하고 오히려 카리스마 동물의 신체 중 가장 카리스마 넘치는 부위를 섭취함으로써 "와, 이 귀한 걸 먹다니"라는 원시적인 쾌감과 만족감에 취하겠다는 것이다. 이러한 사람들에게는 차라리 게르마늄 팔찌와 목걸이 착용을 권한다. 효과 없는 건강 미신이란 점은 동일하지만 게르마늄의 효능을 믿는 쪽이 동물들에게 피해를 덜 줄 테니 말이다.

또한 여전히 천산갑 효능을 신봉하는 우리나라 사람들에게는 이러한 말을 해주고 싶다. 요즘은 중국이나 베트남에서도 천산갑 효능 따위는 믿지 않는 사람들이 많다. 물론 세계적으로 밀매되는 어마어마한 양의 천산갑이 중국이나 베트남으로 대부분 흘러 들어가는 것은 사실이다. 하지만 중국과 베트남 당국은 천산갑이 'CITES' 항목에 해당하므로 거래를 금지한다는 입장을 취하고 있다. 이 나라들의 지식인과 운동가들은 앞장서서 천산갑 비늘이 아무런 효능이 없고 이를 믿는 것은 미신에 불과하다며 대중을 계몽하고 있다. 자국의 천산갑을 보호하기 위한 운동을 전개하는 것도 물론이다. 상황이 이런데도 우리가 꼭 몽매한 대중의 대열에 서야만 할까?

동물을 위한 몰래 카메라 ────────────

세상에는 깃대종 한번 만나보고 싶어서 자연에 뛰어드는 관광객들만 있는 것도 아니고 깃대종을 사냥하고 유통해서 돈을 벌겠다는 사람들만 있는 것도 아니다. 어쩌면 이들보다 더 간절히 깃대종을 찾아다니는 이들이 있으니 바로 깃대종을 비롯해 지구의 여러 동물을 탐구하는 동물학 연구자들이다.

　동물학자들은 원래부터 지독한 끈기를 가진 추적자들로 유명하다. 이들은 연구 대상으로 삼은 동물이 사는 곳이라면 사막과 빙하, 산과 바다, 정글과 습지를 가리지 않고 찾아가 그곳에서 몇 개월, 몇 년씩 살면서 동물을 연구한다. 이들은 보고 싶은 동물을 볼 때까지 숲속을 헤매고 강을 오르락내리락하거나 자연 한복판에 있는 캠프에 죽치고 앉아 독충과 열병, 각종 자연재해와 싸우기도 한다. 목표로 삼은 동물을 발견한 경우에는 그림자처럼 뒤를 밟으며 똥이나 털을 수집하고 동물들이 짝짓기하는 모습과 새끼를 키우는 모습, 사냥하고 먹이 먹는 모습을 관찰하고 기록한다. 아예 연구 대상이 되는 동물 집단에 끼어서 같이 사는 경우도 있다. 앞서 살펴본 다이앤 포시의 경우가 그렇고, 포시의 동료이자 그녀처럼 위대한 동물학자인 제인 구달

자료: Wikimedia Commons, Bureau of Land Management Oregon and Washington

미국 오리건주 사막에서 개구리를 찾겠다며 웅덩이를 뒤지고 있는 학자들의 모습. 동물학자 중에는 이처럼 자연 속에서 자연을 연구하는 하드코어 캠핑 마니아들과 집념 강한 동물 추적자들이 많다.

의 경우도 그렇다.

　그런데 최근 동물학 연구자들이 부쩍 많이 하게 된 일이 한 가지 있다. 동물 몰래카메라를 설치하는 일이다. 몰래카메라라는 말을 점잖은 학술 용어로 바꾸면 '카메라 함정(camera trap)'이라 한다. 우리나라에서는 흔적 카메라, 카메라 사진 함정, 동물 보도 카메라 등 다양한 이름으로 불린다.

　카메라 함정은 주위 환경과 잘 어울리게 위장한 케이스에 카메라와 적외선 탐지기를 연결해 넣어놓은 단순한 구조로 되어 있다. 동물이 지나가면 적외선 탐지기가 이를 포착해서 사진이나 동영상을 촬영하는 것이 작동 요지다. 딱 봐서는 특별한 용도를 알 수 없는 기법이다. 카메라를 회수해보면 누군지도 모를 동물들이 얼굴을 들이밀고 있을 것이고, 때로는 주체할 수 없을 정도로 많은 녀석들의 얼굴을 보게 될 테니 말이다. 하지만 바로 이러한 특징 때문에 카메라 함정이 최근 널리 쓰이게 되었다. 카메라 함정은 GPS 추적기처럼 관심 가는 특정 개체를 추적할 때 쓰는 것이 아니라 여러 동물이 살고 있는 넓은 서식지에 카메라를 흩어놓고 어떤 종의 동물이 얼마나 많이 찍히는지 그 빈도를 포착할 때 쓰는 도구다.

　특히 동물들의 생태보다 동물의 보존에 더 큰 관심이 있는 오늘날에는 카메라 함정이 큰 의미를 가질 수밖에 없다. 동물을 보존하기 위해서라면 꼭 알아내야 하고 다른 어떤 것보다 먼저 알아내야 하는 정보가 개체 수와 서식지 넓이의 변화이기 때문이다. 보존 대상이 되는 종의 서식지에 카메라 함정을 여러 곳 설치한다면 특정한 기간 동안 해당 동물이 얼마나 자주 카메라에 찍히는지 세서 개체 수와 서식 범위 등을 추정할 수 있다.

이처럼 생태계 보존을 위한 연구와 보존운동에 최적화된 카메라 함정 기법은 향후에 계속 규모를 확장함으로써 우리를 놀라운 미래로 데려가 줄 것으로 보인다. 그 놀라운 미래란 세계의 다양한 야생 서식지에 카메라 함정이 설치되어 있어서 야생동물들을 귀찮게 하지 않으면서도 일정 크기 이상인 대부분의 동물 숫자를 실시간으로 파악할 수 있는 미래다.

그런데 육상에 사는 동물의 숫자를 카메라 함정으로 파악할 수 있다면 물속에 사는 동물의 숫자는 어떻게 파악해야 할까? 물속에 카메라를 넣으면 될까? 하지만 물속에서는 카메라 시야 확보도 어려울 것이고 오만 물고기들이 휙휙 지나다녀서 적외선 탐지도 어려울 것 같은데 어떻게 하면 좋을까?

물속에 사는 생물은 숫자 파악하기가 워낙 어렵기 때문에 과거의 연구자들은 주로 물에 전기 봉을 집어넣어 물고기와 갑각류 등을 감전시켜 죽인 뒤에 물 위로 떠오르는 생물의 숫자를 헤아리는 방법을 썼다. 동물 개체 수를 파악하여 보호 정책을 수립하기 위해서는 일단 동물을 죽여야만 했던 슬픈 시대다. 이와 같은 모순에 가슴 아파하던 학자들은 한 가지 기술의 등장과 확산에 환호하며 이를 수생 생태계 연구에 적극적으로 끌어들였으니, 코로나 시대를 겪은 우리 모두에게 친숙한 용어인

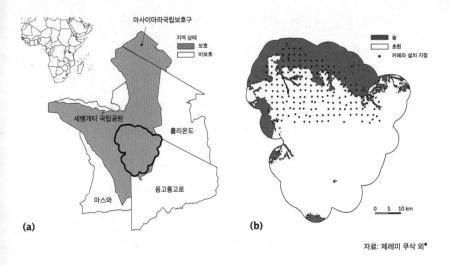

마사이마라국립보호구

지역 상태
보호
비보호

세렝게티 국립공원

롤리온도

마스와

응고롱고로

(a)

숲
초원
• 카메라 설치 지점

0 5 10 km

(b)

자료: 제레미 쿠삭 외•

오늘날에는 생물다양성 보존에 관심을 가진 다양한 분야의 연구자들이 카메라 함정 기법을 활용한다. 그림은 탄자니아 세렝게티 국립공원의 사자 개체 수를 분석하는 데 쓰인 카메라의 배치를 나타낸다. 167개의 카메라를 이러한 식으로 배치하면 약 900제곱킬로미터의 공간을 분석할 수 있다.

• Cusack, J. (2015). Applying a Random Encounter Model to Estimate Lion Density From Camera Traps in Serengeti National Park, Tanzania. The Journal of Wildlife Management.

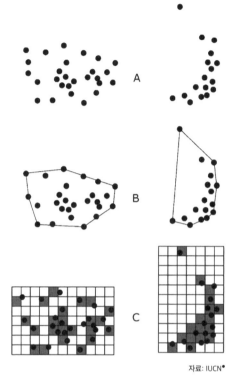

자료: IUCN•

예를 들어 A의 점이 각각 사자와 호랑이가 카메라에 찍힌 지점을 모두 표시한 것이라면, B는 사자와 호랑이의 서식지 범위가 될 것이고, C는 사자와 호랑이가 점유하는 서식지 면적이 될 것이다. 앞서 '위기의 경중을 가리는 기준'에서 '서식지'라는 말을 썼을 때는 B의 서식지 범위를 의미하는 것이었음을 밝히는 바다.

• IUCN Red List categories and criteria, version 3.1 (second edition), 2012, Gland, Switzerland: IUCN. Copyright 2012 by IUCN, International Union for the Conservation of Nature and Natural Resources. Reproduced with permission.

PCR(Polymerase Chain Reaction) 기술이다.

잘 알려진 것처럼 PCR 기술은 미량의 DNA를 기하급수로 복제하여 DNA 검출과 연구를 용이하게 만드는 기술이다. PCR의 유명한 용법인 코로나 'PCR검사'란 면봉으로 코 깊숙한 곳을 찔러 채취한 시료에 PCR 기법을 적용하여 코로나 바이러스의 DNA를 증폭시켜 검출하는 기법이다.

또한 범죄 수사에 쓰이는 PCR 기술이란 사건 현장에 남아 있을 극미량의 DNA를 증폭시켜 누구의 DNA인지 알아보는 방법이다. 이를테면 범인이 범행 현장 주변에 마시던 음료수 캔을 버렸을 경우, 거기에는 범인의 DNA가 극미량 남아 있을 것이다. 이 캔을 싹싹 닦아서 DNA를 채취한 뒤 PCR로 증폭시키면 범인의 정체를 알 수 있다.

이처럼 PCR 기술은 DNA가 체액에 남아 있든 음료수 캔에 묻어 있든 관계없이 크게 증폭시켜 검출하고 정체를 알아볼 수 있게 해준다. 따라서 수생 생태계를 연구할 때에도 PCR이 적격일 수밖에 없다. 하천에 어떤 동물들이 사는지 궁금하다면 하천물을 조금 떠다가 PCR 기술을 적용하면 된다. 물에 사는 동물은 어떤 방식으로든 물에 자기 DNA를 흘리며 살 수밖에 없다. 그러므로 하천물에 PCR을 적용하면 그 하천에 어떤 동물들이 얼마나 살고 있는지 알 수 있다.

더 이상 동물을 보호하기 위해 동물을 죽이지 않아도 되다니, 수생 생태계를 연구하는 이들은 PCR 기술에 반색했다. 이에 학자들은 동물학 연구에 적용되는 PCR 기술을 위해 아예 고유한 이름까지 붙여주었다. 환경에서 DNA를 취했다는 뜻의 '환경 DNA(environmental DNA)' 기법, 축약해서 'eDNA'라는 멋진 이름이다. 참으로 무해하고 진보적이며 세련된 이름 아닌가!

깃대종 보고 안심하기

자연에서 깃대종을 만나는 일은 그 자체로 기분 좋고 행복하고 평생 간직할 만한 경험이지만 또한 의외로 우리에게 커다란 도움을 주기도 한다. 이 말이 무슨 이야기인지 알아보기 위해 깊은 산속으로 한번 떠나보도록 하자.

깊은 산속 맑은 물에 발을 담그는 일은 우리나라 자연에서 할 수 있는 가장 기분 좋은 일 가운데 하나다. 수십, 수백 명의 사람이 함께 발을 담그는 곳 말고, 인적 드물고 물 차갑고 자연의 향과 소리에 묻힐 수 있는 그런 곳에서 발을 담그는 경험 말이다.

잠깐, 그런데 내가 발 담그는 물이 정말 깨끗한 물인지 어떻게 알 수 있을까? 겉으로 보기에는 주변에 아무것도 없고 물이 맑아 보여도 사실은 상류 어딘가에서 하수가 유입되고 있거나 화학물질이 스며들고 있는 것은 아닐까?

이러한 의심과 불안감이 들 때는 자연에 좀 더 귀를 기울여보면 좋다. 주변에서 동물의 소리가 들리는지, 물속이나 덤불 사이사이에서 개구리의 모습이 보이는지 살펴보는 것이다. 동물은 그곳의 땅과 물이 얼마나 깨끗한지 알려주는 존재들이다. 물가에서 개구리 소리가 들리거나 모습이 보인다면 여기에서 많은 동물이 살 수 있고 사람도 이 물을 충분히 누릴 수 있다는 징표로 받아들여도 좋다.

혹은 물속에서 열목어의 모습이 보이는지 확인해보는 방법도 있다. 열목어는 아시아 북부의 맑고 차갑고 깨끗한 물에 서식하는 커다란 연어과 물고기다. 그러므로 물속에서 지느러미가 홀로그램처럼 빛나는 열목어의 모습이 보인다면 우리는 그 맑고 깨끗하며 차가운 물에 마음 놓고 발을 담가도 된다. 오히려 우리가 물을 흐리고 있지는 않은지 조심하면서.

열목어처럼 특정 지역의 상태를 한눈에 알 수 있도록 하는 동물들을 생물학 용어로 '지표종(indicator species)'이라 부른다. 지표종 동물이란 생태계에 인위적인 변화가 가해지거나 환경이 오염되면 다른 동물들보다 먼저 자취를 감추는 동물들, 즉 환경에 아주 민감한 동물들을 뜻한다.

어떤 지역에서 지표종이 사라질 경우, 우리는 대부분 이들이 왜 사라졌는지 그 이유를 명확히 알 수 있다. 이는 해당 지역의 자연을 보존하는 데 커다란 도움이 되는 일이다. 예를 들어 어딘가의 하천에서 수질에 민감한 동물인 열목어가 자취를 감춘다면 우리는 "여기 하천 수질이 악화되고 있어!"라는 사실을 깨닫고 대책을 마련할 수 있다. 그곳 하천에서 수많은 동식물이 사라지지 않도록 열목어가 온몸을 던져 경고를 날린 셈이다. 열

자료: 국립생태원

우리나라 열목어의 모습. 열목어는 평상시 위와 같은 모습을 하고 있다가 산란기를 맞이하면 온몸의 빛깔이 아름다운 주황색으로 변하고 지느러미에 무지개 빛깔이 돈다. 그러나 우리나라에서 열목어를 보는 것이 그리 쉬운 일은 아니다. 우리나라에서 열목어는 멸종 위기 야생생물 2급으로 지정된 물고기다. 몽골이나 러시아 등지에 많은 수가 살고 있기에 세계적으로는 안전(LC) 상태를 유지하고 있지만, 우리나라는 열목어의 남방한계선에 가깝고, 하천 생태계가 오랜 부침의 역사를 겪었기 때문에 개체 수가 많지 않다. 우리나라에서는 이미 1960년대부터 태백산 인근의 열목어 서식지를 천연기념물로 지정해 보호하고 있으며 자연스럽게 열목어는 오늘날 태백산국립공원을 대표하는 깃대종으로 지정되어 있다.

목어 덕분에 수질 문제를 깨닫고 대책을 마련한다면 결국 경고를 날리고 사라져간 열목어도 그곳으로 다시 불러올 수 있다. 하천이 공허해지고 숲에는 쥐만 들끓고 습지와 들판에는 모기와 파리만 날아다니는 한심한 상태에 이르기 전에 행동에 나서게 해주는 고마운 존재들이 지표종이다.

열목어가 하천의 상태를 알게 해주듯이 우리 숲의 상태를 알려주는 우리나라 깃대종도 있다. 속리산국립공원의 깃대종인 하늘다람쥐다. 까만 눈동자가 매력적이고 회색 털이 뽀송뽀송한 작고 귀여운 하늘다람쥐는 앞다리와 뒷다리 사이에 '익막'이라 부르는 날개가 있어 나무와 나무 사이를 활공할 수 있는 멋진 생물이다.

하늘다람쥐는 2019년에 국립공원 입장객을 대상으로 한 조사에서 우리나라 사람들이 가장 좋아하는 국립공원 깃대종의 자리에 오르기도 했다(지리산국립공원의 깃대종 반달곰이 아슬아슬한 차이로 2등, 무등산국립공원의 깃대종 수달이 3등을 차지했다). 작고 귀여운 녀석이 하늘을 막 날아다니기까지 하는데 어떻게 좋아하지 않을 수 있겠는가. 향후 또 다른 조사 결과가 발표되어 결과가 뒤집힐 때까지는 "당신 나라를 대표하는 깃대종이 뭐요?"라는 질문을 받았을 때 당당히 "하늘다람쥐입니다. 작고 귀엽고 뽀송뽀송하고 날아다닐 수 있죠"라고 답하면 될 것이다.

그러나 멋지게 점프해 수십 미터 떨어진 목표에 정확히 착지하는 하늘다람쥐의 모습을 우리나라에서는 쉽게 볼 수가 없다. 야행성 동물인 탓에 밤에 주로 활동하기도 하지만 애초에 우리나라에 서식하는 하늘다람쥐의 숫자가 적기 때문이다. 하늘다람쥐는 러시아, 몽골, 중국에 지천으로 널려 있다 해도 과언이 아니다. 하지만 우리나라에서는 멸종 위기 야생생물 2급으로 지정될 정도로 드물게 눈에 띄는 동물이다.

여기에는 두 가지 이유가 있다. 첫째로 열목어의 경우와 마찬가지로 우리나라는 하늘다람쥐가 서식할 수 있는 남방한계선을 이룬다. 그래서 북쪽 나라인 러시아, 몽골, 중국 만주 지방에서는 하늘다람쥐가 흔한 터줏대감 취급을 받지만 우리나라에서는 귀한 손님 취급을 받는다.

반면 하늘다람쥐를 만나보기 힘든 두 번째 이유는 하늘다람쥐가 우리 자연의 상태를 알려주는 지표종이라는 점과 관련되어 있다. 하늘다람쥐는 집을 지을 때 오래된 나무의 구멍을 활용하는 경우가 많다. 구멍에다가 풀을 채워 넣어서 폭신하고 따뜻한 집을 만든 다음 암수가 함께 살곤 한다. 즉 하늘다람쥐는 나이 많은 나무로 이루어진 오래된 숲에서 번창한다. 똑같은 숲이라 해도 나이 많은 나무가 벌목되고 새 나무만 자라는 숲에서는 하늘다람쥐가 집을 짓기 힘들다. 결국 하늘다람쥐는 숲을 가만히 내버려 두지 못하고 목재를 자원으로 취해야 했던 우리의 역사를 증언하는 지표종이라 할 수 있다.

2014년, 충청북도 속리산 지역에서 하늘다람쥐가 발견되어 신문 기사에 등장한 바 있다. 기사에도 나와 있듯이 이는 우리 숲이 오랜 치유의 기간을 보내고 이제는 하늘다람쥐가 살 수 있을 정도로 행복하게 나이를 먹었음을 말해주는 일화다. 귀엽고 멋진 데다가 우리나라 자연의 회복을 상징하는 동물이라니, 진정 우리나라를 대표하는 깃대종이라 부르기에 부족함이 없다.

수달은 사나우나 안심이 된다

마지막으로 세계적인 팬클럽을 거느린 깃대종이자 여러 학자들이 하천 생태계의 지표종으로 중시하는 동물을 살펴보자. 무등산국립공원의 깃대종이기도 한 수달의 이야기다.

매력이 넘치는 수달은 우선 뚱한 듯한 귀여운 외모로 눈길을 끈다. 수달의 촘촘한 모피는 몸이 말라 있을 때는 부드럽고 아름다우며 물에 한번 들어갔다 나오면 털이 삐죽삐죽하게 서 있어 카리스마가 넘친다. 더욱이 물에서 사냥하는 모습은 또 얼마나 날렵하고 멋있는지 모른다. 그야말로 자연의 활기가 무엇인지를 보여주는 동물이랄까.

이처럼 매력이 넘치고 많은 인기를 끄는 녀석들이기는 하지만 수달은 또한 사람들이 자신들에게 끼치는 악영향에 민감한 동물이기도 하다. 사람이 하천 생태계에 무슨 일을 저지르면 수달이 재깍 피해를 입고 숫자가 줄어든다. 반대로 하천에 수달이 돌아오거나 숫자가 늘어난다면 이는 하천 생태계가 되살아나고 있다는 명확한 신호로 볼 수 있다.

사람들이 뭔가 일을 저질러서 하천의 물고기와 가재와 개구리 숫자가 조금씩 줄어들고 있다고 생각해보자. 겉으로 보기에는 아직 물고기도 돌아다니고 가재도 보이니까 걱정할 필요가 없다고 느낄 수 있다. 하지만 수달에게는 시련의 시작이다. 수달과 같은 지역 생태계 최상위 포식자들은 먹이가 0으로 떨어져야 굶기 시작하는 것이 아니다. 먹이가 100에서 80으로 줄면 그만큼 사냥이 힘들어져서 영양이 부족해지거나 굶주리게 된다. 북극곰이 충분한 영양을 섭취하려면 수백만 마리의 물범이 북극해를 누벼야 하는 것과 같은 이치다. 그래서 세계 어느 곳에서든 수달이나 북극곰과 같은 최상위 포식자들은 그곳 생태계가 얼마나 풍성하게 유지되고 있는지 한눈에 알 수 있게 해주는 지표종 노릇을 한다.

수달이 하천 생태계의 최상위 포식자라는 점은 이 녀석들을 또 다른 의미의 지표종으로 만들어주기도 한다. 최상위 포식자들은 중금속이나 독성 물질에 가장 큰 영향을 받는다. 중금속이나 독극물은 먹이 피라미드를 타고 올라가며, 갈수록 농축되는 '생물농축(biomagnification)' 현상을 보이기 때문이다.

만약 하천에 수은과 같은 중금속이 유입된다면 그곳의 올챙이와 곤충은 중금속을 아주 조금만 섭취할 것이다. 하지만 곤충과 올챙이를 먹고 사는 작은 물고기의 몸속에는 그 모든 곤충과 올챙이가 먹었던 중금속이 축적된다. 그리고 작은 물고기들을 많이 잡아먹는 큰 물고기의 몸에는 작은 물고기들 몸에 들어있던 중금속이 모두 축적되고, 마지막으로 큰 물고기들을 많이 잡아먹는 수달의 몸에는 수달을 죽일 수 있는 양의 중금속이 축적된다. 그래서 하천에 중금속과 농약, 오폐수가 유입될 경우, 다른 동물들은 그럭저럭 살아갈 수 있지만 수달은 죽는다. 이러한 이유로 수달은 하천의 독성 물질 오염도를 보여주는 민감한 지표로 취급받는다.

먹이를 감소시키고 수질을 오염시키는 것 외에도 사람은 모피를 얻기 위해 수달을 사냥한다. 동서고금을 막론하고 수달, 족제비, 담비와 같은 족제비과 동물의 모피는 비싼 가격에 거래되는 사치품이었고 이는 우리나라도 예외가 아니었다. 예를 들어 세종대왕은 집현전을 방문했다가 책상머리에 쓰러져 잠이 든 신숙주에게 자신이 입고 있던 수달피 옷을 벗어 덮어준 적이 있는데, 신숙주가 깨어서 커다란 감동을 받았다. 집현전의 다른 학자들도 이 이야기를 전해 듣고 더욱 연구에 매진했다고 한다.

과거 우리나라에 얼마나 많은 수달이 살았고 얼마나 많이 사냥당했으며 얼마나 귀하게 거래되었는지 정확히 알기는 힘들지만 몇 가지 역사 기록을 통해 이를 추정해볼 수 있다. 예를 들어 조선이 병자호란에서 청나라에 패한 후 매년 청에 바치기로 한 공물 목록을 살펴보면 쌀 만 포에 황금 100냥, 표범피 100장과 수달피 400장 등이 포함되어 있다. 이는 수달이 우리나라에서 나는 대표적인 사치품 가운데 하나로 평가되어 맹렬히 사냥당했음을 짐작하게 해준다.

유라시아의 수달은 20세기 들어 매우 힘든 시기를 겪었다.

위에서 살펴본 세 가지 요인이 복합적으로 작용했기 때문이다. 즉 유라시아 각지의 하천의 생태계가 빈곤해지고 독한 농약과 산업 오염물질이 하천에 흘러들었으며 설상가상으로 많은 사람이 수달을 사냥하기까지 했다. 그러나 20세기 후반에 들어 이와 같은 흐름은 역전되었다. 유럽과 아시아의 하천 생태계가 회복되고 오염이 완화되었으며 수달이 'CITES' 항목에 포함되어 상업적 거래도 봉쇄되었다. 덕분에 수달은 현재 멸종 위기에서 벗어난 위기근접종(NT)으로 평가된다.

그렇지만 우리나라에서 수달은 여전히 멸종 위기 야생생물 1급으로 지정된 희귀한 동물이다. 남획이 사라지면서 개체수가 회복되고는 있지만 수달은 여전히 우리의 꾸준한 관심을 필요로 한다. 우리나라 수달들에게 가장 필요한 것은 은신처를 마련하거나 먹이 활동을 할 수 있는 깨끗하고 풍요로우며 사람의 발길이 드문 하천이다. 우리가 하천을 맑고 깨끗하게 유지하면서 과도한 이용을 삼간다면 매력덩어리 수달들은 반드시 그곳으로 돌아올 것이다.

자료: Wikimedia Commons, Shukran888

서식지   세상에는 총 8종의 천산갑이 있으며 아프리카에 4종(긴꼬리천산갑, 사바나천산갑, 큰천산갑, 나무천산갑), 아시아에 4종(인도천산갑, 말레이천산갑, 귀천산갑, 팔라완천산갑)이 서식함.

생태   긴 혀를 이용해 개미와 흰개미를 잡아먹음. 조심성 많은 야행성 동물로 사람 눈에 띄는 일이 적음. 자기들끼리도 서로 마주치기 싫어서 짝짓기할 때를 제외하고는 거의 단독 생활을 함. 나무 구멍이나 굴에 집을 짓고 살아가며 새끼 때에는 어미의 몸에 얹혀 다니기도 함.

보존   8종의 천산갑이 모두 멸종 위기에 처함. 긴꼬리천산갑과 사바나천산갑은 취약종(VU), 큰천산갑과 인도천산갑, 나무천산갑은 멸종위기종(EN), 말레이천산갑과 귀천산갑, 팔라완천산갑은 심각한 위기종(CR)임. 천산갑 비늘이 혈액 순환에 좋다는 건강 미신 때문에 남획에 희생당하고 있음.

매력   공룡을 연상하게 만드는 신기한 생김새와 갑옷을 활용해 몸을 보호하는 독특한 생태 때문에 많은 이들의 호기심을 유발하고 생명의 다양성을 체감하게 함. 개미 개체 수를 조절해서 서식지 생태계의 균형을 유지하는 고마운 존재임.

역할   오늘날 남획과 밀매로 위협받는 모든 동물을 상징하는 깃대종. 'CITES'로 동물 거래가 제한되고 생물다양성 보호에 대한 관념이 널리 퍼진 오늘날에도 인간의 무지한 욕망과 무분별한 사냥은 여전히 동물들에게 커다란 위협이 된다는 사실을 증언함.

살쾡이
Leopard cat

자료: Wikimedia Commons, Soumyajit Nandy

서식지 아시아 전역.

생태 고양이와 생김새가 비슷하지만 크기는 살쾡이 쪽이 눈에 띄게 큼. 야산과
강가, 습지에 서식하며 설치류와 물고기 등 여러 동물을 사냥하는 야행성
맹수. 아시아 각지의 농민들에게는 닭장을 침탈하는 동물로도 알려져 있음.

보존 안전(LC). 그러나 우리나라에서는 멸종 위기 야생생물 2급으로 지정된 상
태. 과거 쥐약에 해를 입어 우리 산야에서 절멸할 뻔했음. 최근에는 우리나
라에서 개체 수가 늘어나고 있는 것으로 파악됨.

매력 자기와 몸길이가 비슷한 물고기를 사냥하는 등 용맹한 사냥꾼의 카리스마
를 지님. 그럼에도 호랑이나 표범 등과 달리 우리가 본능적인 공포심 없이
대할 수 있는 고양잇과 동물임.

역할 각지의 농민들과 흔히 마찰을 빚는 종으로 인간과 동물의 공존 방법에 대
해 고민하게 함. 이와 반대로 개체 수가 적은 우리나라에서는 잃어버린 옛
자연에 대한 향수를 자극하는 역할을 수행.

레서판다
Red panda

자료: Wikimedia Commons

서식지   네팔과 인도 북부 등 히말라야 지역과 중국 서부의 대나무가 많이 자라는 숲.

생태   이름은 판다이지만 유전적으로는 너구리와 족제비의 친척임. 홀로 사는 종이고 나무 위에서 많은 시간을 보내기에 원래 사람 눈에 잘 띄지 않는 동물이지만 오늘날 개체 수마저 1만 마리 이하로 줄어들어 더욱 보기 힘든 동물이 됨. 대나무를 주식으로 하며 따뜻한 여름날에는 각종 과일이나 열매 등 다양한 먹이를 먹음.

보존   멸종위기종(EN). 서식지 파괴와 서식지 내 인간 활동의 증가에 따라 생존을 위협받고 있음. 모피와 꼬리털을 노린 사냥꾼들에게 죽임당하기도 함.

매력   귀여운 얼굴, 오동통한 몸매, 복슬복슬하고 예쁜 털 덕에 오늘날 가장 많은 사랑을 받는 동물 중 하나가 됨. 자연을 보다 따뜻하고 친근한 곳으로 느끼게 하고 자연을 보호하고 싶다는 욕구를 불러일으킴.

역할   아름다운 자연 속의 귀여운 동물을 대표하는 동물로 많은 이들의 자연에 대한 사랑을 촉진함. 히말라야 지역의 신비로운 생태계를 상징하며 그곳의 보존에 관심을 불러일으킴.

유라시아 수달
Eurasian otter

자료: Wikimedia Commons, Bernard Landgraf

서식지 유럽 전역과 러시아, 중국 남부, 우리나라 등 산 좋고 물 좋은 유라시아 각지.

생태 물고기 사냥의 귀재로, 특히 한 번의 사냥으로 많은 열량을 섭취할 수 있게 해주는 커다란 물고기를 선호함. 유럽과 중국, 우리나라 등지에서 하천 생태계의 최상위 포식자로 군림. 날쌘 사냥꾼인 만큼 성격도 드세서 사람에게 못되게 구는 편이므로 어딘가에서 수달을 만난다 해도 가까이 다가가지 않는 것이 상책임.

보존 위기근접종(NT). 그러나 우리나라에서는 드물게 관찰되는 동물로 멸종 위기 야생생물 1급으로 지정됨. 먹고살 만한 물고기가 충분하고 오염도가 낮은 하천 환경을 조성하면 수달은 언제든 우리 곁으로 돌아올 것임.

매력 귀여운 외모, 멋지고 아름다운 털, 사냥할 때의 활기찬 모습 등 다양한 매력이 넘치는 깃대종.

역할 하천 생태계가 흔들리면 가장 먼저 타격을 받는 지표종이므로 유라시아 각국이 각자의 하천 생태계를 어떻게 관리하는지 명확하게 보여줌. 무등산국립공원의 깃대종으로 지정됨.

하늘다람쥐
Flying squirrel

자료: Wikimedia Commons

서식지   러시아, 중국 만주 지방, 우리나라 등 유라시아 북부의 시원하고 나이 많은 숲.

생태   밤이면 이 나무에서 저 나무로 날아다니며 먹이 활동을 하는 야행성 다람쥐. 크기는 일본과 중국에 서식하는 (훨씬 덜 귀여운) 날다람쥐의 절반도 안 되는 10~20센티미터 정도임. 오래된 나무의 구멍에 집을 마련하는 습성이 있어 오랜 기간 잘 보존된 숲의 징표로 취급됨.

보존   안전(LC). 그러나 우리나라에서는 그 모습을 찾아보기 힘들어 천연기념물이자 멸종 위기 야생생물 2급으로 보호됨.

매력   작고 귀엽고 신기한 능력을 가진 동물로 많은 인기를 얻고 있음. 특히 새까맣고 동그란 눈망울이 매력 포인트. 우리나라에서 진행된 설문조사 결과, 국립공원 깃대종 중 사람들이 가장 좋아하는 깃대종으로 선정되기도 함.

역할   유라시아 북부의 원시 혼합림을 대표하는 동물이자 오랜 시간 행복하게 나이 먹은 숲의 아름다움과 가치를 보여주는 깃대종. 속리산국립공원의 깃대종으로 지정됨.

깃대종
불러오기

세계 각지에는 여러 가지 이유로 그곳에서 절멸된 동물들이 있다. 비록 특정 종이 지구상에서 멸종하는 일은 그리 빈번하게 일어나지 않지만 특정 종이 특정 지역에서 사라지는 일은 언제든 일어날 수 있다. 특히 오늘날에 비해 생물다양성 보존에 대한 관심과 열정, 헌신이 부족했던 과거에는 이러한 일이 더 잦을 수밖에 없었다.

이미 여러 사례를 살펴본 바 있지만 우리 또한 20세기에 걸쳐서 곰, 살쾡이, 표범, 너구리, 족제비, 승냥이, 여우, 하늘다람쥐, 올빼미와 부엉이 등을 우리 땅에서 절멸시켰거나 절멸 위기로 몰아넣었다. 먹고살 걱정에 치여서 자연을 자원으로만 바라보던 시대가 지나고 나니 이제는 우리와 함께할 멋지고 아름답고 귀여운 동물들이 남아 있지 않아 마음이 허전하다.

이러한 상실감과 공허함, 후회를 느끼는 것은 전 세계 사람들이 매한가지다. 또한 과거에는 깃대종을 떠나보내고서 후회하는 일이 잘사는 나라의 특권에 속했지만 요즘은 여러 개발도상국 또한 자국에서 동물들이 절멸되는 일을 막기 위해 많은 관심과 노력을 기울이고 있다.

그리하여 오늘날 세계 여러 나라에서는 자국의 자연에서 절멸된 종을 다시 도입하는 일이 왕왕 시도되고 있다. 어떤 동물이 지구상에서 절멸된 것이 아니라 내 나라에서만 절멸되었을 경우에는 이를 재도입(reintroduction)하는 일이 가능하다. 다른 나라의 자연이나 동물원, 보호구역 등에서 이 귀한 동물들을 모셔 오면 되기 때문이다.

하지만 동물을 재도입하는 과정은 결코 쉽지 않다. 먼저 동물들이 들어와서 살아갈 풍요로운 서식지가 있어야 한다. 다음으로는 서식지 주위에 사는 사람들이 동물의 재도입에 찬성해야 한다. 마지막으로 데려올 동물들의 상태도 중요하다. 자연환경과 동떨어진 곳에 살던 동물들은 애써 자연에다 모셔놔도 잘 살아가지 못한다. 동물원이나 번식 연구소, 구조 센터 등에서 지내는 동물들은 특별히 방생을 염두에 두고 환경을 조성해주거나 훈련을 시키지 않는 이상 자연에 돌아갔을 때 그리 오래 살아남지 못하는 것으로 알려져 있다. 이 짧은 시간 동안 짝을 찾아 새끼를 남기는 것도 거의 불가능하다.

결국 동물을 재도입하는 최선의 방법은 재도입하고자 하는 나라의 자연환경과 유사한 곳에서 살아가고 있는 다른 나라의 야생동물을 들여오는 것이다. 우리나라의 여우 재도입 사업이 좋은 사례다. 우리나라는 여우를 재도입하기 위해 중국과 러시아에서 여우를 들여왔다. 여우는 우리나라에서나 멸종위기종이지 사실은 북반구 유라시아 대륙과 아메리카 대륙에 널리 퍼져 번성하는 안전(LC) 등급의 동물이기에 가능한 일이다.

중국과 러시아 일부 지역의 자연환경은 우리나라와 아주 비슷하다. 또한 우리나라 사람들이 여우에 대해 갖는 두려움이나 반감이 적고, 혹시 발생할지 모르는 농가 피해를 보전할 여력도 충분하므로 우리나라의 여우 재도입 사업의 미래는 아주 밝다. 현재 우리나라에는 재도입 사업의 중심지인 소백산을 거점으로 약 90여 마리의 여우가 살고 있는 것으로 추정된다. 소백산국립공원은 여우를 깃대종으로 지정해 그 귀환을 널리 알리고 있으며, 관련 지자체에서도 생태관찰공원을 조성하고 로드킬 방지에 노력하는 등 많은 사람이 여우의 성공적 귀환을 위해 다방면으로 노력하고 있다.

반달가슴곰과 산양 모셔오기

사실 우리나라 자연으로 돌아오는 일에 있어서 여우들이 선배님으로 모셔야 할 동물이 두 종류 있다. 우리나라 사람들 대다수가 알고 있는 반달가슴곰(반달곰)과 우리나라 사람들에게 거의 알려지지 않은 산양이다.

　우리나라 사람들이 반달가슴곰에 대해 갖는 태도와 감정은 지난 백여 년간 몇 번이나 극적으로 변화했다. 일제가 해수구제사업으로 우리나라 반달가슴곰들에게 치명타를 입힐 때는 반달가슴곰이 사람을 공격하는 해수 취급을 받았고, 해방 이후 웅담을 얻는다며 수렵이 성행할 때에는 귀한 자원 취급을 받았다. 이후 1990년대 초에 살아 있는 곰의 쓸개에 관을 꽂아 곰의 고통이 응축된(즉 각종 염증과 세균으로 범벅이 되어 도저히 약으로 쓸 수 없는) 웅담을 채취하는 곰 농장들의 실태가 널리 알려졌을 때는 많은 이들이 분노와 부끄러움을 느끼기도 했다.

　그리고 현대에 이르러서는 반달가슴곰에 대한 우리의 감정이 또 한 번 바뀌었다. 우리나라는 반달가슴곰을 우리 자연으로 다시 불러오는 작업을 20년 넘게 진행하며 뚜렷한 성과를 내고 있다. 자연히 우리가 반달가슴곰을 바라보는 마음도 마치 치욕스러운 과거를 용서받은 느낌이나 우리가 옛날보다 한 발짝 진보한 세상에서 살게 되었다는 느낌, 또는 이제 우리나라도 인간과 자연이 잘 어울려 살아가는 멋진 나라가 될 수 있다는 느낌 등으로 바뀌었다. 반달가슴곰은 러시아 등지에서 어렵게 다시 모셔다가 힘들게 정착시킨 우리의 깃대종이다. 우리의 선한 마음과 간절한 희망을 모아서 환영하고 보살피고 자랑스러워해야 할 대상이고, 아주 가끔은 먼발치에서 한 번씩 만나보아야 할 동물이다.

한편 소백산 여우든 지리산 반달가슴곰이든 왜 굳이 한 곳의 국립공원을 지정해서 복원사업을 하는지 궁금하기도 하다. 차라리 전국 각지에 백 마리 반달곰을 흩어놓으면 보다 쉽게 우리 강산을 곰 천지로 만들 수 있지 않을까?

하지만 이러한 식으로 많은 개체를 여기저기 흩어놓을 경우 이들의 생존과 번성을 기대하기 어렵다. 동물을 재도입하거나 방사하는 사업은 많은 주의를 필요로 하는 일이다. 동물들이 가장 잘 적응할 수 있는 환경을 골라서 재도입 과정을 면밀히 모니터링해야 함은 물론이고 동물들이 일정 지역에 모여 살며 만나고 짝짓기도 할 수 있게 해주어야 한다. 이러한 노력 없이는 외국에서 동물을 들여올 명분 자체가 없다. 심지어 반달가슴곰은 세계적으로 멸종 위기에 처한 취약종(VU)이기까지 하다. "자연에 풀어놓으면 알아서 잘 살겠지"라는 마음으로 무책임하게 들여와서 아무 곳에나 방사할 수는 없다.

나아가 재도입 지역을 잘 선정해서 사업을 진행하다 보면 어느 순간 동물들이 알아서 길을 찾아 나서기도 한다. 사업 지역을 벗어나서 여기저기 탐색하다가 짝짓기 철에는 다시 서로를 찾을 수 있는 곳(즉 재도입 사업 지역)으로 돌아오는 것이다. 아예 가족끼리 새로운 삶의 터전을 찾아 서식지를 넓혀갈 수도 있다. 이는 실제로 오늘날 우리나라 백두대간에서 벌어지고 있는 일이며 앞으로도 계속해서 진행될 일이다. 백두대간 남부의 반달가슴곰은 대간을 타고 북쪽으로 영역을 확장하고 있으며 중부의 여우들도 강원도, 경상도 이곳저곳에서 발견되는 등 백두대간 전체로 퍼져나갈 준비를 하고 있다. 그리고 이 백두대간 재도입 퍼즐의 또 한 가지 조각이 월악산 등에서 재도입 사업이 진행되는 산양이다.

산양 재도입의 경우는 반달가슴곰이나 여우와는 조금 다른 면을 살펴볼 수 있다. 1990년대에 우리나라 산양은 자연 절멸의 길을 걷고 있었다. 산양은 비무장지대를 중심으로 설악산 인근 지역에 소수가 서식하고 있을 뿐 중부지방 이하로는 절멸된 것이 거의 확실해 보였다.

이때 시작된 산양 복원사업은 산양이 서식하기 적합한 강원도와 충청북도 백두대간의 설악산, 오대산, 월악산 세 곳을 중심으로 진행되었다. 재도입하는 산양 개체는 설악산으로 공급하고, 반대로 설악산에서 포획하거나 조난된 산양은 월악산으로 옮겨주고, 오대산은 설악산과 월악산을 잇는 징검다리가 되게 했다. 즉 우리나라 산양 재도입 사업은 절멸된 동물을 재도입하는 사업이라기보다는 서식지가 현저히 줄어든 동물의 서식지를 확장시키는 사업에 가깝다. 이와 같은 노력이 뚜렷한 성공을 거두어 현재는 강원도 백두대간을 중심으로 1,000여 마리 이상의 산양이 우리나라에 서식하게 되었으니, 사업을 계획하고 관리한 모든 이의 노력에 고개 숙여 감사하지 않을 수가 없다.

동물로 북적이는 미래를 꿈꾸기

여우와 반달가슴곰과 산양 복원사업에 우리가 어떻게 힘을 보 탤 수 있을지 크게 세 가지만 꼽아보도록 하겠다. 이 세 가지 일 은 우리나라 복원사업에 힘을 보태는 일일 뿐만 아니라 사실상 우리가 우리나라 자연을 보존하고 더욱 풍요롭게 만들기 위해 할 수 있는 가장 좋은 일들이라 할 수 있다.

첫째는 우리나라 여러 국립공원과 숲을 훼손하지 않는 것이다. 우리나라의 각 국립공원은 동물들의 삶의 터전일 뿐만 아니라 일반 국민 모두에게 공개되는 레저 공간이기도 하다. 우리는 한라산, 지리산, 설악산 등의 명산을 오르고 변산반도와 다도해상국립공원의 아름다운 해안선을 감상하며 행복한 시간을 만끽하곤 한다. 이때 반드시 지켜야 할 행동 요령을 지켜주어야지 사람과 동물과 자연이 모두 행복한 결말을 맞이할 수 있다.

다음과 같은 행동 요령들은 그렇게 어려운 것들도 아니고 실행하기에 모호한 점이 있지도 않다. 국립공원에 쓰레기를 버리지 말고 각자가 가지고 돌아오자. 동물들에게 먹을 것을 던져주지 말자. 불을 피우지 말고 담배도 피우지 말자. 오늘날 우리나라의 자연을 가장 크게 위협하는 요소는 다름 아닌 산불이기 때문이다. 불씨를 발견하면 얼른 신고하고(119, 112 등이 모두 가능하다), 가능하다면 외투로 덮어서 초기 진화를 시도하는 것이 좋다. 우리가 산불 한 번을 막을 수 있다면 대부분의 사람이 평생에 걸쳐 자연을 위해 행동한 것보다 더 큰 기여를 하는 셈이다.

국립공원 봉사활동에 참여해보는 것도 좋은 방법이다. 이는 우리 자연을 깨끗하게 유지하고 산불을 감시하는 데 커다란 도움이 되는 일이다.

복원사업에 힘을 보태고 우리 자연을 보존하는 두 번째 방법은 로드킬을 방지하기 위해 노력하는 것이다. 동물들을 차로 치지 않기 위한 일반적인 방법은 산길, 특히 야밤의 산길을 무조건 천천히 달리는 것이다. 특히 로드킬 표지판이 보이면 반드시 서행을 해야 한다. 로드킬 표지판은 그냥 붙여놓는 것이 아니라 당국에서 로드킬이 가장 잦은 구간을 분석해서 붙여놓은 것이다. 그러므로 로드킬 표지판이 보이는데도 주의하지 않아 동물을 치어놓고 "아, 놀라서 죽는 줄 알았네. 왜 이렇게 재수가 없지?"라고 말한들 사람들의 공감을 얻지 못할 것이다. 동물이 나타났을 때 속도를 줄이면서 "빵빵!" 하고 경적을 울리는 것도 큰 도움이 되니 잊지 마시라.

반달가슴곰과 여우와 산양의 재도입을 돕는 세 번째 방법은 이들 사업에 관심을 표명하는 것이다. 우리나라처럼 잘사는 나라에서는 동물들에게 가장 도움이 되는 존재가 바로 국가다. 그리고 우리나라 같은 민주주의 국가에서는 국가의 정책이 국민의 관심을 먹고 진화해가기 마련이다. 우리가 여우 복원사업에 관심을 가지고 국립공원공단에서 운영하는 여우생태공원을 방문하거나 복원사업에 대한 SNS 피드를 발생시킨다면 여우 복원사업은 날개를 단 듯 순탄하게 진행될 수 있다. 이는 반달가슴곰도 마찬가지고 산양도 마찬가지다.

자연 훼손을 방지하고 로드킬을 줄이고 보존정책에 대한 관심과 지지를 보냄으로써 우리는 독특한 습성과 에코시스템 서비스로 무장한 다양한 동물들이 우리와 백두대간을 공유하는 멋진 미래를 열어갈 수 있다. 나아가 우리나라가 세계적인 멸종 위기 동물들의 안식처가 되는 일이 빈번하게 발생할지도 모른다. 무슨 뚱딴지 같은 소리냐고 말할 때가 아니다. 우리나라에는 국토의 절반을 차지하는 웅장한 백두대간 산악지대가 있고, 그곳에는 많은 국민의 사랑과 보호를 받는 짙고 푸른 숲이 있어 위기에 처한 여러 동물을 기다리고 있다.

심지어 우리나라에는 이미 세계적인 취약종(VU)으로 분류되는 어떤 동물이 활개를 치고 있다(그 덕분에 이 동물이 지구상에서 멸종될 가능성은 지극히 희박하다). 세계적으로 멸종 위기에 처해 있지만 우리나라에는 많은 숫자가 존재하고, 그래서 차라리 이 녀석을 안전(LC) 등급으로 바꿔야 하는 것 아닌가 의심스럽기까지 한 그 동물의 이름은 고라니다.

뭐가 그리 살기 좋은지, 중국이나 북한에는 수백 마리 단위로만 살고 있다는 고라니가 우리나라에는 70만 마리 정도 살고 있다. 고라니 숫자는 많은데 표범과 호랑이와 같은 천적이 없으니 고라니가 숲에 해를 입힐 정도다. 이 때문에 우리나라에서는 멸종 위기 동물인 고라니에 사냥 허가가 떨어지는 기현상이 벌어지고 있다. 우리나라에서 고라니는 심지어 멸종 위기 야생생물로 보호되지도 않고 오히려 해로운 동물로 분류될 정도다. 멸종 위기 동물이 너무 많이 살아서 신경이 쓰인다니 정말 행복한 고민이라 할 수 있다. 그러니 고라니가 많다고 짜증만 내지 말고 오히려 '우리나라가 고라니뿐만 아니라 다른 멸종 위기 동물들에게도 천국이 될 수 있으면 좋겠다'라는 바람을 품어보는 것은 어떨까.

각지의 야생에서 절멸되었던 동물들이 귀환하고 있다는 소식만큼 우리를 행복하게 하는 소식이 또 없다. 코스타리카에 금강앵무가 돌아오고 유럽에 비버가 돌아오고 미국에 콘도르(아메리카의 대표적 맹금류)가 돌아오고 스위스에 산양이, 아라비아반도에 오릭스(영양의 일종)가 돌아왔다. 모두 해당 지역을 대표하는 깃대종이었거나 그곳 사람들과 가장 가까운 관계에 있었던 동물이지만 인간의 무지와 무책임 때문에 야생에서 절멸되었던 녀석들이다.

동물들의 귀환 소식은 우리에게 힘과 희망이 되며 앞으로 자연을 위해 더욱 열렬히 행동할 수 있게 해준다. 이는 각지에서 절멸된 동물들이나 심각한 위기에 처한 동물을 위해 우리가 적극적으로 뭔가를 할 수 있다는 확신을 주고, 또한 우리가 할 수 있는 일을 열심히 했을 때 구체적이고 실질적인 결과를 얻을 수 있다는 효능감까지 준다. 희망과 확신, 효능감이야말로 자연을 위해 의미 있는 행동을 하려는 사람들에게 가장 필요한 마음이다. 이러한 마음이 있다면 우리는 누구보다 홀가분하게, 그

무엇에도 흔들리지 않으면서 힘차고 꾸준하게 공존의 미래를
추구할 수 있을 것이다.

반달가슴곰
Asiatic black bear

자료: Wikimedia Commons, tontantravel

서식지   중국, 한국, 일본, 인도 북부, 파키스탄 일부, 미얀마 등.

생태   벌레와 과일, 채소, 개미, 나무뿌리, 솔방울과 도토리, 심지어 사슴과 멧돼지까지, 철에 따라 가장 영양가 높은 음식을 쏙쏙 뽑아먹는 잡식성 동물. 나무와 덤불이 우거진 산속을 좋아하며 사람을 멀리하는 동물이긴 하지만 사람과 갑자기 맞닥뜨렸을 때는 공격성을 보이기도 함.

보존   취약종(VU). 농지를 확장하거나 가축을 보호하기 위해, 또는 모피와 고기를 얻기 위해, 그리고 무엇보다 웅담을 얻기 위해 사냥당하고 착취당하는 동물.

매력   반달가슴곰 특유의 동글동글한 얼굴과 개성 넘치는 헤어스타일, 어슬렁거리고 뒹굴거리는 행동 양태로 사람들의 사랑을 받음. 우리나라에서도 국립공원 깃대종들 가운데 으뜸으로 사랑받는 편.

역할   산 채로 웅담을 채취하는 곰 농장에서 창살에 갇힌 채 일생을 보내는 모습이 알려지며 동물에 대한 착취를 상징하고 동물권에 대한 생각을 불러일으킨 동물. 오늘날 우리 자연의 가장 와일드한 구성원으로 한국의 야생을 상징함. 우리나라에서 가장 유명한 종 복원사업의 대상이며, 향후 어떤 방식으로 우리의 야생을 복원하고 그것과 어떤 식으로 함께 살아갈지 모색하게 만드는 동물.

산양
Long-tailed goral

서식지 백두산을 중심으로 중국 만주 일부 지역과 러시아 블라디보스토크, 하바롭스크 일부 지역, 그리고 북한과 우리나라 산지에만 서식하는 독특한 동물.

생태 우리나라 산양은 4종의 산양 가운데 한 종에 속함. 산과 고원에서 풀을 뜯고 열매나 견과류도 주워 먹으면서 살아감. 암컷과 새끼들은 간혹 10마리 이상의 큰 무리를 이루기도 하지만 다 큰 수컷은 홀로 고독을 씹으면서 살아감.

보존 취약종(VU). 산양이 풀을 뜯기 좋은 곳은 가축들도 풀을 뜯기 좋기에 가축들에게 많은 서식지를 빼앗김. 산양의 고기와 털을 노리고 사냥하는 사람들도 있음. 우리나라의 산양 복원사업은 우리나라 자연보존사업의 역사뿐만 아니라 산양이라는 종의 역사에서 기념비적인 일이 될 것임.

매력 복슬복슬한 털과 사람을 차분하게 만드는 평화로운 얼굴을 지님. 바위 위에 우뚝 선 산양의 모습은 우리가 자연에서 누리고자 하는 고독하고 의연한 삶의 모습을 상징함.

역할 목초지의 확산이 야생동물에게 어떤 영향을 미치는지 경각심을 불러일으키는 종이며, 우리나라의 생물다양성 보존 노력과 종 복원사업을 상징하는 동물임.

4

깃대종과
함께,
지구를 위해

결국은 지구의 자연으로

문명이 발전하고 살기 편해질수록 우리는 더욱 자연을 꿈꾸고 그리게 된다. 다양한 엔터테인먼트와 취미 생활의 기회가 넘쳐 나며 온갖 지식과 기술에 접근할 수 있고 보고 싶은 사람과 아무 때나 연락할 수 있는 21세기에 들어와 오히려 자연에 대한 관심은 폭증하고 있다. 보람찬 직업과 화려한 레저로도 채우지 못하는 공허함이 있고, 온갖 진보와 성취로도 덮을 수 없는 상실감이 있으며, 인류라는 단일 종으로 가득 찬 세계 속에서 뼈저린 고독을 느끼기 때문이다.

자연은 이러한 공허함과 상실감을 치유하는 힘이 있다. 자연은 인간이 무조건적 사랑을 퍼부을 수 있는 대상이자 다른 것으로 대체하기 힘든 행복의 요건이다. 오늘날의 자연은 우리에게 자연 '환경' 이상의 의미를 갖는다. 과거 우리는 깨끗한 공기와 맑은 물, 비옥한 땅과 천연자원을 얻기 위해 자연을 관리하려 했다. 그러나 이제는 다양한 생명으로 수 놓인 자연 없이 이대로 22세기, 23세기까지 발전을 해봤자 좋을 것이 없다는 생각을 하게 되었다. 인류와 수많은 동식물이 함께 번창하며 행복을 누리는 지구, 이것이 많은 이들이 꿈꾸는 새로운 미래상이자 진보의 목표가 된 것이다.

어쩌면 최근 우주에 대한 열정이 줄어든 것도 이와 무관하지 않다고 나는 생각한다. 지구의 아름다운 자연을 놓아두고 뭐

하러 생명도 하나 없이 막막하기만 한 달이나 화성, 타이탄을 개척해야 한단 말인가. 우주에 대해 보다 깊게 이해할수록 고향의 자연을 소중히 여기게 만드는 것이 바로 우리의 행성 지구다. 인간은 아직 지구보다 더 아름다운 행성을 발견하지 못했고 꿈꾸지도 못한다.

멋지고 귀여운 여러 깃대종에 대한 이야기를 뒤로하고, 이제부터는 이 깃대종들뿐만 아니라 지구의 모든 생명을 위해 우리가 당장 할 수 있는 일들을 살펴보자. 오늘 우리가 지구 자연을 위해 착실히 노력하면 결국 우리 자신과 미래 세대가 행복해질 것이다. 우리가 누리는 아름다운 자연, 미래에 더욱 풍요로워질 지구의 생태계를 떠올리며 우리가 해나가야 할 일들을 하나씩 알아보도록 하자.

지구의
구성을 바꿔라

도시 생활을 오래 하다 보면 간혹 어떤 착각이 엄습하곤 한다. 세상이 전부 철근콘크리트 건물과 아스팔트 도로로 이루어져 있다는 착각이다. 일년 내내 도시에서 생활하다 보면 "세상에 자연이 남아 있긴 해?"라는 의구심이 들기 마련이다. 그러다 보면 "인간이 자연을 망쳐놓았어!"라는 절망감과 우울을 느낄 때도 있다.

그러나 우리는 다음과 같은 사실을 잊어서는 안 된다. 지구의 면적은 5억 1,000만 제곱킬로미터가 넘는다. 이 가운데 71퍼센트를 차지하는 바다를 빼면 육지 면적은 1억 5,000만 제곱킬로미터 정도다. 여기서 사람과 동식물이 살기에 부적절한 빙하와 사막 등을 제외하면 약 9,000만 제곱킬로미터 정도의 살기 좋은 땅이 남는다. 그런데 인간의 도시, 마을, 도로, 철도가 차지하는 단순 면적은 고작 150만 제곱킬로미터밖에 되지 않는다. 전체 육지 면적으로 따지면 1퍼센트에 불과하다. 결국 인간과 자연이 지구를 어떻게 나눠 쓰는지 따질 때는 도시 규모가 그다지 큰 문제가 되지 않는다.

사실 인간과 자연의 관계 또는 '지구의 구성'에 대해 진지한 고민에 빠져야 하는 순간은 으리으리한 도시의 외관에 압도당했을 때가 아니라 식탁에서 한 끼 식사를 앞두었을 때다. 우리가 한 번쯤은 반드시 하고 넘어가야 할 그 진지한 고민이란 다음과 같은 간단한 질문의 형태를 하고 있다.

"나 한 사람이 이 정도의 음식을 먹어야 한다면 지상의 80억 인구를 먹이기 위해 얼마나 많은 음식이 필요할까? 그 음식은 다 어디서 만들지?"

오늘날 지구의 구성에 담긴 진짜 문제는 생명이 살기 좋은 땅 9,000만 제곱킬로미터 중에서 인간이 농업에 사용하는 면적이 절반에 달하며 특히 목축업에 쓰이는 땅이 너무 넓다는 사실이다. 2019년 유엔 보고서를 기준으로 하면 전 세계 농지의 면적은 4,800만 제곱킬로미터에 달한다. 이 중 논밭의 면적은 1,600만 제곱킬로미터에 불과하다고 나머지 3,200만 제곱킬로미터의 땅이 모두 목축에 사용되는데, 오늘날 사람들에게 필요

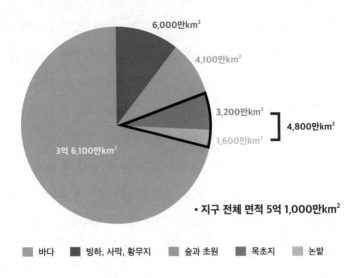

6,000만km²

4,100만km²

3,200만km²

4,800만km²

1,600만km²

3억 6,100만km²

• 지구 전체 면적 5억 1,000만km²

■ 바다   ■ 빙하, 사막, 황무지   ■ 숲과 초원   ■ 목초지   ■ 논밭

오늘날 지구의 구성은 위와 같다. 가장 눈에 밟히는 것은 목초지 면적이다. 우리가 논밭의 두 배 이상인 3,200만 제곱킬로미터의 땅을 할애해 키우는 10억 마리의 소와 10억 마리의 양, 10억 마리의 염소, 8억 마리의 돼지는 농작물이 제공하는 칼로리의 4분의 1밖에 공급해주지 못하고 심지어 단백질도 농작물의 절반밖에 제공해주지 못한다.

한 영양분 대부분을 생산하는 것은 오히려 면적이 더 좁은 쪽인 논밭이다. 특히 현대 목축업이 중점으로 삼는 육류의 경우, 인류에게 공급되는 전체 영양분 가운데 고작 11퍼센트만 담당하는 것으로 나타난다. 육류는 우리가 생각하는 것보다 훨씬 대단한 사치품인 셈이다.

오늘날 지구의 동식물이 겪는 모든 문제는 근본적으로 인간의 식량 활동 때문에 발생한다. 특히 육상에 서식하는 동식물의 상황은 위와 같은 지구의 구성에 따라 결정적으로 좌우된다. 우리 책에서 살펴본 여러 멸종 위기 깃대종(치타, 코끼리, 마운틴고릴라 등)이 대부분 인간 영역의 확대와 서식지 감소 때문에 위기에 내몰렸다는 점을 떠올려보자. 육상 동식물의 위기란 다름 아닌 인간이 식량 활동에 쓰는 땅을 점점 늘려서 결국 지구의 살만한 땅 절반을 꿰찼다는 사실 그 자체다.

따라서 우리가 할 수 있는 가장 중요하고 효과적이며 가치 있는 일은 식량 생산에 쓰는 땅을 점점 줄여서 여러 동식물이 살아갈 공간을 확보하는 것이다. 그렇다면 우리가 어떤 식으로 행동에 나서야 코끼리와 호랑이와 레서판다와 학에게 더 많은 땅을 내어줄 수 있을까?

무엇을 먹을 것인가

지구의 구성에 커다란 영향을 미치는 요소는 크게 세 가지가 있다. 첫째는 농업 생산성의 향상이다. 농업 생산성이란 똑같은 면적의 땅에서 얼마나 많은 양의 식량을 생산할 수 있는지를 나타내는 지표다. 즉 농업 기술이 발전하고 농업 생산성이 향상된다는 말은 지금보다 더 적은 면적의 땅에서 보다 많은 양의 식량을 생산할 수 있게 된다는 말이다. 식량 생산에 사용하는 땅을 줄인다면 자연에 더 많은 땅을 양보할 기회 또한 생긴다.

한편 농업 생산성이 증가한다고 해도 인구가 그보다 더 빨리 증가한다면 여러 가지 좋지 않은 일이 발생할 수밖에 없다. 입이 늘어나는 속도만큼 식량이 늘어나지 않으면 굶주린 사람들이 숲을 불사르고 불길에 놀라 뛰쳐나오는 동물들을 사냥한 뒤 불에 타 비옥해진 땅에 작물을 기르거나 가축을 방목하게 된다. 반대로 농업 생산성과 인구 증가 속도가 균형을 이룬다면 자연으로부터 땅을 더 뺏어오지 않고도 늘어난 인구를 부양하거나 오히려 자연에 땅을 돌려줄 수 있다. 그러므로 지구의 구성에 커다란 영향을 미치는 두 번째 요소는 인구 증가 속도라 할 수 있다.

이상의 두 가지 요소는 사실 우리 개인의 행동과 큰 관련이 없다(농업 생산성 향상에 기여하는 여러 농민, 연구자들과 세계 인구 증감에 영향을 미치는 정책 결정자 여러분께는 양해 말씀을 드린다). 하지만 지구의 구성에 영향을 미치는 세 번째 요소는 식량을 소비하는 대중으로서 우리 한 사람 한 사람의 역할이 강조되는 요소이니, 그것은 우리의 식량 소비 행태다.

어떤 사람이 지구에 유익한 식량 소비자인지 아닌지 한눈에 구분할 수는 없다. 예를 들어 사람이 살이 쪘다고 해서 "당신, 필요한 양보다 너무 많이 먹고 있군요. 지구의 구성에 악영향을 주니까 당장 그만두세요!"라고 말할 수는 없다. 사람이 마르거나 살찌는 데에는 너무 많은 요인이 관여되기 때문에(유전적 요인, 태내 환경, 호르몬, 질병, 학교 급식에서 자주 나온 메뉴, 직업과 활동량, 식사량과 식단 등), 살찐 이유를 한 가지 요인으로 뭉뚱그려서 흉볼 수 없다는 뜻이다. 또한 세상에서 살찐 사람들이 가장 많은 나라에도 마른 사람이 있고, 마른 사람들이 가장 많은 나라에도 살찐 사람이 있기에 나는 살이 찌거나 마른 사람을 보아도 이상하게 여기지는 않는다.

하지만 어떤 나라가 왜 살찐 사람들이 많은 나라가 되는지에 대해서는 관심이 갈 수밖에 없다. 국민들이 더 많은 잉여 영양분을 섭취하도록 함으로써 지구의 구성에 악영향을 미치는 어떤 문화적 요인이 있다면 우리의 노력을 통해 이를 개선하는 것도 가능하기 때문이다.

이때 단순히 평균 체중만으로 국가를 비교하면 평균 키 2미터에 평균 몸무게 90킬로그램인 나라가 키 150센티미터에 몸무게 85킬로그램인 나라보다 더 살찐 나라라는 결론이 난다. 실제로는 150센티미터에 85킬로그램인 쪽이 필요한 영양분보다 훨씬 많은 영양분을 섭취하며 지구의 구성에 악영향을 미치는 쪽인데도 말이다. 이와 같은 결론을 피하려면 단순 체중 대신 국가의 체질량지수(body mass index, BMI) 평균을 비교해야 한다.

체질량지수란 몸무게를 키의 제곱으로 나눈 값이므로 누가 누가 자기 키에 적당한 체중을 유지하고 있는지 비교할 수 있다.

체질량지수가 18.5에서 24.9 사이에 있는 나라는 적당한 나라, 값이 18.5 아래로 떨어진 나라는 깡마른 나라, 값이 24.9 이상으로 올라간 나라는 살찐 나라다. 우리나라의 체질량지수는 23.9로 세계 140위권에 속한다. 참고로 체질량지수가 18.5 미만인 나라는 현재 조사된 바가 없는 반면, 24.9를 초과하는 나라는 120개국이 넘는다. 특히 미국(28.8), 영국(27.3), 오스트레일리아(27.2), 캐나다(27.2), 독일(26.3), 스웨덴(25.8) 등의 선진국들이 대부분 24.9를 넘기고 있다.

각국의 살찐 정도를 비교하는 또 다른 수단으로 비만율을 비교하는 방법이 있다. 비만율은 그 나라 사람들 중 비만인 사람이 차지하는 비율을 말하는 것이다. 역시나 어느 나라 국민이 필요 이상의 영양분을 과다 섭취하며 지구의 구성에 악영향을 미치고 있는지 알 수 있는 수치다.

우리나라의 비만율은 5퍼센트 정도인데 이는 조사 대상국 중 뒤에서 10등 정도를 다투는 수치다. 위에서 열거한 선진국들은 적어도 인구의 20퍼센트 이상이 비만인이며, 미국과 같은 경우는 그 비율이 41.9퍼센트에 이른다. 이처럼 체질량지수와 비만율을 놓고 보면 우리나라는 뚱뚱해지지 않고도 잘살 수 있으며 잘살게 되어도 뚱뚱해지지 않을 수 있음을 보여주는 세계의 등불이라 할 수 있다. 그렇다면 우리나라와 미국은 도대체 왜 국민의 체질량지수와 비만율에서 큰 차이를 보일까?

이와 같은 차이를 가져오는 요인이 무엇인지는 이미 잘 알려져 있다. 답은 고기다. 어떤 나라의 육류 섭취량이 얼마인지에 따라 그 나라의 체질량지수와 비만율이 커다란 영향을 받는다. 물론 어떤 나라가 얼마나 잘사느냐 하는 점도 체질량지수와 비만율에 영향을 미치지만 고기의 영향력에 비하면 한참 떨어지는 수준이다(통계에 친숙한 사람을 위해 간단한 수치를 제시하자면 명목 GDP와 체질량지수 및 비만율의 상관계수는 .300 정도인데 비해 고기 섭취량과 체질량지수, 비만율의 상관계수는 .600을 초과한다).

우리나라가 세계의 등불이 될 수 있었던 것은 미국처럼 스테이크에 환장하는 식문화를 가지고 있지 않은 덕이 크다. 1인당 육류 소비량을 기준으로 봤을 때 우리나라는 세계에서 딱 중간 정도 가는 수준이다. 우리나라처럼 생선을 많이 먹고 곡물과 채소 중심의 식문화를 가진 일본, 중국, 인도네시아, 태국, 인도 등 아시아 각국도 경제 수준과 무관하게 체질량지수와 비만율이 낮다. 반대로 육류 중심 식생활을 가진 서양 각국, 그리고 고기 좋아하기로 유명한 아르헨티나(아사도 숯불구이 바베큐가 유명하다)와 남아프리카공화국(브라이 숯불구이 바베큐가 유명하다)의 체질량지수와 비만율은 높다.

고기 많이 먹는 문화는 체질량지수를 높이고 국민의 20퍼센트 이상을 비만으로 만드는 주범일뿐만 아니라 지구의 자연에 복합적인 악재로 작용한다는 점을 잊지 말자. 소와 돼지를 키워 얻는 육류는 논밭의 작물과 양식 어류에 비해 생산 효율이 낮은 사치품이며 우리가 자연으로부터 많은 땅을 취하게 만드는 주된 원인이다. 만약 세상 사람들이 지금보다 더 많은 육류를 원하게 된다면 그렇지 않아도 과도하게 넓은 목초지의 면적이 더 넓어지며 더 많은 동물을 멸종 위기에 몰아넣을 것이다.

결론적으로 지구의 구성을 긍정적으로 변화시키기 위해 우리가 할 수 있는 가장 중요한 일은 식단을 변화시키는 것이다. 우리나라가 체질량지수도 낮고 비만율도 낮고 무엇보다 고기도 그렇게 많이 먹지 않는 나라라는 사실은 우리 한 사람 한 사람의 친환경 식단 개발을 가로막을 이유가 될 수 없다. 세계 여러 나라는 각자의 출발선만 다를 뿐 식단 개선의 여지를 가지고 있다는 점에서 동일하다. 고기 많이 먹는 사람이든 적게 먹는 사람이든 육류를 줄이고 그 자리에 생선과 조개를 추가함으로써 지구의 구성에 긍정적 영향을 미칠 수 있다.

특히 생선과 조개를 추가할 때는 양식 어패류를 섭취하는 것을 우선 고려해보자. 앞서 2장에서 우리는 바다거북과 같은 여러 바다 동물 친구들을 지키는 데에 양식 어업이 얼마나 중요한 역할을 하는지 살펴본 바 있다. 상업적 어업의 근본 문제 중 하나인 혼획을 막을 수 있을 뿐만 아니라 인기 있는 어종의 씨가 마를 때까지 그물을 끌고 낚시를 드리우는 지속불가능한 어업 행태를 대체할 수 있는 것이 양식 어업이다.

나아가 양식 어업의 막강한 힘은 육상 생태계에 미치는 영향에서도 드러난다. 양식 어업을 통해 얻는 물고기와 갑각류 등은 단백질 식품이기에 가축에서 얻는 육류와 유제품의 대체재가 될 수 있다. 더군다나 양식 어업의 효율성도 목축보다 훨씬 높은 것으로 알려져 있다. 즉 동일한 양의 단백질을 가진 소고기와 생선을 생산한다고 했을 때 소에게 먹여야 하는 사료의 양보다 생선들에게 먹이는 사료 양이 더 적다는 뜻이다.

이처럼 양식 어업은 인간과 자연이 모두 행복한 미래를 만드는 데 핵심적인 역할을 하는 산업이지만 또한 고유한 약점을 가지고 있기에 마냥 그 규모를 불리기만 해서는 좋은 결과를 얻을 수 없다. 이에 따라 여러 연구자와 운동가들은 어떻게 하면 이 중요한 산업을 진정 친환경적인 산업으로 만들 수 있을지 고심을 거듭하고 있다.

예를 들어 세계자연기금이 2010년에 설립한 양식책임관리협의회(Aquaculture Stewardship Council, 약칭 ASC)는 2025년 제도화를 목표로 친환경 양식업 규준을 확정하기 위해 노력하고 있다. 제도화가 완료되지 않은 관계로 아직 그 최종 형태를 언급하기는 어렵지만 이 과정에서 가장 중시되는 요소가 어떤 것인지 간단히 알아보도록 하자.

많은 이들이 궁금해하는 질문 가운데 하나는 "양식장에서 키우는 물고기한테도 어차피 어업으로 잡은 새우나 물고기를 먹여야 하는 것 아닌가요?"라는 것이다. 즉 양식업이란 지속가능한 어업 형태라기보다는 눈 가리고 아웅하는 식의 그린 워싱 사례가 아니냐는 궁금증이다. 다행스러운 점은 과거 '생사료' 의존도가 매우 높았던 것에 비해 오늘날에는 양식장 사료의 75퍼센트가 콩, 밀, 쌀과 같은 농산물로 구성된다는 점, 그리고 이 비중이 갈수록 높아질 것으로 예상된다는 점이다.

또한 사료 찌꺼기나 물고기 배설물은 바다와 강 밑바닥을 더럽히고 생태계를 교란할 수 있다. 양식업에 쓰는 가두리 그물이 다른 물고기나 조류에게 피해를 입히는 것도 문제다. 앞서 3장에서 살펴본 소중한 우리나라 깃대종인 상괭이 또한 최근에는 바다 어선의 그물에 걸려 죽는 경우만큼이나 강을 거슬러 올라왔다가 민물 양식용 그물에 걸려서 죽는 경우가 많다고 한다.

반대로 양식되는 동물이 가두리를 뚫고 탈출하는 경우도 골치가 아프다. 양식 어종이 원래 양식장 주변 생태계에 서식하는 종이 아닐 경우, 탈출한 어종이 침입종이 되어 생태계를 교란하기 때문이다. 우리나라 민물 생태계의 대표적인 침입종이라 할 수 있는 배스가 이러한 사례다(배스가 원서식지인 북미에 살고 있을 경우에는 배스 숫자가 많을수록 생물다양성이 높아진다고 말할 수 있겠지만 한국에 들어와 토종 생물을 위협하며 하천을 장악할 경우에는 우리나라 생물다양성에 마이너스가 된다). 이와 같은 일을 방지하기 위해서는 현지 생태계에 사는 종이 아니면 양식 어종으로 삼지 않는 건전한 관행과 규제가 필요하다.

마지막으로 물고기의 건강 관리 문제가 있다. 수많은 물고기를 밀집 공간에 넣어 키우면 자연히 질병 확산에 취약해질 수 있다. 그렇다고 항생제를 무분별하게 사용하면 오히려 항생제 내성균이 자라나 동물과 인간을 모두 위협할 가능성이 있다. 지속가능한 양식 산업을 구축하기 위해 어떤 식으로 물고기의 건강을 모니터링하고 질병을 예방해야 할지 깊은 고민을 하게 만드는 문제다.

많은 이들이 이와 같은 난제들에 정면으로 부딪치고 있는 이유는 그만큼 친환경 양식업의 미래가 밝고 또한 중요하기 때문이다. 우리는 이들의 활동에 관심을 가지고 응원할 뿐만 아니라 친환경 인증을 받은 제품을 구매함으로써 의미 있는 변화를 만들어나갈 수 있다. 육류를 지속가능한 양식으로 기른 생선으로 대체하는 일은 우리가 지구의 여러 생명을 위해 당장 실천할 수 있는 훌륭한 일이다.

역사의 방향타를 돌려라

식량 소비자의 입장에서 지구의 구성을 개선할수 있는 방법을 알아본 지금, 혹시라도 "소비자 행동이 다 무슨 소용이 있나요. 인구는 폭증하고 농경지는 늘어나고 자연은 줄어들고 생물들은 대멸종의 길을 향해 가고 있잖아요?"라고 생각하는 분이 있을까 걱정스럽다. 대멸종이니 기후 종말이니 하는 무시무시하고 자극적인 말들과 극단적으로 가공된 공포를 활용해 이익을 취하는 미디어와 전문가, 작가, 인플루언서들 때문에 우리는 이와 같은 생각을 은연중에 주입받고 있다. 하지만 자료를 왜곡하고 과장하거나 사람들의 눈길을 사로잡을 수 있는 파국적 시나리오를 제시하는 데 혈안이 된 이들의 말 속에서는 진실과 희망, 미래를 찾을 수 없고 선한 의도와 선한 방법도 발견할 수 없다. 그런 말에 귀를 기울일수록 변화를 이루고자 하는 의지는 꺾이고 그 자리에 절망 혹은 냉소만 들어찰 뿐이다.

파국적인 풍문에 귀를 기울이는 대신 지구의 구성이 최근 어떻게 변화했으며 앞으로 어떻게 변화할 것으로 예상되는지 정확히 알고 넘어가도록 하자. 먼저 세계 농지 면적이 2000년대 초반까지 꾸준히 증가하다가 어느덧 감소하기 시작했다는 사실을 기억할 필요가 있다. 결과적으로 오늘날의 농지 면적은 1990년의 농지 면적에 비해 1퍼센트가 줄어든 상태다.

놀라운 사실은 같은 기간 세계 인구가 25억 명 증가했다는 것이다. 인구가 이처럼 빠르게 증가하는 상황에서 농지 면적이 오히려 줄어들었다는 것은 그만큼 인류의 농업 생산성이 증가했다는 사실을 의미한다. 오늘날 사람 한 명에 할당된 농지 면적은 6,000제곱미터다. 즉 사람 한 명이 먹고 사는 데 정확히 축구장 잔디 면적(축구 필드의 최소 규격이 바로 $100\text{m} \times 60\text{m} = 6,000\text{m}^2$이다)만큼의 땅을 쓰고 있다는 뜻이다. 이는 1990년에 비해 무려 30퍼센트가 줄어든 수치다.

자연으로부터 농지를 취하는 일이 줄어들자 세계적인 삼림파괴(deforestation) 또한 점차 줄어들게 되었다. 1990년 이후 전 세계 숲의 면적은 4퍼센트가 줄어들었다. 총면적으로 따지

자료: Unsplash, Dan Asaki

한 사람이 먹고사는 데 필요한 땅은 축구장 하나 크기다. 이를 절반 정도로 줄일 수 있다면 세상의 멸종 위기 동물이 모두 부활할 수 있고 다채로운 지구의 자연이 완전히 살아날 것이다. 단적으로 우리가 양식업을 발전시켜 목축업을 절반 정도 대체할 수만 있다면 1인당 축구장 3분의 1 면적의 땅을 자연에 돌려줄 수 있다.

면 178만 제곱킬로미터나 되는 숲이 근래 30년간 줄어들었는데, 이는 전 세계 국가 중 영토 면적으로 16위를 차지하는 리비아의 면적보다 약간 넓은 규모이자 우리나라 면적의 18배에 해당하는 규모다. 지난 30년간 이처럼 넓은 면적의 숲이 줄어들었지만 그 속도만큼은 현저히 감소했다. 1990년대에는 매년 78,000제곱킬로미터의 숲이 줄어든 데 비해 오늘날에는 매년 47,000제곱킬로미터의 숲이 줄어들고 있는 것이다.

세계 대부분의 국가가 숲의 보존과 보호구역 증가 등의 목표에 공감하고 있는 현실을 놓고 본다면 세계의 숲 면적은 조만간 증가세로 돌아설 것이 분명하다. 유엔에서 설정한 목표는 2030년까지 세계의 숲을 3퍼센트 증가시키는 것이다. 현재 달성이 어렵겠다는 전망이 나오고 있기는 하지만 우리가 조금만 더 노력한다면 지금 당장이라도 숲의 면적을 증가세로 돌려놓을 수 있다는 사실 자체가 중요하다.

그러므로 우리가 살고 있는 지금 이 시기는 지구의 자연과 인류의 미래에 있어 굉장히 중요한 시점이라 할 수 있다. 오늘날 우리가 희망과 열의를 가지고 행동에 나선다면 역사상 처음으로 자연에 땅을 돌려주는 흐름을 만들어낼 수 있기 때문이다. 이 흐름만 만들 수 있다면 우리는 멸종 위기에 몰린 깃대종들 때문에 가슴 아파하는 대신 이들이 속속 위기에서 벗어나고 있다는 소식에 환호하게 될 것이다. 우리 주변에서 여러 사랑스러운 깃대종을 더 쉽게 만날 수 있고 이들이 제공하는 행복감을 더욱 만끽할 수 있음은 물론이다.

　한국 사람들이 할 수 있는 일이 너무 적다고 생각할 필요도 없다. 오늘날 우리는 지구화된 세상에 살고 있으며 그 속에서 한국이 차지하는 비중이 결코 가볍지 않다. GDP로 따지면 세계 총 GDP의 1.6퍼센트 이상을 담당하고 있을 정도로 경제활동이 왕성한 나라가 우리나라다. 이 때문에 우리나라는 세계 육류 물동량과 수산물 물동량의 4퍼센트를 끌어들이고 곡물 무역량의 2.9퍼센트를 수입하고 있다. 미국과 중국이라는 몸집이 어마어마한 플레이어들보다는 못하고 일본에 비해서도 비중이 작지만 그래도 독일, 영국, 프랑스 등과는 대등한 수치다.

　우리 소비자의 움직임은 지구의 구성에 의미 있는 변화를 가져올 수 있다. 좌절하지 말고 스스로의 역할을 과소평가하지도 말고 그저 인간과 동식물이 모두 행복한 미래의 지구를 위해 꾸준히 작은 변화를 축적해나가자.

코알라
Koala

자료: Unsplash, David Clode

서식지 오스트레일리아 동부.

생태 유칼립투스 잎을 주식으로 삼는데, 이러한 영양가 없는 음식을 먹는 탓에 주식인 나무를 그대로 붙잡고 하루 20시간씩 잠을 잠. 포유류 중 신체 크기에 비해 뇌가 가장 작은 동물로도 유명함. 새끼를 주머니에 넣어 키우는 유대류 동물임.

보존 취약종(VU). 20세기 초반에는 1,000만 마리의 코알라가 있었으나 오늘날에는 10만 마리가량으로 줄어듦. 코알라 서식지인 오스트레일리아 동부가 광활한 농장과 목장이 집중된 농업지역으로 변모하면서 살 곳이 없어짐. 최근 코알라가 멸종 위기에 몰린 것이 기후 변화 때문이라고 이야기하는 이들이 생김. 코알라와 그 선조들은 오늘날보다 몇 도씩이나 높거나 낮은 기후 속에서도 수천만 년을 번성하며 진화해왔으나 인간의 서식지 침탈만은 버텨내지 못하고 있음을 기억해야 함.

매력 귀여운 외모와 복슬복슬한 털, 느릿느릿 귀여운 행동거지로 많은 사랑을 받음. 2019~2020년까지 이어졌던 대규모 '부시 파이어(Bush Fire, 자연발생적 화재)' 때에 코알라들이 구조되어 물을 받아 마시는 모습이 세계인의 가슴을 찡하게 만들었음. 캥거루와 함께 오스트레일리아 전체를 대표하는 동물로 꼽히지만 그에 합당한 취급을 받고 있는지는 의문임.

역할 오스트레일리아의 대자연을 상징하는 동물. 동작이 굼떠 화재에 취약하고 서식지 파괴와 수렵에 희생당한 역사가 있음. 자연이 파괴되면서 언제든 사라질 수 있는 소중한 동물을 대표함.

자연으로
돌아가지 마라

깃대종과 자연을 지키는 다른 방법들을 알아보기에 앞서 잠시 길을 돌아가자. 동물을 사랑하고 자연을 지키고자 하는 우리의 선한 마음을 유혹해 동물과 자연에 도무지 도움이 되지 않는 방향으로 이끄는 '원시주의 사상'에 대해 살펴보려 한다.

원시주의 사상이 어떤 것이고 그 힘은 무엇인지 알아볼 수 있는 좋은 방법은 최근 큰 인기를 끌며 주류와 컬트의 경계를 넘나들고 있는 포스트 아포칼립스 물의 인기 비결을 살펴보는 것이다. '포스트 아포칼립스 물'이란 멸망 이후의 세계에서 생존 투쟁에 나선 인간의 모습을 다루는 문화 콘텐츠를 통칭하는 말이다. 드라마로는 2010년에 방영되기 시작한 드라마 〈워킹 데드〉가 대표적이며, 최근 20년 안쪽으로 개봉한 영화로는 〈28일 후〉, 〈새벽의 저주〉, 〈설국열차〉, 〈매드맥스: 분노의 도로〉, 〈콰이어트 플레이스〉 등이 있다. 또한 소설 시리즈로는 2003~2013년에 걸쳐 3부작으로 출간된 마거릿 애트우드의 소설 《미친 아담》 시리즈를 비롯한 여러 걸작들이 있다. 소설 《헝거 게임》 시리즈와 《메이즈 러너》 시리즈, 《다이버전트》 시리즈 등 대부분의 영어덜트 작품들도 포스트 아포칼립스 물의 구조를 활용해 큰 인기를 끌었다. 1990년대 말에 출시된 게임 〈하프 라이프〉와 〈폴아웃〉 시리즈를 필두로 〈레프트 4 데드〉, 〈메트로 2033〉, 〈더 라스트 오브 어스〉 등으로 이어지는 여러 명작 게임들도 빼놓을 수 없다.

이와 같은 콘텐츠를 접할 때 꼭 기억할 점은 이들이 종말을 경고하는 콘텐츠가 아니라 종말을 노래하는 콘텐츠라는 점이다. 그리고 그 노래 속에는 거부하기 힘든 두 가지 매력이 깃들어 있다.

첫 번째 매력은 다양한 분쟁과 재앙을 통해 인류 문명이 무너지는 모습을 보는 쾌감이다. 평화와 풍요를 누리는 사람들은 자기네 사회와 문화 또는 자신의 삶에서 역동성을 느끼기 힘들다. 또한 고도화되어 사람을 소외시키기 일쑤인 현대사회는 간혹 신도림역에서 스트립쇼를 하거나 강남 거리 한복판에서 말춤이라도 추고 싶은 답답함을 느끼게 한다. 이와 같은 이유로 외계인 침공과 좀비 바이러스, 핵전쟁, 대규모 천재지변 등으로 인류가 몰락한다는 이야기를 통해 우리는 멍해진 뉴런들에 전기가 쫙쫙 통하는 느낌을 받고 억눌린 자아가 해방되는 느낌을 받게 된다.

포스트 아포칼립스 물의 두 번째 매력은 멸망 이후의 혹독한 세계에서 고독한 존재자로서 투쟁하는 인간의 모습을 그린다는 점이다. 이 또한 현대사회의 평화와 풍요, 고도화된 자본주의와 인간 소외 현상에 뿌리를 둔 매력이다.

평화롭고 풍요롭지만 자존감을 느끼기 힘들고 부품화된 느낌을 지울 수 없는 현대사회에서는 본디 인간의 가장 중요한 강점이었을 여러 원초적 능력의 가치가 크게 저평가된다. 여기서 말하는 원초적 능력이란 힘든 노동을 이겨내는 끈기, 자연에서 식량을 얻고 삶을 이어가는 생명력, 목마름을 견디며 먼 길을 횡단하는 용기와 모험심, 아이를 낳고 기르는 모성, 적을 몰살시키고 사냥감의 숨통을 끊는 강인함 등을 뜻한다.

현대인은 여전히 이와 같은 능력에 자부심을 가지고 싶어 하지만 오늘날의 사회는 여기에 가치를 부여하지 않으므로 우리는 자아의 중요한 측면들이 무시당하고 핍박받는 느낌을 받는다. 포스트 아포칼립스 물에 등장하는 인물들, 즉 한정된 자원을 똑똑하게 활용하고 얼마 남지 않은 인간관계를 소중히 하며 불굴의 의지와 강한 육체로 난관을 돌파하는 인물들은 우리 자아의 구성요소 중 한없이 기죽어 있는 '생존하는 인간' 또는 '고결한 원시인'으로서의 정체성을 자극한다.

포스트 아포칼립스 물이 무엇이고 그 두 가지 매력이 무엇인지 이해했다면 원시주의의 본질과 매력을 모두 이해한 셈이다. 왜냐하면 포스트 아포칼립스 물이야말로 원시주의의 가장 현대적이고 대중적인 형태 중 하나이기 때문이다.

원시주의는 공산주의처럼 구체적인 시기에 구체적인 형태로 나타났던 제도화된 사상이 아니라 시대에 따라 다양하게 변주되는 문화적 테마에 가깝다. 18세기 유럽에서 원시주의는 '고결한 원시인'이라는 관념으로 나타났고 19세기 중반에는 원시 공산주의 사회를 이상화하는 카를 마르크스의 공산주의로 나타났으며 19세기 말에는 폴 고갱의 그림 〈우리는 어디에서 왔고, 누구이며, 어디로 가는가〉로 나타났다.

20세기에 이르러 서양의 원시주의는 히피 문화를 만들어내고 티베트의 종교와 문화에 대한 환상을 부추겼으며 미국 원주민의 샤머니즘 공동체에 대한 관심을 증폭시키기도 했다. 영화 〈스타워즈 에피소드 6: 제다이의 귀환〉에서 돌도끼와 새총으로 은하 제국에 결정적 패배를 안기는 이워크 족도 원시주의의 산물이다. 그리고 포스트 아포칼립스 물은 오늘날 원시주의 테마가 상업적으로 분출되는 통로가 되고 있다. 이처럼 원시주의는 기술과 경제가 빠른 속도로 발전하고 개인의 가치가 저하되는 느낌이 들 때면 그곳이 어디든, 언제든 가리지 않고 다양한 형태로 나타나 사람들을 매혹하곤 한다.

다양한 형태로 나타나는 사상과 문화를 원시주의라는 이름으로 묶을 수 있는 것은 이들 사이에 뚜렷한 공통점이 있기

폴 고갱, 우리는 어디에서 왔고, 누구이며, 어디로 가는가, 1897년, 보스턴 미술관 소장

19세기 말 유럽의 지식인과 예술가들이 품었던 원시주의 사상을 가장 멋지게 표현한 사람은 프랑스 인상주의 미술의 거장인 폴 고갱이다. 폴리네시아에서 작품 활동을 하며 그곳에 눌러앉으며, 고결한 원시에 대한 향수를 대가의 타치로 구현해낸 그는 원시주의 사상의 영원한 상징이 이 그림을 남겼다. 19세기 서구 제국주의 열강의 원시주의는 이처럼 자기 눈에 원시적인 수준에 머물러 있는 여타 피식민지 문화에 대한 차별적 관심과 판타지 형태로 나타났다. 이와 같은 경향은 오늘날 개발도상국의 가난한 아이들 눈에서 순수를 발견하는 한국인 여행자들의 원시주의 감성에서도 발견된다.

때문이다. 원시주의적 사상과 문화는 모두 새로운 기술과 산업, 도시화, 고도의 화폐 경제, 복잡한 국가권력 구조 등이 인간의 자연스럽고 아름다운 존재 방식을 침해한다는 생각에 바탕을 두고 있다. 반면 원시인들은 평화롭고 자주적이었으며 한 사람 한 사람이 대체될 수 없는 가치를 가지고 있었다는 것이다. 이러한 관점은 곧 인류의 역사가 끝없는 타락과 퇴보의 역사라는 생각으로 귀결된다. 21세기 포스트 아포칼립스 물의 대표작이자 역대 가장 세련된 원시주의 작품이라 할 수 있는 마거릿 애트우드의 소설《미친 아담》시리즈에는 이와 같은 근본 관점을 잘 요약해 보여주는 부분이 나온다.

아담 1에 의하면 인간의 타락은 다차원적이다. 채식주의자였던 선조 영장류는 나무에서 떨어지면서 고기를 먹는 버릇이 생겼다. 그런 다음 그들은 본능에서 이성, 이성에서 기술로 옮겨 갔다. 간단한 신호를 나누던 사람들이 복잡한 문법을 사용하면서 인간성이 나타났고, 불이 없던 시절에서 불의 사용으로, 그런 다음 무기 사용으로, 거기다 계절적인 짝짓기가 끊임없는 성적 흥분으로 변해 가며 추락에 추락을 거듭했다. 결국 그들은 순간순간 행복하던 삶에서 사라진 과거와 머나먼 미래를 근심 걱정하는 삶으로 타락했다.
타락은 계속 진행 중이었고 그 궤적은 점점 더 아래로만 향했다. 지식의 우물에 빨려 들어간 다음에는 그저 곤두박질칠

수밖에 없어서 점점 더 많은 것을 배우지만 점점 더 행복해
질 수는 없었다.

-마거릿 애트우드,《홍수의 해》

원시주의적 환경 사상과 은밀한 판타지 ————

오늘날의 원시주의는 과거 사람들이 생각하지 못했던 독특한
형태를 취하고 있다. 현대의 원시주의는 다름 아닌 환경주의의
얼굴을 하고 나타난다.

원시주의적 환경주의자들의 논리는 단순하다. 오늘날의
모든 환경문제는 고도화된 자본주의와 세계화, 기술 발전으로
인해 생겨난 것이므로 지구 환경을 지키기 위해서는 자본주의
와 무역, 첨단 기술이 없는 생활로 돌아가야 한다는 것이다. 자
본주의와 무역, 첨단 기술이 없는 세계란 다름 아니라 모든 사
람이 자기 먹을 것을 자기 손으로 직접 기르는 자급자족적인 농
민들로 이루어진 세계다. "모두가 농사를 짓는 세상이라니! 이
러한 세상에서 무슨 환경문제가 생기고 멸종 위기의 동물이 생
기겠는가?"

원시주의는 무시할 수 없는 원초적 매력을 가지고 있지만
이를 덜컥 수용하거나 추종해서는 안 되는 이유 또한 많다. 실
제 우리 선조들은 고결한 원시인의 모습과는 거리가 먼 삶을 살
았다는 점(자세한 내용은 스티븐 핑커의《우리 본성의 선한 천사》를 참
고)과 원시주의가 서구 중심의 차별적 사상이라는 점이 특히 문

제가 된다(에드워드 사이드가 동명의 책에서 다룬 '오리엔탈리즘' 또한 넓게 보아 원시주의의 변형이라 할 수 있다).

하지만 우리가 특히 염두에 두어야 할 점은 원시주의 사상이 지구의 동식물들을 멸종으로 몰아넣고 자연을 파괴하는 방향을 가리키고 있다는 사실이다. 다시금 강조하지만 지구의 자연과 동물의 번영을 위해서 우리가 해야 할 가장 중요한 일은 자연에 땅을 돌려주는 것이다. 자연에 땅을 돌려주기 위해서는 농업 생산성을 향상시키고 인구 증가를 통제할 뿐만 아니라 비만율을 높이는 육식 위주의 식문화에서 멀어짐으로써 식량 생산에 쓰이는 땅의 크기를 줄여야 한다. 반면 원시주의 환경운동가들이 이상으로 삼는 것처럼 지구 80억 인구 대부분이 비료, 농약, 개량종자를 쓰지 않고 잉여농산물을 교역하지 않는 원시적이고 자급자족적인 농부로 돌아간다면 우리는 어마어마한 면적의 땅을 자연으로부터 강탈해 논밭으로 삼을 수밖에 없다. 이는 지구의 자연에 대한 사형선고다.

그렇다면 우리는 다음과 같은 합리적인 의문을 제기할 수밖에 없다. 원시주의적 환경 사상가들은 도대체 왜 이러한 주장을 하는 것일까? 이들은 왜 지구 환경에 커다란 악영향을 주는 일을 가지고 오히려 지구 환경을 위한 일이라며 신봉하고 전파하고 있는 것일까?

많은 분들이 이와 같은 질문에서 헤어날 수 없겠지만 나 또한 이 문제에서는 별다른 도움이 되지 않을 듯하다. 앞서 살펴본 것처럼 나는 그저 이들의 주장이 우리에게 어떤 원초적인 매력을 발산하는지 분석할 수 있을 따름이지 이들이 어떤 경로로 이처럼 명백하게 모순적인 사상을 갖게 되었는지는 도무지 헤아릴 수가 없다. 그러니 "왜?"라는 질문은 잠시 접어두고 여기서는 이들이 자신들의 사상을 어떤 식으로 합리화하고 있는지만 파악해보도록 하자.

원시주의 환경 사상가들이 자기들 사상의 모순에 대처하는 방법은 크게 두 가지가 있다. 첫째는 명백한 현실을 부정함으로써 사상의 내적 모순을 없애는 것이다. 대표적으로 이들은 비료와 농약, 개량종자를 사용하는 산업형 농업이 유기농에 비해 생산성이 높지 않다고 주장한다.

이들의 주장과 달리 오늘날의 농업 생산성은 1950년에 비해 3배가 증가했으며(이 과정을 '녹색 혁명(green revolution)'이라 부르기도 한다), 이는 아무리 '기적의 통계'를 동원한다 해도 부인할 수 없는 사실이다. 하지만 원시주의 사상가들에게는 기적의 통계를 넘어선 무기가 있다. 그것은 몽환이다. 이들은 사실을 동원해 대중을 설득하려 하지 않는다. 그 대신 대중의 원시주의 판타지에 부합하는 주장을 주술처럼 반복함으로써 사람들을 몽환에 빠뜨리려 한다.

이 말이 믿기 어렵다면 EBS의 〈위대한 수업〉 시리즈에 출연한 반다나 시바(현대 원시주의 환경 사상을 대표하는 인물 중 한 명이다)의 강연을 한번 찾아보자. "녹색 혁명은 농업 생산성을 증가시키지 못했습니다", "녹색 혁명은 기아를 감소시키지 못하고 증가시켰습니다", "비료는 독가스를 만드는 것과 같은 기술로 만든 것입니다"와 같은 주장으로 청중을 최면에 빠뜨리려는 모습을 확인할 수 있다(참고로 비료는 독가스를 만드는 것과 같은 기술, 즉 '화학'으로 만든 것이다. 프리츠 하버라는 화학자가 화학비료뿐만 아니라 독가스를 개발한 인물이라는 사실만을 부각해 비료 사용을 막고 현대 문명에 대한 혐오를 부추기는 주장이다).

몽환에 의지해 현실을 부정하는 방법은 우리 정신에 해로운 영향을 미친다. 무지와 독선에 갇히게 되고 현실 감각을 잃어버리며, 다른 이들과 정상적인 대화와 토론을 나눌 수 없게 된다. 반면에 원시주의 환경 사상가들이 자기 사상의 모순에 대처하는 두 번째 방법은 첫 번째만큼 병적이거나 해롭지는 않다. 이는 일단 당면한 현실을 엄정한 것으로 인정한 뒤 이를 내밀한 개인적 판타지나 문학적 승화를 통해 극복하는 방법이다.

어떤 판타지를 활용하면 현실을 부정하지 않고 원시주의 환경 사상의 내적 모순을 해결할 수 있을까? 가장 문제가 되는 점은 현대 세계를 원시적 농업공동체 중심으로 되돌리기에는 지구상에 사람들이 이미 너무 많이 살고 있다는 것이다. 이와 같은 현실을 인정한다면, 또한 이와 같은 현실로부터 좌절과 분노와 회한을 느낀다면 여기에 특효약이 될 수 있는 은밀한 판타지가 한 가지 있다. 바로 인류의 멸망을 꿈꾸는 것이다. 즉 원시주의자들은 아포칼립스를 꿈꾸고, 포스트 아포칼립스 세계의 낭만을 추구하게 된다.

오늘날 환경운동과 관련해 미국의 큐어넌(QAnon, 극우 음모론 단체)의 음모론자들 사이에 널리 퍼져 있는 믿음이 한 가지 있다. 세계 역사를 뒤에서 조종하고 있는 일루미나티와 프리메이슨, 도마뱀 인간과 글로벌 엘리트와 환경운동가들, 조지 소로스와 빌 게이츠가 세계 인구의 절반을 감축하는 '더 그레이트 리셋(The Great Reset)'을 획책하고 있다는 믿음이다. 이를 위해 활용하는 것이 코비드-19와 같은 신종 바이러스와 그 백신이라는 주장인데, 도대체 무슨 정신 나간 소리냐고 욕할 기운조차 없다. 그러나 더 놀라운 사실은 이러한 음모론이 나름의 근거를 가지고 있다는 점이다. 즉 큐어넌 음모론자들이 말하는 그레이트 리셋은 원시주의 환경 사상가들의 인류 멸망 판타지를 나름의 방식으로 이해하고 활용한 것이라 할 수 있다.

앞서 인용한 마거릿 애트우드의 《미친 아담》 시리즈는 원시주의적 인류 멸망 판타지의 대표작이기도 하다(관련된 내용을 이야기할 때마다 곧바로 떠오를 정도의 명작이다 보니 매번 언급하지 않을 수가 없다. 내 안에서 포스트 아포칼립스 SF를 사랑하는 원시주의자의 면모와 동물을 사랑하여 실질적 해결책을 도출하고자 하는 합리적 인간으로서의 면모가 전쟁을 벌이고 있다). 이 소설에서 인류는 스스로 저지른 모든 타락의 결과로 크레이크라는 인물의 손에 멸망하게 되는데, 이때 크레이크가 사용한 방법이 100퍼센트 치사율의 바이러스를 마약의 형태로 전 세계에 유통하는 것이었다. 소설 속의 크레이크는 어떤 생각으로 이러한 일을 한 걸까?

이제부터 그가 생각했던 것을 말해줄게요.

혼돈 속에서 사람들은 배울 수가 없었어요. 그들은 자신들이
바다와 하늘과 식물과 동물에게 무슨 짓을 하고 있는지 이
해할 수가 없었거든요. 그들은 자신들이 그것들을 죽이고 있
고 그러면 결과적으로 자신들을 죽이는 결과를 가져올 거라
는 사실을 이해할 수가 없었어요. 게다가 그런 사람들이 무척
이나 많았고 그들 한 사람 한 사람이 그 사실을 아는지 모르
는지 여하튼 죽이는 일을 부분적으로 하고 있었어요. 그리고
그들에게 이제 그만 멈추라는 말을 해줘도 그들은 남의 말을
듣지 않아요.

그래서 할 수 있는 일이 딱 하나 남아 있었어요. 나무들과 풀
들과 새들과 물고기 등과 함께 지구가 아직은 존재하는 동안
대부분의 사람들을 이 지구상에서 깨끗이 없애버리든가 아
니면 그 모든 것이 하나도 남지 않게 되었을 때 모두 함께 죽
어버리든가 선택해야 했어요. 왜냐하면 그런 것들이 하나도
남지 않게 된다면 결국 아무것도 존재하지 못할 것이기 때문
이지요. 심지어 사람조차 한 명도 살아남지 못할 거예요.

하지만 아무리 그런 사람들이라고 해도 기회를 한 번 더 주
어야 하지 않을까? 크레이크는 자기 자신에게 물어보았어요.
그런데 대답은 '아니다.'였어요. 왜냐하면 그들한테는 이미

두 번째 기회가 주어졌기 때문이지요. 그들에게 두 번째 기회는 아주 많이 왔었거든요. 이제 결정의 순간이 다가왔어요.

-마거릿 애트우드, 《미친 아담》

몽환에 의지해 현실을 부정하는 원시주의자들의 주장이 현실에 적용된다면 파국적인 결과가 초래될 것이다. 다행히 그들의 비현실적인 주장을 정책으로 도입할 나라는 없다고 봐도 무방하다. 원시주의 환경 사상은 실제로 세상을 더 좋은 곳으로 바꾸고, 미래의 지구 환경을 위해 대안을 제시하는 사회사상이 아니라 바쁜 삶에 지친 현대인에게 심리적 도피처를 제공하는 판타지이자 탁상공론일 뿐이다. 우리는 이와 같은 이야기에 소중한 시간과 마음을 쏟을 여유가 없다.

꿀벌
Honey bee

자료: Unsplash, Maxime Gilbert

서식지   사막과 빙하를 제외한 땅 위 모든 곳.

생태   전 세계에 8종의 꿀벌과 43종의 아종이 존재함. 꽃을 수분하는 곤충의 대명사. 놀라운 수학적 구조물인 벌집을 짓고 고도의 위계사회를 이루어 생활함. 춤을 통해 먹이나 적이 있는 방향과 거리, 새로운 둥지 후보지의 위치를 동료들에게 알릴 수 있음. 두 종의 가축화된 꿀벌이 존재함.

보존   유럽을 중심으로 한 IUCN의 조사에 따르면 꿀벌을 포함한 모든 종류의 야생벌 중 10퍼센트가량이 멸종 위기로 구분됨.

매력   집단을 위해 몸을 던지는 희생정신과 궁극적인 근면성을 상징하는 동물. 에코시스템 서비스와 관련해 인간이 가장 큰 고마움을 느끼는 동물 가운데 하나임. 꿀벌이 귀엽다는 사람도 물론 있음.

역할   먼저 건드리거나 위협하지 않으면 공격해오지 않지만, 만약 겁 없이 건드렸다가는 불같은 복수를 당한다는 점에서 인간이 자연을 어떻게 대해야 하는지 가르쳐주는 역할을 함. 최근에는 생태계의 건전한 균형 또는 균형의 소실을 상징하는 동물이기도 함. 원시와 자연, 유기농 등 원시주의적 몽환을 상징하기도 하기에 《미친 아담》 시리즈 등의 원시주의 작품에 자주 등장함.

돈 잘 쓰는 방법

현대인의 삶은 돈을 버는 일과 돈을 쓰는 일로 이루어진다고 해도 과언이 아니다. 삶의 이 두 가지 측면이 모두 원활하게 작동할 때 우리는 이를 행복한 삶이라 부르곤 한다. 돈 버는 일과 돈 쓰는 일 중 어느 쪽이 더 중요한지 우열을 가리기는 힘들다. 버는 일과 쓰는 일은 서로 다른 효용과 의미를 갖기 때문이다.

　돈 버는 일의 의미와 관련해 내가 가슴 깊이 새기고 있는 말이 한 가지 있다. 무려 300년 전에 활약했던 계몽사상가 볼테르가 쓴 대사다. 천하제일의 박식가였던 볼테르는 국경을 초월한 명성과 추방자의 낙인을 모두 경험한 뒤 자신의 최고 걸작 중 한 편으로 평가받는 철학 소설 《캉디드》를 썼다. 이 작품의 종장에서 볼테르는 한 튀르키예 농부의 입을 빌려 돈 버는 일의 의미를 다음과 같이 설명한다.

"일은 우리를 세 가지 악에서 벗어나게 한답니다. 그 세 가지란 권태, 방탕, 궁핍이지요."

돈 버는 일을 통해 삶을 근본부터 갉아먹는 권태, 방탕, 궁핍에서 벗어난다 해도 그 이상의 즐거움과 의미감은 돈 쓰는 일로 채워 넣어야 한다. 돈을 잘 쓰는 것은 돈을 잘 버는 것만큼이나 어려운 일이다. 예를 들어 너무 휘발성이 큰 소비에 중점을 두면 소비 행위가 끝난 뒤에 밀려오는 허탈감 때문에 돈을 쓰기 전보다 오히려 더 공허한 상태가 된다. 비싼 음식을 먹었는데 조금 지나고 나니 맛이 잘 기억이 안 난다거나 심지어 비싼 것치고 맛도 별로였다든가 하는 일이 생기면 사람 힘이 그렇게 빠질 수가 없지 않은가. 사행성이 높은 행위에 돈을 쓰는 것도 마찬가지다. 도박으로 재산을 탕진하거나 모바일 게임의 확률형 아이템에 돈을 날리면서 삶의 재미와 의미를 느낄 수는 없으니 말이다.

최근 돈 잘 쓰는 문제에 대해 가장 많은 의견을 내는 사람들이 바로 심리학자들이니 이쪽 의견을 한번 들어보자. 먼저 물건이 아니라 경험을 사야 한다는 주장이 있다. 이 가설을 제안한 토머스 길로비치는 "읽지 않고 서가에 꽂아둔 책은 물건이다. 하지만 즐겁게 읽고 반전을 만끽한 책은 경험이다"라고 말한다. 즉 단순한 구매에 그치지 않고 그로부터 의미 있는 경험을 이끌어내야 행복한 소비라고 할 수 있다는 얘기다.

또 다른 심리학자 엘리자베스 던은 하기 싫은 일에 시간을 쏟지 않게 해주는 서비스를 구매하라고 말한다. 던은 이를 "시간을 구매한다"라고 표현한다. 또한 엘리자베스 던과 하이디 모체 등은 다른 이들을 위해 돈을 쓰거나 기부를 하는 것이 자기 자신을 위해 돈을 쓰는 것보다 더 큰 행복감을 준다는 사실을 보여주었다. 그 밖에 건강을 사는 데 돈을 써야 한다거나 특별한 의미를 부여할 수 있을 때만 돈을 써야 한다는 의견도 있다.

이처럼 심리학자들이 제안하는 현명한 소비 또는 행복한 소비 요령들은 일견 난분분해 보일지 몰라도 몇 가지 핵심적인 내용을 공유한다. 먼저 이들은 돈 쓰는 행위 자체에는 아무런 즐거움과 의미가 담겨 있지 않다는 데에 입을 모은다. 우리는 간혹 많은 돈을 펑펑 쓰기만 하면 그 자체로 즐거움과 의미감이 느껴지리라 생각하는데 이는 커다란 착각이라는 것이다. 무턱대고 돈을 써댄다고 해서 행복해질 수는 없다. 그 돈을 어디에 쓸 것인지가 모든 것을 결정한다.

나아가 심리학자들이 공통적으로 강조하는 바는 우리에게 장기간의 긍정적 영향을 미칠 수 있는 요소가 무엇인지 잘 생각해서 이를 구매하는 데 돈을 쓰라는 것이다. 예를 들어 내가 돈을 정말 잘 썼다고 생각하는 일 가운데 하나는 길리 메노를 여행하며 바다거북을 만나는 데 돈을 쓴 일이다. 이 일은 일순간의 재미와 감동을 넘어 오랜 기간 내게 긍정적 영향을 미치고 행복의 원천이 되어주었다.

오랜 기간 긍정적인 영향을 미치는 소비에는 여러 가지가 있다. 자연을 여행하며 그곳의 동물을 만나는 일, 깊은 감동을 주는 영화나 책을 구매하는 일, 들을 때마다 추억이 떠오르는 좋은 노래를 소장하는 일 등등. 여러 가지 현명한 소비 중 모든 이에게 꼭 권하고 싶은 것은 어려움에 처한 동물들을 위해 돈을 쓰는 일이다.

우리가 동물들을 위해 쓰는 돈 한 푼 한 푼은 깜짝 놀랄 만큼의 의미를 지니고 있다. 우리는 이미 마다가스카르의 여우원숭이 사례를 통해 우리가 기부하는 만 원, 10만 원이 어느 정도의 의미를 갖는지 알아본 바 있다. 이번에는 우리 돈의 커다란 가치를 강조해주는 또 다른 사례인 IUCN의 경우를 살펴보자.

전 세계 동식물의 보존 상태를 파악하고 그 변화 추세를 추적하는 IUCN은 국제적인 생물다양성 보존운동의 핵심을 이루는 단체 가운데 하나다. IUCN이 종합하는 현황과 추세 정보가 있기에 다른 여러 운동가들과 정책 결정자들이 각자의 한정된 자원을 최대한 효과적으로 활용할 수 있다고 볼 수 있을 정도다.

즉 IUCN 덕분에 우리는 보존 상태가 급격히 나빠져서 심각한 위기종(CR)으로 전락한 동물들에게 가장 많은 돈과 정치 역량과 운동가들의 노력을 집중시킬 수 있다. 이때 동물원이나 연구 센터에서 사육하며 위기종의 유전 정보를 조사해서 적합한 짝과 짝짓기를 시키는 방법이나 서식지를 긴급히 보호구역으로 지정하고 농사와 수렵을 금지하는 방법, 또는 서식지 안에 먹이를 산더미처럼 쌓아주는 방법 등이 활용된다. 이와 달리 IUCN이 위기근접종(NT)으로 구분한 동물들에게는 사랑을 주고 서식지를 보존하는 일에 관심을 기울이되 심각한 위기종(CR)이나 멸종위기종(EN)에게 써야 할 피 같은 돈을 낭비하지 않을 수 있다.

나아가 IUCN은 동물의 보존 상태가 왜 좋지 않은지 또는 왜 나빠지고 있는지를 종합적으로 알려준다. 예컨대 IUCN 홈페이지에서 코알라를 검색어로 넣어보면 코알라의 보존 상태가 달랑 뜨는 것이 아니라 16페이지짜리 pdf 문서의 링크가 뜬다. 여기에는 코알라의 보존 현황과 서식지, 생태, 개체 수에 대한 자료와 함께 코알라를 위협하는 요인들과 현재 진행 중인 보존운동과 정책이 자세히 나와 있다. 이처럼 IUCN은 우리가 어떤 동물들에게 집중적인 관심을 기울여야 하는지를 알려줄 뿐만 아니라 이 동물들을 어떤 식으로 도와주어야 하는지도 가르쳐준다.

그렇다면 이렇게 중요한 역할을 하는 IUCN은 얼마만큼의 돈을 필요로 할까? IUCN이 4년 주기로 발간하는 보고서에 직접 명시해놓은 것을 보면 1년에 530만 달러가 필요하다고 한다. 우리 돈으로 70억 원 정도다. 1년에 70억이면 우리나라 사람들 7만 명이 10만 원씩 정기후원을 하는 것만으로 충족되는 액수다. 참으로 놀라운 일이다. 전 세계 생태계 보존운동의 중추가 되는 단체를 움직이기 위해 필요한 돈이 이것밖에 되지 않는다는 사실이 놀랍고, IUCN 정도 되는 단체가 이 정도 액수를 모금하지 못해서 보고서를 통해 후원을 호소한다는 사실도 놀랍다.

이처럼 여러 생태계 보존단체들은 우리의 만 원, 3만 원, 10만 원을 절실히 필요로 할 뿐 아니라 이 돈을 가장 필요한 곳에 가장 효과적으로 쓸 준비가 되어 있다. 그러므로 우리가 돈을 써서 전 세계의 멸종 위기 동식물을 돕고 싶다면, 그리고 이를 통해 행복을 누리고 싶다면 IUCN이나 세계자연기금 등의 국제단체를 후원하는 편이 가장 적절한 방법이다.

한 가지 재미있는 사실은 우리나라의 동식물을 위해 돈을 쓰고 싶다는 마음이 들 때도 IUCN이나 세계자연기금과 같은 국제단체를 후원하면 좋다는 것이다. 이들이 우리나라 동물들을 보존하는 일에도 자원을 투입한다는 것이 한 가지 이유이고, 이들을 후원하는 것 외에는 우리나라 동물들을 위해 직접 돈을 기부할 방법이 마땅치 않다는 것이 또 다른 이유다,

우리나라 동물들을 위해 직접 기부하는 방법이 마땅치 않은 데에는 합당한 사유가 있다. 우리나라는 개인 기부자들의 선의에 의지해 자연보존을 하는 것이 아니라 국가 정책과 예산으로 자연과 생물다양성을 보존하고 있다. 이를테면 우리나라 여러 국립공원의 생태계를 연구하여 보존 대책을 세우고 국립공

원 깃대종들의 보존과 재도입을 관장하는 기관으로 국립공원공단 산하의 국립공원연구원이 있다. 국립공원연구원과 그 상위 기관인 국립공원공단은 모두 투명하게 운영되는 국가 기관이어서 개인의 기부를 받지 않는다.

그러므로 우리나라 깃대종들을 위해 우리가 할 수 있는 가장 좋은 일은 앞서 요약했던 것처럼 환경 훼손을 방지하고 로드킬에 주의하며 국립공원공단의 깃대종 보호와 재도입 정책에 많은 관심과 성원을 보내는 것이다. 그럼에도 우리나라 깃대종들을 위해 돈을 쓰고 싶다는 마음이 든다면 그때는 우리나라 생태계 보존을 위해서도 열성적으로 활동하고 있는 국제 보존단체들을 후원하는 일을 진지하게 고려해보자.

2020년대의 프리미엄

아직도 생태계 보존단체를 후원하는 일이 주저되는 분을 위해 오늘날 우리의 후원 행위가 가지는 특별한 의미를 한 가지 더 이야기하려고 한다. 핵심이 되는 단어는 '오늘날'이라는 단어다. 우리가 지금 이 순간, 2020년대에 동물들을 위해 돈을 쓴다는 사실에 특별한 의미가 담겨 있다는 뜻이다.

앞서 우리는 자연으로부터 땅을 빼앗던 흐름이 오늘날 자연에 땅을 돌려주는 흐름으로 전환되고 있음을 살펴본 바 있다. 유엔은 이미 2030년까지 세계의 숲을 3퍼센트 증가시킨다는 목표를 수립했고 세계자연기금과 IUCN 또한 2030년부터 생물다양성을 증가세로 돌려놓는 것을 목표로 명시했다.

이처럼 2020년대는 이제껏 수세적이었던 생물다양성 보존운동이 공세적인 생태계 회복운동으로 전환되는 중요한 시기다. 우리가 바로 지금 세계 각지의 보존운동을 후원한다면 역사상 두 번 다시 없을 인간-지구 관계의 대전환기에 작지만 뚜렷한 발자국을 남기는 일이 될 것이다.

이처럼 중요한 시기에 "우리나라에 관심을 기울여야 하는가 아니면 외국에 관심을 기울여야 하는가?"라는 질문을 받는다면 "그걸 둘 다 하는 일이 그렇게 어렵지는 않습니다"라고 답할 것이다. 우선 그 두 가지 일은 배타적이지 않다. 우리나라의 여러 멸종 위기 동물을 돕는 데에는 우리의 관심과 참여, 행동이 중요하고, 해외의 여러 동물을 돕는 데에는 우리의 돈이 중요하기 때문이다.

우리나라의 생물다양성을 회복하는 일은 2020년대 대전환기에 있어 우리가 가장 먼저 해야 하는 일이고 또한 가장 잘할 수 있는 일이다. 가까운 곳에서 우리의 노력이 어떤 결실을 맺는지 확인할 수 있고 그 모든 결과를 직접 누릴 수 있다는 점도 중요하다. 더욱 아름다워지는 우리의 숲과 하나둘씩 모습을 드러내는 깃대종들의 모습을 확인하면서 우리는 지구의 자연을 위해 더욱 열렬히 행동하는 친환경 인간이 될 수 있다.

한편 세계 여러 나라를 돕는 일도 우리나라 생태계를 회복하는 일만큼이나 중요하다. 이는 지구화된 세계에서 우리가 해야 할 최소한의 의무를 다한다는 의미를 갖는다. 오늘날의 지구화된 식량 체계는 세계 각지의 기아를 퇴치하고 남아도는 한 톨의 쌀마저 남김없이 유통함으로써 농업 생산성을 극대화하는 데 일조한다. 하지만 이는 또한 인도네시아에서 오랑우탄이 멸종 위기에 몰리는 일과 중앙아프리카의 코끼리가 사라지는 일 모두 대한민국에 사는 우리와도 관련되어 있다는 의미이기도 하다. 우리는 세계에 유통되는 육류와 수산물의 4퍼센트를 수입하고 곡물의 2.9퍼센트를 수입하는 등 지구화된 식량 체계의 커다란 수혜자이자 이 체계가 돌아가게 만드는 중요한 동력원이다.

이렇게 우리나라가 풍요로운 먹거리를 누릴수록 지구의 생태계는 조금씩 파괴될 수밖에 없다. 따라서 우리는 급격한 자연 파괴를 겪고 있는 세계 여러 나라를 도울 책임이 있다. 나아가 다른 나라에서 활동하는 보존 학자와 운동가들을 돕는 일은 우리의 돈을 가장 필요로 하는 곳에 쓴다는 의미가 있다. 앞서 1장의 '가지 마, 아무도'에서 살펴본 것처럼 오늘날 가장 빠른 속도로 파괴되고 세계 여러 나라 사람들의 도움을 가장 많이 필요로 하는 곳은 가난한 나라들의 자연이다.

이와 같은 사실을 확인할 수 있는 자료를 한 가지 살펴보도록 하자. 어느 나라의 자연이 얼마나 파괴되고 있는지 알게 해주는 각국의 숲 면적 변화 자료다. 유엔식량농업기구에서 발간한 이 자료에서 2010년부터 2020년 사이에 숲이 가장 많이

숲이 가장 많이 줄어든 국가들

국가	연간 삼림 면적의 변화		1인당 명목 GDP (달러, 2024년 기준)
	증감 면적(㎢/년)	변화율(%)	
브라질	-14,960	-0.30	10,413
콩고민주공화국	-11,010	-0.83	675
인도네시아	-7,530	-0.78	5,109
앙골라	-5,550	-0.80	2,550
탄자니아	-4,210	-0.88	1,327
파라과이	-3,470	-1.93	5,843
미얀마	-2,900	-0.96	1,381
캄보디아	-2,520	-2.68	1,916
볼리비아	-2,250	-0.43	3,858
모잠비크	-2,230	-0.59	647
잠비아	-1,880	-0.41	1,486
수단	-1,720	-0.89	534
페루	-1,710	-0.23	7,669
콜롬비아	-1,660	-0.28	6,976
아르헨티나	-1,640	-0.56	13,297
나이지리아	-1,630	-0.73	1,755
멕시코	-1,250	-0.19	13,804
차드	-1,210	-2.45	703
보츠와나	-1,180	-0.74	7,758
코트디부아르	-1,120	-3.29	2,728

이 표는 가난이 숲을 파괴한다는 사실을 여지없이 보여준다. 2024년 기준 세계 1인당 GDP 평균치는 13,840달러지만 표에 나오는 국가들의 평균치는 4,694달러에 불과하다. 1인당 GDP가 34,165달러에 이르는 우리나라와는 비교할 수가 없을 정도다.

줄어든 나라 1위부터 20위로 지목된 나라들을 옆의 표로 정리해보았다. 표에는 이들 나라에서 해마다 얼마나 넓은 면적의 숲이 줄어들었는지, 그것이 그 나라 전체 숲의 몇 퍼센트에 해당하는지, 그리고 각국의 1인당 GDP 수준은 어느 정도인지를 표기했다.

표에 나온 것처럼 세계에서 가장 가난한 나라들은 폭증하는 인구를 부양하고 기아를 면하기 위해 자국의 광활하고 아름다운 자연을 침식하거나(콩고민주공화국, 탄자니아, 모잠비크 등) 얼마 남지 않은 숲을 더욱 위태롭게 만들고 있다(수단, 차드 등). 이보다 사정이 조금 나은 나라들(브라질, 멕시코, 아르헨티나 등)도 가난에서 벗어나거나 경제 도약을 이루기 위해 여전히 자국의 숲을 농장과 목초지로 바꾸고 있다.

표에 등장하는 나라들 외 세계 모든 나라로 통계를 확대해보아도 이와 같은 경향을 확인할 수 있다. 부자 나라들이 많은 유럽(+34,800km^2), 동아시아(+190,100km^2), 북미(-5,700km^2), 오세아니아(+42,300km^2)는 지난 10년간 삼림 면적이 증가 또는 답보 추세를 보인 반면 가난한 나라가 많은 아프리카(-393,800km^2)와 남미(-259,700km^2), 남아시아와 동남아시아(-94,100km^2)에서는 같은 기간 상당 면적의 숲이 줄어들었다.

가난한 나라들이 자국의 자연을 파괴하지 않거나 적어도 파괴 속도를 현저히 줄여가며 늘어나는 인구를 부양하고 경제를 발전시킬 수 있도록(그리하여 인구 조절과 자연 회복에 눈을 돌릴 수

자료: Wikimedia Commons, Radio Okapi

자료: Wikimedia Commons, Pierre Fidenci

콩고민주공화국의 살롱가 국립공원의 모습(위)이다. 세계에서 가장 가난한 나라 중 하나이자 세계에서 가장 광활하고 아름다운 자연을 가진 나라 중 하나인 콩고민주공화국에서는 자연보존운동이 큰 어려움에 처해 있다. 야생동물을 사냥하거나 숲을 밀어내고 농지를 개척해야 먹고살 수 있는 현지인들이 생물다양성 보존운동에 강하게 저항하고 있기 때문이다. 아프리카 열대우림과 생물다양성의 최후

자료: Wikimedia Commons, Radio Okapi

자료: Wikimedia Commons, Thomas Breuer

보루인 살롱가 국립공원은 멸종위기종(EN)인 보노보(왼쪽 아래), 오카피(오른쪽 위)
와 심각한 위기종(CR)인 아프리카숲코끼리(오른쪽 아래)의 보금자리로 유명하나
현지인들은 이 공원의 존재를 달가워하지 않는다. 이곳을 보존하기 위해서는 현
지인과 야생동물 사이의 갈등을 중재할 수 있는 돈의 힘이 무엇보다 중요하다.

있도록) 돕는 가장 좋은 방법 또한 국제 보존단체를 후원하는 것이다. 우리가 세계자연기금이나 IUCN을 후원하면 이들은 그 돈을 가난한 나라와 그곳의 사람들과 그곳에서 활동하는 학자, 운동가들에게 보낸다. 결국 우리가 후원한 소중한 돈은 가난한 나라에서 농업 용지가 무분별하게 확산되거나 야생동물이 사냥당하는 일을 막고, 자연보호구역이 확장되고 철저히 관리되도록 하며, 세계에서 가장 가난한 사람들의 농업 생산성 향상을 돕고 농민과 동물들 사이의 갈등을 중재하는 데 쓰이게 된다.

동물을 사랑하는 마음을 적극적으로 표현하고 싶은 많은 사람에게 오늘날은 참으로 좋은 시대가 아닐 수 없다. 액수가 많든 적든 금전적 기여를 할 수 있는 방법이 많고 우리의 돈을 효과적으로 운용해줄 단체도 많다. 이렇게 우리 돈을 가치 있게 쓸 수 있는 경우도 많지 않다. 주변에 "10만 원의 돈으로 뭘 구매해야 가장 행복을 느낄까?"라고 궁금해하는 사람이 있다면 괜한 고민 말고 자연보존단체를 후원해보라고 권해보자.

재규어
Jaguar

서식지 남아메리카와 중앙아메리카.

생태 호랑이나 사자보다 몸집은 작지만 무는 힘이 엄청나서 거북이의 등껍질이나 사냥감의 두개골을 뚫을 수 있음. 중앙아메리카와 남아메리카 생태계의 최상위 포식자. 재규어가 멜라니즘(melanism, 즉 '흑화')을 보이면 흑표범이 되는데, 그 숫자는 전체의 10퍼센트 정도임.

보존 위기근접종(NT). 다른 표범속 동물들(호랑이, 사자, 표범, 눈표범)에 비해 보존 상태가 좋지만 멕시코, 브라질, 아르헨티나 등지에서 엄청난 면적의 서식지를 빼앗겨 개체 수가 감소하고 있음. 우루과이와 엘살바도르의 야생에서 절멸됨.

매력 와일드한 외양과 무자비한 사냥꾼의 면모 때문에 중남미의 울창한 정글과 야성미를 상징함. 힘과 용맹함의 상징으로서 중남미 전역에서 숭상되고 각종 공예품과 미술품의 모델이 되었으며 현대에는 영국의 유명 자동차 브랜드의 이름이 되기도 함.

역할 광활하고 풍요롭지만 벌목과 농업 용지의 확장으로 꾸준히 파괴되는 중남미 자연을 대표하는 깃대종.

모두 함께하는
길 외에
다른 길은 없다

이제 지구의 자연과 깃대종에 대한 우리의 탐구를 마무리할 때가 되었다. 이 여정을 함께해온 모두가 자연과 동물의 미래에 대해 더욱 긍정적이고 희망적인 관점을 갖게 되었기를 바란다. 희망이 샘솟는 원천은 다음의 세 가지라 할 수 있다. 첫째는 오늘날 인류가 동물을 무척 사랑한다는 사실이고, 둘째는 우리가 동물들을 위해 무엇을 해야 할지 잘 알고 있다는 점이며, 셋째는 2030년부터 지구의 자연을 확장하고 생물다양성을 증가세로 돌려놓을 수 있다는 관측과 목표 의식이다.

이와 같은 희망 속에서 우리는 건강한 식단 꾸리기나 생물다양성 보존단체 후원하기 등 개별 소비자 입장에서 실천 가능한 일들을 꾸준히 해나갈 수 있다. 하지만 이와 같은 소비자 운동 또는 개인 차원의 실천이라 부를 수 있는 일들은 어쩌면 별다른 의미가 없을 수도 있다. 이는 '모두가 함께'라는 전제하에서만 효과를 발휘하기 때문이다.

　모두가 함께한다는 것은 내일 하늘이 두 쪽 나는 것만큼이나 비현실적인 일일지도 모른다. 지금까지 이 어려운 전제조건을 해결하지 못해 좌초하거나 표류하게 된 사회운동이 얼마나 많았던가. 모두가 함께 평화를 추구한다면, 모두가 함께 평등한 세상을 만든다면, 모두가 함께 생태계를 보존한다면 등등. 무수한 이상주의자를 공상의 영역에 붙들어 매고 역사의 뭇매를 맞게 한 것이 '모두가 함께'라는 이 무시무시한 말이다.

　'모두가 함께'라는 말이 이처럼 달성하기 어려운 전제조건이라는 사실을 사람들은 다 알고 있다. 그러나 인간 사회의 변화를 꿈꾸는 사람이라면 이 어려운 전제조건으로 매번 다시 돌아오지 않을 도리가 없다. 세상은 80억 명의 사람과 195개의 나라로 이루어져 있다. 이 거대한 세상을 움직이고 역사에 변화를 가져오는 방법은 최대한 많은 사람이 같은 방향으로 움직이는 방법밖에 없다.

　지구의 자연 또는 동물들을 위해 행동하는 일이 특히 그렇다. 이러한 행동을 사람들에게 널리 퍼뜨리지 못한다면 소수의 사람들이 아무리 노력해봤자 소용이 없다. 예를 들어 우리나라 자가용 차주들 중 1퍼센트가 더 이상 자가용을 타지 않고 대중교통만을 이용하며 살기로 결심한다 해도 달랑 우리나라 자동차 연료 소비량의 1퍼센트(즉 자동차 연료 소비에서 발생하는 온실가스의 1퍼센트)를 감축할 수 있을 뿐이다. 반면 우리나라 차주들 모두가 자동차를 5퍼센트나 10퍼센트 정도 덜 타고 그만큼 대중교통을 이용하거나 자전거를 타거나 걸어 다닌다면 당장 우리나라 자동차 연료 소비가 5퍼센트, 10퍼센트 줄어들고 그만큼의 온실가스가 감축된다. 우리나라 사람들 중 1퍼센트가 전기를 아예 쓰지 않기로 작정한다 한들 우리나라 전기 소비량의 1퍼센트가 줄어들 뿐이다. 대신 우리나라 사람들 모두가 전기를 5퍼센트, 10퍼센트 덜 쓰기로 하면 소수의 사람이 원시의 삶으로 돌아가는 것보다 5배, 10배 더 나은 결과를 얻을 수 있다.

식단 변화를 통해 지구의 구성에 영향을 미치는 일도 마찬가지다. 소수의 사람이 아예 식음을 전폐하고 일주일 뒤에 아사해버린다 한들 지구의 구성에는 별다른 영향을 미칠 수 없다. 그러나 만약 모든 사람이 함께한다면 그저 건강한 식단을 유지하는 것만으로도 지구의 구성에 결정적인 영향을 미칠 수 있다.

결국 우리가 할 일은 누구나 충분히 실행으로 옮길 수 있는 일을 하면서 이를 최대한 많은 사람에게 퍼뜨리는 것이다. 아무리 중요한 일도 몇 사람만 하면 소용이 없고, 아무리 작은 일도 모두가 함께하면 반드시 의미 있는 결과를 얻을 수 있다. 육류를 다른 식품으로 대체했을 때의 가뿐한 느낌과 의미감을 주변 사람들에게 전파하고, 양식 생선을 먹는 것이 어떤 의미인지 가족들에게 알리고, 생물다양성 보존단체에 기부하고 얻은 인형이 얼마나 귀엽고 자랑스러운지 설파하고 다니는 것이 우리가 할 일이다.

우리는 간혹 "사람들은 도대체 왜 동물들을 위해 행동하지 않지?", "자연을 위해 행동해야 하는 것이 당연한데 사람들은 왜 실천을 안 하지?"라고 생각할 때가 있다. 우리 눈에는 너무도 당연해 보이는 일에 사람들의 참여가 저조하니 저절로 그 이유를 찾게 되는데, 자칫 그 모든 원인을 현대 자본주의에 돌리게 되기도 한다. 사람들은 이기적이고, 거대 기업은 이윤만 추구하고, 선진국들은 헤게모니 유지에만 신경을 써서 그렇다는 식으로 말이다. 딱히 틀린 관점이라고 하기는 힘들지만 동물을 위해 행동하는 사람들 또는 동물을 위한 행동을 널리 퍼뜨리고 싶은 사람들에게는 그리 도움이 되지 않는 관점이다. 우리는 오늘날의 상황을 자본주의의 병폐라며 욕하고 끝낼 것이 아니라 민주주의의 관점에서 바라보고 스스로를 다잡을 필요가 있다.

사람들은 서로 다른 것을 원하고 서로 다른 생각을 한다. 경험과 지식이 다르고 철학과 사상이 다르며 생활환경과 경제생활의 구조도 다 다르다. '모두가 함께'라는 이상을 좌절시키고 운동가들을 염세주의 혹은 극단주의로 몰아넣기에 딱 좋은 조건이기도 하다. 하지만 인간의 다양성은 약점이 아니라 강점이라는 점을 명심해야 한다. 다양성은 호모사피엔스의 사회를 오늘날까지 꾸준히 발전시킨 원동력이며 인류가 내세울 수 있는 가장 결정적이고 근본적인 강점 가운데 하나다.

내일 지구가 멸망해 각각 500명으로 이루어진 두 집단만이 살아남았다고 생각해보자. 첫 번째 집단은 심리학 학회를 하려고 모여 있던 사람들로 대부분 비슷한 지식과 경험, 사상을 지니고 있다. 두 번째 집단은 한 비행기에 타고 있다가 생존한 사람들로 500명 모두가 저마다 독특한 지식과 경험, 사상을 가지고 있다. 어느 쪽 집단이 멸망한 지구에서 생존하고 인류의 문화와 기술을 복원하여 새로운 문명을 일굴 수 있겠는가?

똑같은 지식과 경험을 가진 사람으로만(그것도 심리학자들로만) 500명이 모인 집단은 당장 1년도 생존하기 힘들 것이다. 이들이 지닌 지식과 경험이 아무리 출중하다 해도 기껏해야 유사한 지식과 경험일 뿐이다. 이 집단은 불 피우기나 물 찾기와 같은 간단한 일도 하지 못해 순식간에 전멸될 가능성이 높다.

반대로 500명의 다양한 사람으로 이루어진 집단은 새로운 문명을 일굴 수 있다. 500명 중에 불을 피울 수 있는 사람이 한 명만 있어도 그 집단은 불을 피울 수 있게 된다. 물을 찾을 수 있는 사람이 한 명만 있어도 이내 모두가 물을 찾을 수 있게 된다. 500명 가운데 화학책을 읽을 수 있는 사람 한 명, 발 넓은 리더 한 명, 의사 한 명, 건축업자 한 명, 농민 한 명만 있다면 대부분의 문제를 해결하고 창의적인 발전을 이룰 수 있을 것이다.

지금껏 인류는 생각하는 바와 느끼는 바, 보고 듣고 경험한 바가 상이한 여러 사람의 협력을 통해 눈부신 발전을 이루었다. 인류가 개발한 각종 정치와 사회제도는 이와 같은 다양성의 힘을 살리면서 다양한 사람들 사이에서 발생하는 갈등은 최소화하는 도구들이라 보아도 과언이 아니다. 그리고 이와 같은 목적으로 개발된 제도 중 현재까지 나타난 최선의 제도가 민주주의다.

오늘날 누군가의 의견이 다른 사람들의 반대나 무관심에 부딪히는 것은 자본주의의 병폐 때문에 일어나는 일이 아니라 우리가 민주 사회에 살고 있기에 발생하는 자연스러운 일이다. 민주 사회는 만장일치를 필요로 하지 않으며 오히려 이를 경계한다. 누군가가 아무리 정당하고 선한 일을 한다 해도 그 사람에게 독단적으로 사회를 이끌 권리를 부여하지 않는다.

그러므로 민주적인 사회에서 우리가 할 수 있는 일은 선한 목표 아래 선한 방법론을 끊임없이 개발하고 이를 통해 열심히 사람들의 마음을 움직이는 것일 수밖에 없다. 누군가의 목표가 아무리 선하다고 해도 그가 바라는 방향으로 사회를 단번에 변화시키는 일은 있을 수 없다. 꾸준한 연구, 조급해하지 않는 마음, 스스로 할 수 있는 최선의 노력을 하고 있다는 자각과 효능감 등이 민주 사회의 운동가들 또는 남에게 선한 영향력을 미치고자 하는 모든 이에게 필요한 자질이다.

멋지고 아름답고 사랑스러운 동물들을 위해 행동하고 싶은 사람들 역시 이처럼 민주적인 방식으로 선한 영향력을 확대해야 한다. 그런데 선한 영향력을 확대하는 데 있어 많은 이에게 족쇄로 작용하는 관념이 한 가지 있다. 좋은 일은 남모르게 해야 한다는 관념이다. 특히 기부 행위는 절대 남들에게 알려져서는 안 된다는 신념을 가진 이들이 많다. 정말이지 이유를 모르겠다. 기부하고 선행을 베푸는 사람들이 입을 꾹 닫고 살아가면 우리는 악인과 범죄자들의 뉴스만 듣고 조회 수에 환장한 유튜버, 틱토커의 어그로에 끌려다니기나 할 것 아닌가? 선행이야말로 널리 알려야 하는 것인데 왜 쉬쉬하면서 감추고 있으라는 말일까?

나는 지구를 위해 행동하는 사람들, 좋은 곳에 돈과 시간과 노력을 기부하는 사람들이 누구보다 당당하고 즐겁게 그 일을 이야기하고 다녔으면 좋겠다. 기부 증명서를 받으면 가게나 사무실에 당당하게 전시해놓고 기부의 대가로 받은 열쇠고리는 가방에 달랑달랑 매달아서 모두를 궁금하게 만들자. 동물을 사랑하는 이들의 마음이 널리 알려지고, 여기저기서 동료를 발견해 가슴이 따뜻해지고, 동물을 사랑하는 한 사람 한 사람의 노력이 커다란 반향을 일으켜 결국 세계 방방곡곡의 여러 동물들에게 천금과 같은 생존과 번성의 기회가 돌아가기를 나는 희망한다.

마지막으로 미디어 범람의 탈진실 시대를 맞아 혼란에 빠진 이들을 위해 한 가지 일반론적인 조언을 하고자 한다. 온갖 메시지가 넘쳐나는 세상에서 어떤 메시지를 어떻게 받아들여야 할지 고민이 되고 피로감마저 느끼게 된다면, 또한 어떤 메시지를 어떻게 전달하면 좋을지 길을 잃은 느낌이 든다면 우리는 반대쪽 사람들의 이야기에 귀를 기울여야 한다. 여기서 말하는 반대쪽이란 나와 반대되는 메시지를 내는 사람을 뜻하는 것이 아니다. 사실 반대 메시지를 내는 사람과는 이야기를 나눠봤자 서로의 입장만 강화되고 사이는 더 안 좋아지는 경우가 많다. 특히 극단적 메시지를 내는 사람들끼리는 만나서 이야기를 하나 마나다. 내일 모레 남극에서 메테인이 터져 나와 인류가 끝장날 것이라는 사람과 기후 변화는 완전한 사기라는 사람이 만나서 이야기하는 모습을 상상해보라. 이와 같은 대화를 통해서 무슨 건설적인 결과가 창출되겠는가.

대신 내가 말하는 반대쪽 두 진영은 '메시지보다 사실을 중시하는 사람들'과 '사실보다 메시지를 중시하는 사람들'을 가리킨다. 사실에 가치를 부여하고 메시지를 경시하는 사람이라 하면 대표적으로 학자를 꼽을 수 있고, 사실보다 메시지를 중시하는 사람들은 대표적으로 사회운동가를 꼽을 수 있다. 학자는 다른 누가 봐도 진리다 싶은 말이 아니면 대중에게 메시지를 내는 일 자체를 두려워한다. 반대로 운동가는 유의미한 사회적 메시지를 창출하지 못하는 사실들에 둘러싸였을 때 공허함과 무의미함까지 느낀다.

이처럼 상극에 가까운 성향을 지닌 두 집단은 서로 대화를 나눠야 한다. 두 집단 간에 대화가 없다면 메시지를 잃은 학자와 학문은 사회로부터 고립되어 괴사할 것이며, 진실을 잊은 운동가는 폭주한 끝에 사회에 많은 피해를 입힌 뒤 탈선해버릴 것이다. 나아가 대중은 두 집단의 부족한 점을 지적하며 이를 보완하라고 요구할 것이다. 즉 대중은 학자들에게 "그래서 당신들이 하고자 하는 말이 뭐예요?"라고 따져 묻고, 운동가들에게는 "그래서 당신들이 하는 말이 정말 맞아요?"라고 추궁한다. 이와 같은 질문에 답하지 못한다면 양쪽 집단 모두 우리 사회에서 설 자리를 잃어버릴 수밖에 없다.

그러므로 학자와 운동가는 서로 대화를 해야 한다. 대화를 통해 서로의 문제의식과 방법론을 섭취하고 강점을 받아들인다면 양측 모두 더욱 의미 있는 일을 할 수 있을 것이다. 또한 상대방이 하는 일에 도전해보는 것도 좋다. 학자가 책을 출판하려면 결국 메시지를 고민하게 될 것이고, 운동가가 진리 탐구에 나선다면 결국 진실의 무게를 깨닫게 될 것이다.

대왕판다
Giant panda

자료: WWF Korea에서 후원자들에게 제공하는 굿즈

서식지 중국 시촨성, 간쑤성, 산시성의 일부 지역.

생태 몸은 곰이지만 대나무를 먹는 습성을 정착시켜 수백만 년 동안 대나무 숲에서 살아옴. 대나무는 판다에게 충분한 영양분을 제공하지 못하지만 다른 동물들이 거들떠보지 않는 음식이어서 경쟁을 피할 수 있음.

보존 최약종(VU). 원래 중국 남부 전역에 서식하였으나 20세기 중반에 서식지 대부분을 빼앗기고 멸종위기종(EN)이 되었음. 그러다가 1990년대 이후 중국 내 판다 보호구역이 40여 곳으로 증가하고 판다 서식지가 유네스코 세계문화유산이 되면서 최근 야생 개체 수가 3,000마리까지 늘어난 것으로 파악됨. 새끼를 낳는 것을 힘들어하는 동물이라서 숫자가 빠르게 늘지는 않지만 세계적 관심과 지지를 받고 있기에 앞날이 어둡지 않음.

매력 둥글둥글한 외모와 천진난만한 품성과 행동거지로 세계적인 인기를 누리고 있음. 특히 새끼 판다의 귀여움은 상상을 초월할 정도. 최근 우리나라에서도 용인 에버랜드의 바오 가족이 선풍적인 인기를 끌며 우리나라의 귀여움 숭배 문화를 공고히 하고 있음.

역할 세계자연기금의 마스코트로 60년 넘게 생물다양성 보존운동의 대표 역할을 맡고 있음. 중국을 상징하는 동물로 많은 중국인들에게 자연을 사랑하는 마음을 불어넣고 중국 숲의 보존과 회복을 견인하기도 함.

동물은 원래 멋지고 아름답다

요즘은 "동물"이라는 말을 들으면 사람들 입에서 "아이고, 불쌍한 것들"이라는 말이 먼저 나오곤 한다. 인류의 영역이 최대로 팽창하고 인간이 누리는 풍요가 놀라운 수준에 도달하면서 동물의 영역은 빙하기를 맞은 것처럼 축소되고 여러 종의 동물이 멸종 위기에 몰려 있다. 이러한 환경에 놓인 동물에 대해 생각할 때마다 쓸쓸하고 우울해지며 죄책감을 느끼는 사람들도 꽤 있을 것이다.

그러나 우리는 우울에서 벗어나 맨 처음 동물의 존재를 접하고 동물에게 빠져들었을 때의 마음으로 한 번쯤 돌아가 보아야 한다. 멋지고 아름답고 귀여운 존재인 동물은 우리 마음에 진한 감동을 남긴다. 우리가 원래 동물에게 품고 있었던 감동과

두근거림, 동물 덕분에 품을 수 있었던 꿈과 환상을 떠올려보자. 아무리 오랜 시간이 흘러도 우리 마음에 남아 있는 그 온기를 떠올린다면 모두가 지구의 동물과 자연을 위해 흔들림 없이 행동할 수 있으리라 믿는다.

　동물은 원래 멋지고 아름답다. 그리고 동물을 사랑하며 동물을 위해 행동에 나서는 사람은 누구보다 멋지고 아름답다. 이토록 멋지고 아름다운 여러분 덕에 나는 오늘도 무한한 희망을 담아 세계의 깃대종들에게 이렇게 인사한다.

　"내일 또 만나, 깃대종!"

머루와 다래에게

너희는 우리 얼굴에 피어난 행복이었다.

프롤로그

IUCN의 '보존현황구분법'에 대해 더 자세히 알고 싶다면 "IUCN Red List categories and criteria, version 3.1, second edition"을 다운 받아보자. 'IUCN 적색목록 범주 및 기준'으로 검색하면 한국어판도 찾을 수 있다.

더불어 '네이처서브(NatureServe)'의 규준을 찾아보려면 "NatureServe Conservation Status Assessments: Factors for Evaluating Species and Ecosystem Risk"를 확인하면 된다. 네이처서브는 미국에서 설립된 세계적 생물다양성 보존단체인 'The Nature Conservancy'가 구축한 시스템이다. The Nature Conservancy는 IUCN과 협력 관계에 있어서 각종 데이터와 연구 결과를 공유하기에 위두 문서에도 중첩되는 부분이 많다.

한편 어떤 동물에 대한 자세한 정보를 알고자 할 때도 위 두 단체의 홈페이지를 검색해보면 좋다. IUCN 홈페이지(https://www.iucnredlist.org)*는 대문 화면에 동물을 검색할수 있는 창이 떠 있어서 원하는 동물에 대한 자료를 쉽게 찾아볼 수 있다. NatureServe 홈페이지에는 NatureServe Explorer(https://explorer.natureserve.org)**라는 훌륭한 검색 시스템이 탑재되어 있지만 데이터가 미국 중심이어서(예를 들어 분포 지도가 미국 내 분포 현황밖에 보여주지 않는다) 사용이 제한되는 측면이 있다.

*   **

1장

마음을 사로잡다 - 카리스마 동물들

막스 베버가 정의한 '카리스마적 권위'는 선악과 무관한 개념이지만 이를 현대적 변혁적 리더십 개념으로 발전시킨 버나드 배스는 리더의 도덕성을 중시했다. 도덕적 롤모델과 커뮤니케이터로서 역할이 중시되는 배스의 변혁적 리더십 개념에 대해 다음의 책 또는 논문을 참고하자.

• Bass, B. M., & Riggio, R. E. (2005). Transformational Leadership (2nd ed.).

Psychology Press.

· Bass, B. M. (1999). Two decades of research and development in transformational leadership. European Journal of Work and Organizational Psychology, 8(1), 9-32.

또한 하워드 가드너의 《통찰과 포용(Leading Minds)》(송기동 옮김, 북스넛, 2006)을 통해 위대한 리더란 정체성과 관련된 이야기를 제공하는 사람들이라는 점을 확인할 수 있다.

더욱 위대한 존재로 다시 태어나고 싶은 인간의 근본적인 욕망에 대해서는 칼 구스타프 융의 《영웅과 어머니 원형(Heros und Mutterarchetyp)》(한국융연구원 C.G. 융 저작 번역위원회 옮김, 솔출판사, 2006)을 참고하고, 이와 같은 욕망이 주술적 문화로 정착되는 심리적 과정에 대해서는 제임스 프레이저의 《황금가지(The Golden Bough)》(박규태 옮김, 을유문화사, 2021)를 참고하자.

대가 없이 돌보다 - 귀여운 동물들

본문에서 인용한 마르타 보르기 등의 연구를 포함해 베이비스키마의 구성요소와 효과를 다룬 여러 연구가 있다. 다음의 두 논문은 그 대표적인 저작에 속한다.

· Glocker, M. L., Langleben, D. D., Ruparel, K., Loughead, J. W., Gur, R. C., & Sachser, N. (2009). Baby schema in infant faces induces cuteness perception and motivation for caretaking in adults. Ethology, 115(3), 257-263.

· Lehmann, V., Huis in't Veld, E. M., & Vingerhoets, A. J. (2013). The human and animal baby schema effect: Correlates of individual differences. Behavioural Processes, 94, 99-108.

미덕에 젖어들다 - 상징하는 동물들

홀로세 최적기란 무엇이며 인류에게 어떤 영향을 미쳤는지 알아보고 싶거나 기후 변화가 사하라 사막에 미치는 영향이 궁금하다면 다음과 같은 연구를 참고하자.

· Claussen, M., Brovkin, V., Ganopolski, A., Kubatzki, C., & Petoukhov, V. (2003). Climate change in northern africa: The past is not the future. Climatic Change, 57(1-2), 99-118.

· Marcott, S. A., Shakun, J. D., Clark, P. U., & Mix, A. C. (2013). A reconstruction of regional and global temperature for the past 11,300 years. Science, 339(6124), 1198-1201.

· Pausata, F. S. R., Gaetani, M., Messori, G., Berg, A., de Souza, D. M., Sage,

R. F., & DeMenocal, P. B. (2020). Review of the greening of the sahara: Past changes and future implications. One Earth, 2(3), 235-250.

· Rossignol-Strick, M. (1999). The Holocene climatic optimum and pollen records of sapropel 1 in the eastern Mediterranean, 9000-6000 BP. Quaternary Science Reviews, 18, 515-530.

너의 서비스에 감사해 - 동물의 에코시스템 서비스

아래의 논문은 1960년대 중반부터 1970년대까지 우리나라에서 진행된 쥐잡기 운동에 대해 풍부한 통찰을 제공한다.

· 김근배. (2010). 〈생태적 약자에 드리운 인간권력의 자취 - 박정희시대의 쥐잡기운동〉. 사회와역사(구 한국사회사학회논문집), 0(87), 121-161.

가지 마, 아무도 - 동물의 멸종 위기

각 위기 등급에 속한 동물 종 수가 얼마나 되는지 등 멸종 위기 동물에 대한 개략적인 현황이 궁금하다면 https://www.iucnredlist.org/resources/summary-statistics에 접속해 IUCN의 통계를 참고하자. 또한 위기의 경중을 가리는 기준은 앞서 언급한 "IUCN Red List categories and criteria, version 3.1, second edition"을 참고하면 된다.

2장

다음의 논문을 통해 깃대종 개념의 변천과 현대적 모금 운동 방식 등을 한눈에 살펴볼 수 있다.

· Verissimo, D., MacMillan, D. C., & Smith, R. J. (2011). Toward a systematic approach for identifying conservation flagships. Conservation Letters, 4(1), 1-8.

서식지 보존에 중점을 두는 현대적 깃대종 중심 보존운동에 대해 더 많은 내용을 알아보고 싶다면 아래의 논문을 참고하자.

· McGowan, J., Beaumont, L. J., Smith, R. J., Chauvenet, A. L., Harcourt, R., Atkinson, S. C., & Possingham, H. P. (2020). Conservation prioritization can resolve the flagship species conundrum. Nature Communications, 11(1), 994.

세계 어업과 양식업의 현황과 전망, 그리고 블루 트랜스포메이션 개념 등을 살펴보려면 유엔식량농업기구가 발간한 2022년 보고서 "The State of World Fisheries and Aquaculture: Towards Blue Transformation"을 읽어보자.

3장

깃대종에 공감하기

침팬지의 지능과 감정, 문화에 대한 연구 자료로는 제인 구달의 《인간의 그늘에서》(최재천·이상임 옮김, 사이언스북스, 2001)를 권할 수밖에 없다.

코끼리에게 거울을 보여주면 어떤 일이 일어나는지, 또한 코끼리의 애도 행동이란 무엇인지 자세한 내용을 알고 싶다면 아래의 두 논문을 각각 참고하자.

· Plotnik, J. M., De Waal, F. B., & Reiss, D. (2006). Self-recognition in an Asian elephant. Proceedings of the National Academy of Sciences, 103(45), 17053-17057.

· Goldenberg, S. Z., & Wittemyer, G. (2020). Elephant behavior toward the dead: A review and insights from field observations. Primates, 61(1), 119-128.

돌고래의 쾌활함에 대해서는 다음의 논문을 참고하자. 저자들은 돌고래의 놀이가 신체 발달과 생존 기술 함양, 사회성 함양 외에 인지 발달과 창의적 행동 양태의 개발과도 관련된다는 점을 지적한다.

· Kuczaj, S. A., & Eskelinen, H. C. (2014). Why do dolphins play. Animal Behavior and Cognition, 1(2), 113-127.

깃대종과 소통하기

다음의 논문은 사랑앵무에게 인간 언어의 '강세' 구분하는 법을 가르친 뒤 인간과 사랑앵무가 이 측면에서 어떤 차이를 보이는지 비교한 것이다. 사랑앵무의 놀라운 언어 능력이 동물과 인간 양쪽에 대한 궁금증과 통찰로 이어진 사례라 할 수 있다.

· Hoeschele, M., & Fitch, W. T. (2016). Phonological perception by birds: Budgerigars can perceive lexical stress. Animal cognition, 19(3), 643-654.

프레리도그의 경보 시스템과 오랑우탄의 몸짓 언어에 대해서는 각각 다음의 자료를 참고하자.

· Slobodchikoff, C. N. (2002). Cognition and communication in prairie dogs.

• Liebal, K., Pika, S., & Tomasello, M. (2006). Gestural communication of orangutans (Pongo pygmaeus). Gesture, 6(1), 1-38.

깃대종 찾기

본문에서 언급한 스칸돌라 해양 보호구역의 물수리에 대한 연구와 나이지리아의 천산갑 밀매에 대한 연구는 각각 다음과 같다.

• Monti, F., Duriez, O., Dominici, J. M., Sforzi, A., Robert, A., Fusani, L., & Grémillet, D. (2018). The price of success: Integrative long-term study reveals ecotourism impacts on a flagship species at a UNESCO site. Animal Conservation, 21(6), 448-458.

• Emogor, C. A., Ingram, D. J., Coad, L., Worthington, T. A., Dunn, A., Imong, I., & Balmford, A. (2021). The scale of Nigeria's involvement in the trans-national illegal pangolin trade: Temporal and spatial patterns and the effectiveness of wildlife trade regulations. Biological Conservation, 264, 109365.

아래는 육상과 해양, 하천을 가리지 않고 널리 응용되고 있는 eDNA 기법을 소개한 대표적인 논문이다.

• Thomsen, P. F., & Willerslev, E. (2015). Environmental DNA-An emerging tool in conservation for monitoring past and present biodiversity. Biological conservation, 183, 4-18.

깃대종 불러오기

동물을 성공적으로 재도입하는 방안에 대해 오늘날 많은 연구 성과가 축적되고 있다. 다음은 그 일부다.

• Malone, E. W., Perkin, J. S., Leckie, B. M., Kulp, M. A., Hurt, C. R., & Walker, D. M. (2018). Which species, how many, and from where: Integrating habitat suitability, population genomics, and abundance estimates into species reintroduction planning. Global Change Biology, 24(8), 3729-3748.

• Reading, R. P., Miller, B., & Shepherdson, D. (2013). The value of enrichment to reintroduction success. Zoo biology, 32(3), 332-341.

4장

지구의 구성을 바꿔라

지구의 구성, 세계 삼림 현황과 파괴 속도, 농업 용지 변화 추세 등에 대해서는 유엔식량농업기구의 "Land Use Statistics and Indicators: Global, Regional and Country Trends, 1990-2019"와 "Global Forest Resources Assessment, 2020: Main Report"를 참고하자. 또한 아래의 논문을 통해 육류가 인류의 영양 섭취에 기여하는 비중이 어느 정도인지 살펴볼 수 있다.

· Smith, N. W., Fletcher, A. J., Hill, J. P., & McNabb, W. C. (2022). Modeling the contribution of meat to global nutrient availability. Frontiers in Nutrition, 9, 766796.

육류 섭취 문화와 체질량지수 및 비만율의 관계에 대해서는 다음의 논문을 참고하자.

· You, W., & Henneberg, M. (2016). Meat consumption providing a surplus energy in modern diet contributes to obesity prevalence: An ecological analysis. BMC Nutrition, 2, 1-11.

지속가능한 양식업의 현재와 미래에 대해 알아보고 싶다면 양식책임관리협의회 홈페이지 https://asc-aqua.org에 접속해 다양한 자료를 찾아보도록 하자.

자연으로 돌아가지 마라

원시주의, 특히 서양 원시주의의 본질과 역사에 대해 보다 자세히 알아보고 싶다면 자크 바전의 《새벽에서 황혼까지(From Dawn to Decadence) 1500-2000》(이희재 옮김, 민음사, 2006)을 읽어보자. SF를 통해 원시주의 사상에 취해보고자 한다면 역시 마거릿 애트우드의 미친 아담 3부작인 《오릭스와 크레이크(Oryx and Crake)》(차은정 옮김, 민음사, 2019), 《홍수의 해》(이소영 옮김, 민음사, 2019), 《미친 아담》(이소영 옮김, 민음사, 2019)을 권하고 싶다. 애트우드의 작품이 너무 무겁고 신랄하다면 대신 존 스칼지의 노인의 전쟁 3부작 《노인의 전쟁(Old Man's War)》(이수현 옮김, 샘터사, 2009), 《유령여단(The Ghost Brigades)》(이수현 옮김, 샘터사, 2010), 《마지막 행성(The Last Colony)》(이수현 옮김, 샘터사, 2011)을 읽어보자. 첨단 기술에 포획되어 인류 본연의 능력과 강점을 잃어버리는 일을 경계하는 스칼지의 주제 의식은 특히 《유령여단》과 《마지막 행성》에서 두드러진다.

돈 잘 쓰는 방법

돈 잘 쓰는 방법에 대한 토머스 길로비치와 엘리자베스 던의 유명한 논문은 다음과 같다.

· Van Boven, L., & Gilovich, T. (2003). To do or to have? That is the question. Journal of personality and social psychology, 85(6), 1193.

· Dunn, E. W., Aknin, L. B., & Norton, M. I. (2008). Spending money on others promotes happiness. Science, 319(5870), 1687-1688.

본문에 언급한 IUCN의 4년 주기 보고서란 "IUCN Red List 2017-2020 Report"를 말한다. 또한 각국 숲 면적 변화에 대한 본문 내용은 앞서 소개한 유엔식량농업기구의 "Global Forest Resources Assessment, 2020: Main Report"에 바탕을 둔 것이다.

내일 또 만나, 깃대종

초판 1쇄 2024년 10월 10일

지은이 김명철
펴낸이 박경순
디자인 강경신
교정 김계옥

펴낸곳 북플랫
출판등록 제2023-000231호(2023년 9월 12일)
주소 서울시 마포구 토정로 222 306호
이메일 bookflat23@gmail.com

ISBN 979-11-94080-03-9 03300

· 이 도서는 2024년 문화체육관광부의 '중소출판사 성장부문 제작 지원' 사업의 지원을 받아 제작되었습니다.
· 책값은 뒤표지에 있습니다.
· 파본은 구입하신 서점에서 교환해드립니다.
· 이 책은 저작권법에 의하여 보호를 받는 저작물이므로 무단 전재와 복제를 금합니다.